Helmolt Rademacher
Maria Wilhelm

Interkulturelle Spiele
für die Klassen 5 bis 10

Helmolt Rademacher
Maria Wilhelm

Interkulturelle Spiele für die Klassen 5 bis 10

Die Autoren:
Helmolt Rademacher ist Lehrer und Mediator und leitet im Hessischen Landesinstitut für Pädagogik (zukünftig Amt für Lehrerbildung, Frankfurt/M.) das Projekt „Konfliktbearbeitung und Gewaltprävention".
Maria Wilhelm arbeitet als Pädagogin in einem Kulturbüro der Stadt Nürnberg; sie unterstützt und berät Migrantinnen und Asylsuchende und leitet Deutsch-Kurse. Beide haben seit vielen Jahren Erfahrungen mit multinational zusammengesetzten Kinder-, Jugend- und Erwachsenengruppen.

Die in diesem Werk angegebenen Internetadressen haben wir überprüft (Redaktionsschluss Oktober 2004). Dennoch können wir nicht ganz ausschließen, dass unter einer solchen Adresse inzwischen ein ganz anderer Inhalt angeboten wird. Deshalb empfehlen wir Ihnen dringend, die Adressen vor der Nutzung im Unterricht selbst noch einmal zu überprüfen.

 http://www.cornelsen.de

Bibliografische Information: Die Deutsche Bibliothek verzeichnet diese Publikation in der Deutschen Nationalbibliografie; detaillierte bibliografische Daten sind im Internet über http://dnb.ddb.de abrufbar.

Dieses Werk berücksichtigt die Regeln der reformierten Rechtschreibung und Zeichensetzung.

5.	4.	3.	2.	1.	Die letzten Ziffern bezeichnen
09	08	07	06	05	Zahl und Jahr der Auflage.

Redaktion: Marion Clausen, Göttingen
Herstellung: Brigitte Bredow, Berlin
Satz und Layout: Julia Walch, Bad Soden
Illustrationen: Reinhild Kassing, Kassel
Umschlaggestaltung: Bauer + Möring, Berlin, unter Verwendung eines Fotos von Dirk Krüll, panama fotoproduktion, Düsseldorf
Druck und Bindearbeiten: Clausen & Bosse, Leck
Printed in Germany
ISBN 3-589-22113-5
Bestellnummer 221135

 Gedruckt auf säurefreiem Papier,
umweltschonend hergestellt aus chlorfrei gebleichten Faserstoffen

Inhalt

Vorwort

Dieses Buch für die Praxis der Schule knüpft an vielfältige Erfahrungen an, die wir im Laufe unserer langjährigen Berufstätigkeit im Bereich interkulturellen Lernens machen konnten. Ausgangspunkt war eine gemeinsame Qualifizierung zur Spielpädagogin bzw. zum Spielpädagogen in der Akademie Remscheid in den Jahren 1984–1986. Für unsere Abschlussarbeit stellten wir erstmals Spiele zum interkulturellen Lernen zusammen. Unsere Erfahrungen mit ihnen bezogen wir aus der Arbeit mit Migranten und im internationalen Jugendaustausch.

Die erste Fassung dieser Sammlung bestand aus einer Broschüre, die wir drei Jahre später unter Mitarbeit von Timm Uekermann erheblich erweiterten, dabei Erfahrungen aus einem Forschungsprojekt[1] berücksichtigten und dann als Buch herausbrachten. Dieses Buch hatte (und hat) seine Ausrichtung auf die Jugend- und Erwachsenenbildung.

Mittlerweile konnten wir in anderen interkulturellen Zusammenhängen viele neue Erfahrungen mit Methoden zum interkulturellen Lernen machen, z. B. bei einer Seminarserie zur ethnonationalen Konfliktbearbeitung zwischen Rumänen und Ungarn, bei Lehrerseminaren zum interkulturellen Austausch oder bei der Stadtteilarbeit mit Migrantinnen und Asylsuchenden.

Als dann Horst Linder vom Cornelsen Verlag Scriptor Interesse an einem speziell auf die schulische Situation in der Sekundarstufe I zugeschnittenen Buch mit interkulturellen Spielen äußerte, nahmen wir diese Herausforderung gerne an. Wir griffen zu einem kleinen Teil auf Ideen aus unserem ersten Buch zurück, arbeiteten diese und andere bereits existierende Spiele und Übungen auf den inhaltlichen und schulischen Kontext um und entwickelten eine ganze Reihe neuer Spielideen. Das Ergebnis liegt Ihnen nun vor.

Wir hoffen, dass Ihnen dieses Buch für Ihren Unterrichtsalltag in der Schule und in außerschulischen Lernorten bzw. bei Projekten gute Anregungen bietet, um interkulturelles Lernen anzustoßen – bei Ihren Schülern, aber auch bei Ihnen selbst.

In diesem Buch haben wir abwechselnd sowohl weibliche als auch männliche Schreibformen gewählt, um das Binnen-I zu vermeiden und damit für eine flüssige Lesbarkeit zu sorgen. Beide Formen gelten selbstverständlich immer gleichzeitig für beide Geschlechter. Dabei haben wir keinen starren Rhythmus gewählt, sondern sind eher spielerisch damit umgegangen.

Bedanken möchten wir uns bei Marion Clausen, die uns kundig bei der Buchproduktion begleitet und uns inhaltliche und formale Anregungen gegeben hat.

Neu-Anspach und Nürnberg, Oktober 2004

Helmolt Rademacher
und Maria Wilhelm

---

1 Der Forschungsbericht wurde unter dem Titel „Spielend interkulturell lernen?" 1991 veröffentlicht (s. Literaturliste).

Einführung

Die Schule von heute ist in den großen westeuropäischen Städten – und häufig nicht nur dort – eine, in der Kinder und Jugendliche aus vielen Kulturen gemeinsam unterrichtet werden. In manchen Schulen ist der Anteil von Migrantenkindern sogar höher als der einheimischer Kinder. Dies ist dann der Fall, wenn die Schule in einem Wohngebiet mit hohem Migrantenanteil liegt. Begegnung mit fremden Kulturen findet dort tagtäglich statt. Daraus lässt sich ableiten, dass viele westeuropäische Länder, so auch Deutschland, die Schweiz und Österreich, zu Zuwanderungsgesellschaften geworden sind, in der Multikulturalität zum Alltag gehört.

Hinzu kommt, dass wir in einer globalisierten Welt leben, in der zumindest in Westeuropa, den USA und Japan für viele Menschen das Reisen in fremde Kulturen zu einer Selbstverständlichkeit geworden ist und viele Kinder und Jugendliche schon in frühen Jahren andere Länder besuchen.

Demzufolge haben die heutigen Schüler schon an vielen Orten Fremdheitserfahrungen gemacht, sei es zu Hause oder an ferneren Orten. Oft sind diese Begegnungen oberflächlich und werden vielfach nicht bewusst verarbeitet.

Die Weiterentwicklung der Zivilgesellschaft in Richtung mehr Partizipation, aber auch die zivile Austragung von Konflikten sind wichtige Aufgaben der Zukunft, denn Tendenzen der Politikverdrossenheit, Gewalt, Fremdenfeindlichkeit und des Rechtsextremismus stellen immer wieder die Errungenschaften der zivilen, demokratischen Gesellschaft in Frage. Auch die Schule hat hier die Aufgabe, negativen Entwicklungen entgegenzutreten bzw. vorzubeugen. Einen Beitrag hierzu kann das interkulturelle Lernen leisten, das aus unserer Sicht das Ziel hat, zum besseren Verständnis von Menschen aus verschiedenen Kulturen beizutragen, die Unterschiedlichkeit und die Vielfalt als Gewinn zu betrachten und interkulturelle Konflikte konstruktiv auszutragen.

Durch einen offenen Umgang mit Menschen aus anderen Kulturen, sei es im Zusammenleben hierzulande, bei Reisen oder Begegnungen, kann interkulturelles Lernen stattfinden, aber es passiert nicht selbstverständlich oder automatisch. Von daher ist es nahe liegend, interkulturelles Lernen bereits im Schulunterricht zu verankern.

Unser Verständnis von interkulturellem Lernen

Bevor wir auf einige didaktische Aspekte im Zusammenhang mit dem Einsatz von Spielen zum interkulturellen Lernen eingehen, möchten wir zunächst unser Verständnis von „interkulturellem Lernen" erläutern, um zu verdeutlichen, was wir mit diesen Spielen anstreben und wo wir ihre Grenzen sehen.

Seit den Siebzigerjahren wird von „interkulturellem Lernen" gesprochen und mittlerweile liegt eine große Anzahl von Publikationen zu diesem Thema vor. Auch wenn dadurch der Begriff deutlich an Qualität gewonnen hat, so gibt es doch immer noch Äußerungen, die auf eine undifferenzierte Nutzung des Begriffs schließen lassen. Etwa wenn man – überspitzt formuliert – davon ausgeht, dass schon die verschiedenen Begegnungen mit Migranten oder Auslandsreisen per se interkulturelles Lernen ermöglichen. Dabei werden bei Reisen in ein anderes Land oft kaum Erfahrungen gemacht werden, die das Verständnis des Fremden fördern; vielmehr werden alte Vorurteile häufig nur bestätigt. Meistens überwiegt der Wunsch nach ruhigen, entspannten Ferien, in denen man sich dem Fremden, dem Irritierenden oder Verunsichernden nicht zu sehr nähern möchte.

Ein geselliger Abend mit Migranten in einer Kneipe, das Kennenlernen fremder Musik, fremder Spiele und fremder Speisen reichen nicht aus, um ein tieferes Verständnis von einer anderen Kultur zu erhalten bzw. das eigene Denken zu hinterfragen. Meist reduzieren sich solche Erfahrungen auf exotische Erinnerungen.

Beim interkulturellen Lernen sollten wir uns bewusst sein, dass wir in unserem Denken, Wahrnehmen und Fühlen von unserer Kultur geprägt sind. Anthropologen nennen dies Ethnozentrismus[1]. Mit unseren Wahrneh-

---

1 Damit ist die „Haltung der Mitglieder einer Gesellschaft gemeint, alles auf soziale Tatsachen zurückzuführen, die ihnen bekannt sind, dabei die eigene Kultur für die beste zu halten und sie jeder anderen vorzuziehen. Der Ethnozentrismus kann als universelles Phänomen betrachtet werden, weist in gewissen Gesellschaften – besonders in unserer – einen aktivistischen eroberungslustigen Aspekt auf und verschafft sich, einzig gerechtfertig durch unsere technische Überlegenheit, auf Kosten der anderen Völker im Rassismus Ausdruck. Die meisten westlichen Wissenschaften sind ethnozentrisch und selbst die Ethnologie kann sich selten dem Einfluss dieser Haltung entziehen." Zitiert nach Ewald Brass, Von der „Ausbildung" zum „aufmerksamen Umgang mit Nicht-Wissen", in: Arbeitstexte – Sonderheft, Deutsch-Französisches Jugendwerk, Oktober 1984, S. 305.

mungsrastern und den entsprechenden Handlungsmustern treten wir einer anderen Kultur gegenüber. Dieser Tatsache sind sich viele Pädagogen nicht bewusst und erst recht nicht Kinder und Jugendliche. Wenn wir auf eine andere Kultur treffen, nehmen wir sie durch unsere „Brille" wahr. Diese Relativierung sollten wir stets bedenken.

Die Hintergründe der anderen Kultur sind uns oft nur unzulänglich bekannt. Wir verstehen vieles nicht richtig und auch das Verhalten dieser „anderen" Menschen ist uns zunächst fremd. Darum müssen wir bei einer interkulturellen Begegnung akzeptieren, dass Deutsche und Migranten sich nicht automatisch verstehen und einander näher kommen, dass zunächst oft gegenseitige Barrieren vorhanden sind.

Das Gleiche gilt für die Gemeinschaft einer Schulklasse: Das Zusammenleben von Kindern aus verschiedenen Kulturen in einer Klasse wird nicht immer als Bereicherung erlebt, sondern eher werden Gegensätze und Konflikte wahrgenommen. Sie entstehen auch durch den nicht bewussten Umgang mit Multikulturalität, in dem viele Missverständnisse stehen bleiben und zu Festschreibungen und Vorurteilen führen.

Obwohl hier festzuhalten gilt, dass in vielen Schulen mit hohem Migrantenanteil dieser Tatbestand meist positiv gewürdigt wird: sei es durch kulturelle Aufführungen, kulinarische Genüsse aus vielen Ländern oder durch die Begrüßung in vielen Sprachen bei einem offiziellen Schulfest.

Ziel beim interkulturellen Lernen muss es sein, eine Art „suchender Neugier ... in Richtung auf das Unbekannte, das nicht Vorhersehbare, das Komplexe, das Gegensätzliche, das Widersprüchliche, das Unverständliche, das Unvereinbare (und Aufmerksamkeit) auf sichtbare und unsichtbare Machtverhältnisse ..." zu wecken (Brass, S. 298). Phänomene individueller und kollektiver Macht und Gewalt spielen bei Prozessen zwischen den Kulturen eine wichtige Rolle und müssen daher auch thematisiert werden. Für die Auswahl der Spiele bedeutet dies, dass diese so angelegt sein müssen, dass sie eine stärkere Öffnung hin zum Fremden, Unbekannten, dem Nichtgewussten einer anderen Kultur bewirken, ja vielleicht sogar zu dieser Öffnung provozieren. Sie müssen dazu anregen, das eigene Denken zu hinterfragen und multikulturelle Vielfalt als etwas Bereicherndes zu erleben.

Interkulturelle Erziehung setzt voraus, dass der Einzelne sensibler für interkulturelle Prozesse wird, dass er sein Wahrnehmungsvermögen schärft und versucht, sich stärker in andere Kulturen hineinzuversetzen.

In einer Zeit, die zunehmend von Entsinnlichung gekennzeichnet ist, und angesichts einer Fülle von Signalen und Informationen, die täglich auf uns einwirken, ist es schwierig, Wichtiges von Unwichtigem zu unterscheiden und dabei noch aufmerksam auf Fremdes, Unbekanntes zu werden.

Insofern bedarf es einer fortlaufenden (Selbst-)Schulung im Hinblick auf unser Wahrnehmungs- und Aufmerksamkeitsvermögen. Wie können wir sonst offener für Andersdenkende bzw. -handelnde werden und Schüler im Hinblick auf interkulturelle Prozesse sensibilisieren?

Die Beschäftigung mit einer fremden Kultur setzt zwangsläufig voraus, sich mit der eigenen zu beschäftigen, sich dieser bewusst zu werden, sein Wissen über die eigene Kultur zu erweitern. Oft ist die fremde Kultur der Spiegel der eigenen und provoziert zur kritischen Auseinandersetzung bzw. Hinterfragung der eigenen Kultur. Solche Prozesse sind gelegentlich schmerzhaft, denn man wird auch mit den unangenehmen Seiten der Kultur und Geschichte des eigenen Landes konfrontiert.

Wichtig ist es auch, sich die erforderliche Zeit für diese interkulturellen Prozesse zu nehmen.

Beim interkulturellen Lernen kommt es darauf an, eine bestimmte Qualität zu erreichen. Nicht die Quantität der Behandlung interkultureller Themen ist maßgeblich, sondern die intensive Bearbeitung einer oder mehrerer interkultureller Erfahrungen ist entscheidend.

Das gilt auch für die Spiele – lieber wenige, dafür gut vorbereitet, intensiv gespielt und ausgewertet. Es kommt nicht darauf an, ein Spiel nach dem anderen durchzuführen, womöglich noch in einer schnellen Abfolge, sondern wichtig sind gerade die Pausen, die Entschleunigung.

Das Sprechen über durchlebte Situationen im Spiel, über interkulturelle Prozesse – wie wurde etwas gesagt, was wurde gesagt (Metakommunikation) – stärkt den Bewusstseinsprozess. Nicht alle Spiele müssen sofort besprochen werden; bei einigen geht es zunächst um das emotionale Durchleben. Die Phasen, in denen das Durchlebte reflektiert wird, richten sich nach dem Stand des Spielprozesses und der Situation der spielenden Klasse sowie deren Fähigkeit zur Reflexion.

Bei der Behandlung interkultureller Themen in der Klasse oder bei Schulbegegnungen scheuen Lehrkräfte nicht selten Konflikte zugunsten eines falschen Harmoniebedürfnisses. Die Erfahrungen zeigen aber, dass gemeinsam durchlebte und ausgetragene Konflikte letztendlich einen nachhaltigeren Lernerfolg bewirken als künstlich entschärfte Situationen, in denen Unterschiede nicht angesprochen bzw. Problemsituationen erst gar nicht zugelassen werden. Unterschiede, die nicht benannt und Konflikte, die nicht ausgetragen werden, können dazu führen, dass sie sich zunehmend verdichten und dann explosionsartig ausbrechen. Allerdings sollten Lehrer potenzielle Konflikte, die im Moment nicht auftreten, nicht bewusst pädagogisch inszenieren. Vielmehr sollte genügend Raum zum Austragen für schon vorhandene Konflikte gewährt werden.

Manchmal macht es Sinn, latente, im Augenblick nicht sichtbare Konflikte mit bestimmten Methoden bewusst zum Ausbruch zu bringen. In diesem Falle muss sich die Lehrerin allerdings fragen, ob sie in der Lage ist, die Situation und die so frei werdenden Emotionen aufzufangen. Ansonsten könnte auch das Gegenteil, nämlich eine noch stärkere Abgrenzung zwischen den Nationalitäten oder noch mehr Unverständnis, die Folge sein.

Lernziele

Mit diesen Spielen und Übungen wird ein besseres wechselseitiges Verständnis von Schülern aus verschiedenen Kulturkreisen und daraus folgend ein anderer – nämlich konstruktiv aufeinander bezogener – Umgang miteinander angestrebt.[2] Dabei werden inhaltliche und emotionale Ziele verfolgt. Dies ist mit Spielen leichter erreichbar, denn sie bieten die Möglichkeit, nicht nur mit dem Kopf zu arbeiten, sondern den ganzen Menschen zu beanspruchen. „Beim Spiel ist man mit Haut und Haaren dabei."[3]

Insofern können wir mit bestimmten Spielen – wobei diese im Rahmen eines notwendigen langen Prozesses nur ganz kleine Bausteine sein können – sowohl affektiv als auch kognitiv interkulturelle Prozesse fördern.

Im Einzelnen formuliert umfassen die ausgewählten Spiele und spielerischen Methoden folgende Zielbereiche:

- sich über den eigenen kulturellen Hintergrund bewusst werden
- Wissen über andere Kulturen erwerben und historische Hintergründe verstehen
- Neugier auf das Fremde wecken
- sich in fremde Kulturen einfühlen können (Empathie)
- Fremdheitserfahrungen zulassen
- Wahrnehmungsfähigkeit erhöhen und Sensibilität für Unterschiede zwischen Kulturen (im Wahrnehmen, Denken usw.) wecken

---

2 vgl. ausführlich dazu: Helmolt Rademacher, Rettungsanker Methoden? in: Dokumentation der Modellseminare „Internationale Begegnungen" (s. Literaturliste)
3 Ulrich Baer, Was ist Spielpädagogik? – Eine Einführung, in: U. Baer (Hg.), Arbeitsblätter zur Spielpädagogik, Bd. I, S. 4

- Gemeinsamkeiten und Unterschiede feststellen und Letztere auch akzeptieren können
- kulturelle Vielfalt als etwas Bereicherndes erleben
- verschiedene Normen (die eigenen und die fremden) erkennen und einschätzen lernen
- Bereitschaft wecken, sich Konflikten zu stellen und diese auszutragen
- Bereitschaft wecken, sich eigene Vorurteile einzugestehen
- Selbstwertgefühl (Ich-Identität) stärken
- sich eigener Toleranzgrenzen bewusst werden
- Rassismen hinterfragen

Welche Ziele und wie intensiv diese erreicht werden können, hängt auch von der Art der Spiele ab. Selbstverständlich kann dabei nicht jedes Spiel alle diese Zielbereiche gleichzeitig abdecken.

Angesichts der Komplexität des Themas können diese Anmerkungen zum interkulturellen Lernen nur einen ersten Einstieg bieten, aber sie erscheinen auch in dieser Kürze notwendig, um die beiden Richtungen (Harmonisieren oder Problematisieren), die immer wieder bei Zieldiskussionen um interkulturelles Lernen geäußert werden, darzustellen und gleichzeitig damit unseren Zielanspruch zu verdeutlichen.

Möglichkeiten und Grenzen interkulturellen Lernens in der Schule

Die Bedingungen für interkulturelles Lernen sind von Schule zu Schule unterschiedlich. Zum einen haben wir Schulen in den Ballungsräumen, in denen deutsche und relativ viele Migrantenkinder zusammenleben, wo sie sich tagtäglich begegnen und vieles zur Selbstverständlichkeit geworden und somit interkulturelles Lernen leichter zu realisieren zu sein scheint. Zum anderen haben wir Schulen in eher ländlichen Gegenden bzw. in Ostdeutschland, wo weniger Migranten leben und Lernen über andere Kulturen anders erfolgen muss. Das Buch will Anregungen für beide Realitäten geben, wobei allerdings bestimmte Übungen nur gemeinsam mit Schülern mit Migrationshintergrund Sinn machen. Das ist bei den Spielhinweisen jeweils benannt.

Unabhängig von der Schülerschaft, der Schulform und den Milieus werden die Bedingungen für interkulturelles Lernen stark von der „Philosophie" der Schule und den unterrichtenden Lehrkräften abhängen. Es macht einen Unterschied, ob wir es mit einer Schule zu tun haben, in der fast nur Frontalunterricht im 45-Minuten-Takt praktiziert wird oder ob es sich um

Reformschulen (wie die Laborschule in Bielefeld oder die Helene-Lange-Schule in Wiesbaden) oder viele Schulen mit reformpädagogischen Ansätzen (wie die Albert-Schweitzer-Grundschule[4] in Langen im Kreis Offenbach) handelt. Letztere sind Schulen, in denen kooperatives Lernen praktiziert wird, Projektunterricht und Wochenplanarbeit stattfindet mit dem Ziel, ein selbstständiges, an Spaß und Freude orientiertes Lernen zu ermöglichen. Leider ist die bundesdeutsche Realität noch weit entfernt davon, obwohl gerade diese Reformschulen beim Pisa-Test sehr gut mit den Ergebnissen in Finnland und Schweden mithalten konnten.

Eine gute Voraussetzung für interkulturelles Lernen bieten also Schulen, in denen Lehrkräfte reformpädagogische Ideen verwirklichen und Frei- und Zeiträume nutzen. Aber wir möchten dazu ermutigen, auch in den herkömmlichen Schulen die erforderlichen Freiräume zu schaffen, um interkulturelle Prozesse in Gang zu setzen.

Anknüpfungspunkte für interkulturelles Lernen sind in multikulturellen Schulen sicher eher gegeben, aber auch dort findet es nicht automatisch statt. Auch hier müssen erst Lernarrangements geschaffen werden, die eine wechselseitige Kenntnis und wechselseitiges Verstehen ermöglichen. Je mehr sich diese Lernarrangements auf die Situation in der Klasse, der Schule und auf seine spezielle Umgebung beziehen, desto erfolgreicher werden sie sein. Das heißt, dass die Lehrkraft gefordert ist, Phänomene des (Schul-)Alltags, die sich auf interkulturelles Lernen beziehen, situativ aufzugreifen und zu nutzen. Missverständnisse, Konflikte oder politische Ereignisse im Kontext des Zusammenlebens von Menschen aus verschiedenen Kulturen gehören ebenso dazu wie die Möglichkeit, dass Schüler aus verschiedenen Kulturen sich mit ihrem Hintergrund darstellen und dadurch auch Wertschätzung und Anerkennung erfahren. Dieser situative Ansatz, der das aufgreift, was unmittelbar Thema in der Klasse ist, und der von der Gunst des Augenblicks lebt, erfordert ein hohes Maß an Flexibilität, um auf diese Phänomene direkt zu reagieren und die Unterrichtsplanung entsprechend darauf einzustellen.

Da dieses Buch insbesondere eine Unterstützung für dieses situative Lernen sein will, wurde auf die Zusammenstellung verschiedener Spiele zu Unterrichtseinheiten verzichtet. Wir bieten den interessierten Lehrern ein

---

4 Diese Schule nimmt 2002 bis 2007 an dem hessischen BLK-Projekt „Mediation und Partizipation" im Programm „Demokratie lernen und leben" teil.

breites Set von Methoden, das zu unterschiedlichen Themen und Anlässen eingesetzt werden kann. Unbenommen bleibt es, aus diesem Repertoire auch auf die jeweilige Klasse zugeschnittene Unterrichtseinheiten zu erstellen. Anzustreben ist es, das Thema fächerübergreifend zu gestalten, indem Lehrkräfte mit verschiedenen Fächern (z. B. Religion, Deutsch, Erdkunde, Sozialkunde) zusammenarbeiten.

In der Schule hat es sich als günstig erwiesen, Projekttage oder -wochen bzw. Landschulheimaufenthalte, Auslandsreisen und natürlich Schülerbegegnungen im In- und Ausland für den Einsatz der Spiele und Übungen zu nutzen. Fahrten ins Ausland und Schülerbegegnungen können mit Hilfe der Spiele entsprechend vorbereitet werden. Diese genannten Lernarrangements werden wesentlich mehr bewirken als eine wöchentliche Stunde zum interkulturellen Lernen.

Selbstverständlich lassen sich mehrere Spiele z. B. bei Projekttagen miteinander kombinieren. Vor allem, wenn mit den Spielen ein bestimmtes Ziel verfolgt werden soll (z. B. Kommunikation schulen oder sich mit Rassismus auseinander setzen), ist es sinnvoll, mehrere aufeinander aufbauende Übungen zu diesem Zielbereich auszuwählen (siehe hierzu „Aufbau der Spielesammlung"), aber auch bei manchen Spielbeschreibungen finden Sie Anregungen hierzu.

Schüleraustauschprogramme mit anderen Ländern sind im Hinblick auf interkulturelles Lernen sehr erstrebenswert, aber es erfordert bestimmte Ressourcen und Bedingungen, um sie zu organisieren. Wenn diese Bedingungen nicht gegeben sind und sprachliche Barrieren dazukommen (z. B. in Hauptschulklassen), so gibt es auch die Möglichkeit, einen Austausch mit einer Klasse aus einem Nachbarort zu organisieren. Dies kann man als „Begegnung mit nahen Fremden" bezeichnen. Der Autor dieses Buchs konnte Erfahrungen mit der Begegnung von zwei Hauptschulklassen in zwei benachbarten Städten machen. Dabei wurde deutlich, dass Schüler, die sich als deklassiert empfinden und deren Selbstwertgefühl nicht sehr groß ist, sich auch in der Begegnung mit ihresgleichen schwer tun. Beide Klassen waren multikulturell zusammengesetzt und hatten bei den Begegnungen in den jeweiligen Schulen anfangs große Schwierigkeiten, auf die „Fremden" zuzugehen und mit ihnen in einer nicht konkurrierenden und auf Abgrenzung bedachten Weise umzugehen. Erst allmählich – insbesondere durch gemeinsame Aktivitäten wie Spiele, Sport und Ausflüge – entstand Vertrauen und es entwickelten sich einzelne persönliche Beziehungen. Trotz dieser Schwierigkeiten konnte durch diese Begegnungen ein Lernfeld u. a.

durch eine Klassenkorrespondenz eröffnet werden, bei dem die Schüler einen Umgang mit dem „Fremden" lernten.

Folgende Spiele sind für Schülerbegegnungen gut geeignet: „Partnerinterview" oder „Lebenswege", „Kulturbilder" und „Fotogeschichten" sowie „Glückstopf" und „Typisch für mich – typisch für mich" sowie eine ganze Reihe anderer Spiele. Auch hierzu finden Sie bei den einzelnen Spielbeschreibungen immer wieder Hinweise.

Über den Einsatz der Spiele im interkulturellen Unterricht

Die hier vorliegenden Spiele und Übungen begreifen wir vornehmlich als methodische Anregungen, mit denen Lehrkräfte kreativ umgehen sollten. Das heißt, diese Spiele und Übungen müssen auf die jeweilige Zielgruppe bezogen ausgewählt und gegebenenfalls verändert werden oder einzelne Spielteile können als Anregung dienen, um etwas völlig Neues zu entwickeln.

Wir kennen den gelegentlichen Wunsch von Lehrern nach einfachen, universell handhabbaren Spielen und Übungen, die möglichst für jede Situation geeignet sein sollen. Abgesehen von Spielen des Kapitels „Aufwärmen und Einstimmen", die relativ universell einsetzbar sind, wollen und können wir so etwas nicht bieten. Gerade beim interkulturellen Lernen gibt es keine Rezepte.

Spiele sind nicht kulturneutral[5]. Jede Kultur hat ein bestimmtes Verhältnis zum Spiel und in einem Spiel drückt sich auch die Kultur des entsprechenden Landes aus. So haben z. B. Franzosen eine größere Scheu vor Körperkontaktspielen als Deutsche. Auch sind uns bekannte Spiele in ihrer Gruppenpädagogik weniger verbreitet. Da auch die Auswahl und der Einsatz von Spielen einer kulturellen Sichtweise unterliegen können, ist es hilfreich, dies mit Kollegen aus anderen Kulturen zu besprechen. Lehrkräfte, die muttersprachlichen Unterricht erteilen, und bei Schülerbegegnungen die Lehrkräfte aus dem Begegnungsland können hier wichtige Anregungen geben und ein gutes Korrektiv sein.

Ein gemischtnationales Team kann Spiele entsprechend dem Gruppenprozess leichter verändern bzw. neu erfinden als ein nationales und somit können in die Entwicklung eines neuen Spiels unterschiedliche Spielkulturen einfließen.

---

5 Die vorliegenden Spiele stammen vornehmlich aus dem deutschen oder angelsächsischen Kulturkreis. Bei der Entwicklung der Spiele gab es meist keinen ausländischen Koproduzenten, d. h. nicht immer ein anderes kulturelles Korrektiv.

Für die Spiele muss man genügend Zeit einplanen, da Kleingruppen oder bei Schülerbegegnungen die beiden nationalen Gruppen unterschiedlich viel Zeit brauchen können. Wir haben die Erfahrung gemacht, dass manche Spiele häufig mehr Zeit beanspruchen als geplant. Es ist wichtig, dass Spielprozesse oder die durch das Spiel entstandenen Diskussionen nicht durch äußere zeitliche Zwänge abgewürgt werden, denn meist ist die intensive Auswertung eines Spiels das Gewinnbringendste für ein besseres Verständnis der anderen.

Vor allem, wenn das Spiel heftige Reaktionen bzw. Irritationen ausgelöst hat, ist eine spätere Reflexion, also eine Metakommunikation, angebracht. Dies betrifft weniger Aufwärm- und Kennenlernspiele als z. B. Spiele zur Selbst- und Fremdwahrnehmung.

Wichtig ist es auch, auf die Freiwilligkeit der Teilnahme einzelner Schüler an Spielen zu achten. Es ist durchaus möglich, dass einige Schüler nicht mitmachen wollen oder während eines Spiels aussteigen. Solche Widerstände müssen ernst genommen werden, aber die Lehrerin muss auch erforschen, welche Gründe es gibt. Manchmal genügt eine bessere Erläuterung des Spiels. Es kann aber auch daran liegen, dass einzelne Schüler bei Spielen Ängste entwickeln oder ihr kulturelles Verständnis z. B. Körperkontakt nicht zulässt. Dies ist unbedingt zu respektieren. In Einzelfällen nutzen Schüler den Ausstieg aber auch, um zu stören. Dies erfordert dann eine entsprechende Reaktion.

Lehrer wünschen sich bei Schülerbegegnungen oft nonverbale Spiele, um Sprachprobleme umgehen zu können. Wir haben verschiedene nonverbale Elemente in unseren Spielen (Zeichnungen, Symbole, (Körper-)Haltungen, Statuen aus Körpern, Fotos usw.). Diese sind als Einstieg geeignet, aber ein vollständiger Verzicht auf Sprache ist auch bei diesen Übungen nicht möglich. Es ist eine Illusion zu glauben, nur mit nonverbalen Mitteln interkulturelles Lernen zu ermöglichen. Was wir gesehen, wie wir es wahrgenommen und interpretiert haben, bedarf der sprachlichen Vermittlung; bei einer Begegnung wird man darauf nicht verzichten können. Es ist aber möglich, nonverbale Erfahrungen zunächst in nationalen oder sprachhomogenen Gruppen auszutauschen und die Ergebnisse dann im Plenum zu diskutieren.

Wenn Übungen in Kleingruppen erfolgen, ist es sinnvoll, den Schülern in jeder Gruppe unterschiedliche Rollen zu geben, die immer wieder wechseln sollten: Spielleiterin, Protokollantin, Zeitwächter, Darstellerin der Arbeit vor der Klasse usw.

Aufbau der Spielesammlung

Dieses Buch ist in acht inhaltliche Kapitel aufgeteilt. Diese Gliederung erleichtert es der Leserin, die Spiele und Übungen zu finden, die sie für die jeweilige Gruppenphase bzw. den Zielbereich braucht. Diese Einteilung darf aber nicht als etwas Starres verstanden werden. Einige Spiele werden sowohl zu dem einen wie zu einem anderen Bereich passen.

Die Kapitel bauen aufeinander auf. Es geht in der Abfolge darum, miteinander in Kontakt zu kommen, sich kennen zu lernen, Informationen zu erhalten, einen besseren Umgang miteinander zu erreichen. Im letzten Kapitel sind auch gesellschaftliche Phänomene angesprochen. So wie die Kapitel an Komplexität zunehmen, beginnen wir innerhalb der Kapitel mit einfachen Spielen, die meist auch für jüngere Schüler geeignet sind. Dann werden die Übungen immer anspruchsvoller. Bei jedem Spiel ist – soweit möglich – die Spielart (z. B. Pantomime, Kreisspiel) unter „Arbeitsform" vermerkt.

Im Kapitel I finden Sie Spiele zum Aufwärmen und zur Einstimmung in das Thema. Dabei sind alle Spiele so zugeschnitten, dass sie einen Bezug zu anderen Kulturen haben und sich insofern von gängigen Aufwärmspielen unterscheiden. In diesem Kapitel gibt es auch Spiele zum Kennenlernen, die sowohl in Klassen eingesetzt werden können, in denen sich die Schüler noch nicht so gut kennen, aber auch, wenn es um das vertiefte Kennenlernen bestimmter Hintergründe geht oder bei Schülerbegegnungen.

Im Kapitel II werden Hintergrundinformationen vermittelt. Diese Übungen lassen sich am ehesten in den „klassischen" Unterricht einbauen, da es um die Vermittlung von Wissen geht. Dabei bieten wir kreative Methoden und Spiele, die zum Teil sehr umfangreich sind und in unterschiedlichen Fächern eingesetzt werden können (z. B. „Religionen der Welt").

Im Kapitel III geht es um Selbsteinschätzung, Fremdwahrnehmung und Wahrnehmungsunterschiede. Dies dient der Schärfung der Aufmerksamkeit und dem differenzierteren Umgang mit anderen Kulturen.

Das folgende Kapitel IV zielt in eine ähnliche Richtung, doch geht es ein Stück weiter, indem es Ideen für eine stärkere Empathie und mehr Einfühlung in andere Kulturen bietet.

Das Kapitel V steht unter der Überschrift „Vorurteile und kulturelle Missverständnisse". Hier sind solche Spiele und Übungen zusammengefasst, die insbesondere kulturelle Unterschiede ansprechen, die dazu herausfordern, sich mit irritierenden Bildern und Vorstellungen vom Anderen, den positiven und negativen Vorurteilen zu beschäftigen.

Das Kapitel VI „Fremdheitserfahrung und Ausgrenzung" knüpft an das vorhergehende an und ermöglicht den Beteiligten, sich der Fremdheit zu stellen, indem es auch komplexere Übungen anbietet.

Da beim interkulturellen Lernen Kommunikation und die Bearbeitung von Konflikten eine wichtige Rolle spielen, gibt es hierzu Anregungen im Kapitel VII.

Das letzte Kapitel VIII „Diskriminierung, Fremdenfeindlichkeit, Rassismus" zielt sehr stark auf politisches Lernen, indem es auch das Thema „Rechtsradikalismus" behandelt und geht damit über die individuelle Ebene hinaus in die gesellschaftliche.

Günstig ist es, die Übungen und Spiele in gemischtnationalen Klassen einzusetzen, die meisten können aber auch in rein deutschen Gruppen gespielt werden. In nationalen Gruppen wird man sich der interkulturellen Thematik aber eher wie in einem „Trockenschwimmkurs" nähern. Dort, wo eine gemischtnationale Gruppe Voraussetzung ist, ist das jeweils vermerkt.

Bei den Spielen sind zunächst die Klassenstufen, in denen sie eingesetzt werden können, angegeben. Dann folgen die Ziele und Arbeitsformen sowie das benötigte Material und die notwendige Vorbereitung und die Zeitdauer. Die Zeitangabe soll eine Orientierung und Entscheidungshilfe geben; die tatsächliche Dauer wird in der Praxis aber von der Zielgruppe, ihrer Motivation und den Impulsen der Lehrkraft abhängen. Zu etlichen Spielen finden Sie im Anschluss an die Spielbeschreibung Kopiervorlagen (z. B. Vorlagen für Karten), die am besten noch vergrößert werden.

Zu vielen Spiele sind auch Auswertungsfragen und Spielvarianten genannt.

Falls wir die Idee für ein Spiel aus einer anderen Quelle übernommen bzw. abgewandelt haben, findet sich der entsprechende Hinweis am Ende der Spielbeschreibung.

I. Spiele zum Aufwärmen und Einstimmen

1. Selamünaleyküm

Klassenstufe: 5 + 6
Ziel: erste Kontaktaufnahme; Bewegung
Arbeitsform: Kreisspiel im Klassenverband
Material/Vorbereitung: keine
Zeit: 10 Minuten

Beschreibung: In der Klasse wird ein Stuhlkreis aufgebaut, der einen Stuhl weniger als Mitspieler hat. In seiner Mitte befinden sich zwei leere Stühle. Eine Mitschülerin steht im Kreis, die anderen sitzen.

Die Schülerin geht auf einen sitzenden Schüler zu und tippt ihm auf das Knie. Beide laufen nun um die beiden Stühle in der Mitte herum, und zwar in entgegengesetzter Richtung. Wenn sie sich treffen, grüßen sie sich auf arabische Weise mit „Selamünaleyküm" (wörtlich: „Ich grüße Allah"), falten dabei die Hände vor der Brust, verneigen sich und sagen ihren Namen. Danach versuchen beide, als Erster den freien Platz im Stuhlkreis zu erreichen und sich zu setzen.

Wer zu spät kommt, setzt das Spiel auf gleiche Weise fort.

Variante: Es können auch andere Begrüßungsarten wie das indische „Namaste" oder der französische Wangenkuss gewählt werden.

2. Begrüßungsvielfalt

Klassenstufe: 5–10; für multikulturell zusammengesetzte Klassen
Ziele: aufwärmen; die Bedeutung von Ritualen erkennen
Arbeitsform: Kreisspiel im Klassenverband, Bewegungsspiel
Material/Vorbereitung: keine
Zeit: 15–20 Minuten

Beschreibung: Die Schüler stehen im Kreis. Zur Einstimmung werden sie befragt, welche länderspezifischen Begrüßungsgesten ihnen bekannt sind. Ausländische Mitschüler zeigen die in ihrem Herkunftsland übliche Form der Begrüßung und sprechen das dazugehörige Begrüßungswort. Eines haben alle Begrüßungen gemeinsam: In aller Welt begrüßt man sich mit freundschaftlichen oder respektvollen Gesten.

Die Lehrerin beginnt nun mit einem Begrüßungsritual (Wort und Geste). Das kann ein Fantasieritual (z. B. auf die Schenkel klopfen und „Holla" rufen) oder eine tatsächlich irgendwo auf der Welt existierende Begrüßungsform sein (z. B. die vor der Brust wie beim Gebet gegeneinander gelegten Handflächen mit einem freundlichen „Namaste" wie in Indien).

Die Lehrerin wendet sich dem Schüler links neben ihr zu und grüßt ihn mit ihrer gewählten Begrüßungsgeste. Der angesprochene Schüler wiederholt dieses Ritual (Wort und Geste), dreht sich zum nächsten Schüler um und gibt ein anderes Begrüßungsritual, das er sich ausgesucht hat, an diesen weiter usw.

Sollten die von den Schülern gewählten Rituale zu albern oder gar verletzend werden, muss die Lehrerin darauf hinweisen, dass es nirgendwo auf der Welt üblich ist, sich auf verletzende Art zu grüßen.

Anmerkung: Das Spiel ist auch als Abschluss einer Unterrichtsstunde gut geeignet – dann mit einem Verabschiedungsritual.

Auswertung:
- Wie hast du dich gefühlt, als du nicht auf die gewohnte/erwartete Art begrüßt wurdest?
- Ist es dir schwer gefallen, andere mit fremden Ritualen zu grüßen?
- Hat es auch Spaß gemacht?
- Welches ist deine Lieblingsform der Begrüßung?
- Wie begrüßt du deinen Großvater, wie deine Mutter, wie einen Freund?
- Kannst du allgemein etwas über die Art und Weise sagen, wie Menschen sich einander begegnen?

3. Münzorakel

Klassenstufe: 5–7
Ziele: Auflockerung; auf verschiedene Kulturen einstimmen
Arbeitsform: Stegreifspiel im Klassenverband
Material/Vorbereitung: große Weltkarte und Münzen für jede Schülerin bereithalten
Zeit: 30–45 Minuten

Beschreibung: Jede Schülerin erhält eine Münze. Nacheinander wirft jede ihre Münze aus geringer Entfernung auf die am Boden ausgebreitete Weltkarte. Die Lehrerin prophezeit, dass der Ort, auf dem die Münze liegen bleibt, für die betreffende Schülerin in nächster Zukunft eine große Bedeutung haben wird. Die Mitschüler werden aufgefordert, ihre „hellseherischen Fähigkeiten" einzusetzen und diese „Vorahnung" auf *positive*, fantasievolle Weise zu deuten. Wem etwas einfällt, der äußert es. Dann ist der nächste Münzwerfer dran.

Variante: Die Münzen stammen aus verschiedenen Ländern. Jeder Schüler zieht eine beliebige Münze und soll versuchen, diese dem richtigen Herkunftsland zuzuordnen. Die Mitschüler korrigieren notfalls. Unter Mithilfe der anderen Schüler werden nun Vermutungen über die Bedeutung, die dieses Land für die Zukunft der Schülerin haben wird, angestellt.

4. Bis zwanzig zählen

Klassenstufe: vornehmlich 5–7, aber auch mit älteren Schülern möglich
Ziele: Konzentration in der Gruppe; andere Sprachen kennen lernen
Arbeitsform: Konzentrationsspiel im Klassenverband
Material/Vorbereitung: keine
Zeit: 5–15 Minuten

Beschreibung: Die Schüler sitzen an ihren Tischen oder im Stuhlkreis und schließen die Augen, niemand spricht mehr, es wird ganz still. Die Aufgabe ist es nun, dass in der Klasse ohne eine genaue Festlegung der Reihenfolge laut bis zwanzig gezählt wird und jede Schülerin dabei in ihrer Sprache zählt. Eine Schülerin beginnt mit „eins" und eine andere im Raum fährt danach z. B. mit „duo" fort, bis auf zwanzig durchgezählt wurde.

Dabei gelten die Regeln, dass Nachbarn sich mit dem Zählen nicht anschließen dürfen und dass das Zählen wieder von vorne beginnt, sobald zwei Schüler gleichzeitig eine Zahl sagen. Sollte die Klasse nach dem dritten oder fünften Versuch nicht bis zwanzig gekommen sein, wird an dieser Stelle abgebrochen und die Übung zu einem anderen Zeitpunkt wiederholt. Mit den Schülern sollte aber im Anschluss besprochen werden, wieso es mit dem gemeinsamen Zählen nicht klappt und was jeder Einzelne dazu beitragen kann, um zum Erfolg zu kommen.

Hinweis: In der Schule hat es sich als sinnvoll erwiesen, diese Übung einmal pro Woche nach der Pause (eventuell auch bei größerer Unruhe) zur Konzentration der Schüler zu wiederholen.

Spielidee nach: Faller u. a., Konflikte selber lösen, S. 78; Kaletsch, S. 82f.; mehrsprachige Variante nach einer Idee von Frauke Roeckl

5. Freund gesucht

Klassenstufe: 5–7
Ziele: Auflockerung, sich in eine fremde Sprache einfühlen; sich in einer Kleingruppe zusammenfinden
Arbeitsform: Spiel im Klassenverband, Gruppenfindungsspiel
Material/Vorbereitung: rhythmische Hintergrundmusik aussuchen, Spielkärtchen mit der Aufschrift „Freund" in verschiedenen Sprachen anfertigen (z. B. um 5er-Gruppen zu bilden: 5 x „Freund", 5 x „arkadaş", 5 x „amigo", 5 x „ami" usw.)
Zeit: 5–15 Minuten

Beschreibung: Jede Schülerin erhält ein Kärtchen. Die Schüler gehen bei Musik durch den Raum und tauschen dabei ständig ihre Kärtchen mit anderen. Bei Musikstopp wird sofort laut das Wort gerufen, das auf dem eigenen Kärtchen steht. Man sucht nun die anderen, die in der gleichen Sprache rufen, um sich zu „Sprachen-Gruppen" zusammenzufinden. Wenn es nur um das schnelle Zusammenstellen einer Arbeitsgruppe geht, endet hier das Spiel.

Es kann aber auch so weitergeführt werden, dass die Musik wieder anläuft und die Spielkärtchen wieder neu getauscht werden und mehrere Durchgänge gespielt werden. Beim letzten Musikstopp rufen die Spieler nun nicht nur das Wort, das auf ihrer Karte steht, sondern sie versuchen, die Sprache nachzuahmen, die durch ihre Wortkarte vorgegeben ist. Auf diese Weise finden sich wieder Sprachgruppen zusammen.

Hinweis: Wenn dieses Spiel zur Gruppenfindung dient, sollte hier ein Spiel oder ein Arbeitsauftrag für die so entstandenen Kleingruppen anschließen.

6. Momentaufnahme

Klassenstufe: 5–10
Ziele: Aufmerksamkeit auf etwas lenken, das als wichtig empfunden wird
Arbeitsform: Partnerübung, Bewegungsspiel
Material/Vorbereitung: keine
Zeit: 10–20 Minuten

Beschreibung: Die Klasse teilt sich in Paare auf, die möglichst aus verschiedenen Kulturen stammen. Sie stellen sich hintereinander, die hintere Schülerin legt der vorderen die Hände auf die Schultern. Jetzt wird die vordere, die die Augen geschlossen hält, von ihrer Partnerin durch den Raum geführt, um Personen und Hindernisse herum.

Jedes Mal, wenn die Führerin etwas Wichtiges zeigen möchte, hält sie die „Blinde" an und löst durch leichtes Tippen auf den „Auslöser" (z. B. den Hinterkopf) eine Momentaufnahme aus, d. h., die „Blinde" öffnet kurz die Augen und schließt sie gleich wieder. Dies erfolgt dreimal. Dann befragt die Führerin die Geführte, was sie gesehen hat, und erläutert, was sie zeigen wollte und warum ihr das wichtig war. Danach werden die Rollen gewechselt.

7. Platzwechsel-Info-Spiel

Klassenstufe: 5–10
Ziele: erste Informationen übereinander erhalten, Auflockerung; achtsam miteinander umgehen
Arbeitsform: Kreisspiel im Klassenverband
Material/Vorbereitung: Schwungtuch (für die Klassen 5 + 6)
Zeit: 10–25 Minuten

Beschreibung: Alle Schülerinnen stehen um ein ausgebreitetes Schwungtuch, das in Bauchhöhe festgehalten wird. Nach bestimmten Vorgaben sollen die betroffenen Schüler die Plätze tauschen (unter dem Schwungtuch auf die gegenüberliegende Seite krabbeln). Steht kein Schwungtuch zur Verfügung, kann auch im Stuhlkreis gespielt werden. Die Vorgaben können von den Schülerinnen selbst eingebracht werden. Bei jüngeren ist es jedoch sinnvoll, wenn der Lehrer selbst genügend Vorgaben bereithat; dabei sollte der Erfahrungshintergrund der Schüler berücksichtigt werden.

Mögliche Vorgaben für Schülerinnen der Klassen 5 und 6:

Es tauschen alle, ...

- die das Wort „merhaba" oder „bonjour" verstehen,
- die schon einmal in ihrem Leben eine Lederhose getragen haben,
- deren Vorname mit A beginnt,
- die lieber Rindfleisch als Schweinefleisch essen,
- die während der letzten vier Wochen mindestens einmal in der Kirche bzw. Moschee waren,
- die wissen, in welchem Land der Ural liegt,
- die wissen, wer Atatürk ist,
- die einen italienischen Freund oder Freundin haben,
- die schon einmal in Griechenland im Urlaub waren.

Variante für ältere Schüler:
Die Schüler sitzen im Stuhlkreis, der Lehrer steht in der Kreismitte. Alle diejenigen stehen auf und wechseln die Plätze, auf die die folgenden Aussagen zutreffen:

- Ich kann eine (zwei) Fremdsprache(n) sprechen.
- Ich bin neugierig auf andere Länder und Menschen.
- Ich fahre im Urlaub gern ins Ausland.
- Ich habe Kontakt zu meinen ausländischen Nachbarn.
- Ich habe ausländische Freunde.

- Ich kann mindestens drei Worte Kurdisch sprechen.
- Ich trete für mehr Autonomie der Kurden ein.
- Ich weiß, was ein „Favela" (= Slum) ist,
- Ich spreche ein bisschen Italienisch.
- Ich glaube, keine Vorurteile gegenüber Ausländern zu haben.

Nachdem der Lehrer einige Aussagen vorgegeben hat, fordert er einzelne Schüler auf, sich in die Mitte zu stellen und selbst eine Aussage zu formulieren, oder es wird ein Stuhl aus dem Stuhlkreis entfernt. Wer beim Plätzetauschen keinen freien Stuhl mehr bekommen hat, steht als Nächster in der Mitte und gibt eine weitere Aussage vor.

Anmerkung: Der Lehrer kann selbst immer wieder eigene Aussagen einbringen, falls er zu einem bestimmten Thema zurückführen möchte, oder er gibt von vorneherein den Themenrahmen vor.

Hinweis: In abgewandelter Form (die Schüler, auf die eine Aussage zutrifft, stellen sich in die Mitte und werden von den anderen beklatscht) ist dieses Spiel auch bekannt als „Welcome diversity". Eine genauere Beschreibung dazu finden Sie in C. Kaletsch, S. 51 ff.

8. Der Reihe nach sortieren

Klassenstufe: 5–10
Ziele: miteinander in Kontakt kommen, auch nonverbal kommunizieren
Arbeitsform: Aufstellung im Klassenverband
Material/Vorbereitung: ggf. Zeitungen
Zeit: 20–30 Minuten

Beschreibung: Die Schülerinnen sortieren sich nach bestimmten, vorgegebenen Kriterien (die auch von ihnen selbst genannt werden können) und stellen sich der Reihe nach in einer Schlange oder in einem Kreis auf. Die Kriterien werden nacheinander vorgegeben. Jedes Mal ergibt sich eine andere Reihenfolge.

Mögliche Kriterien:
- alphabetisch nach dem Anfangsbuchstaben des Vornamens
- nach der Anzahl der Jahre, die man bereits in Deutschland lebt
- blind der Körpergröße nach sortieren
- nach Anzahl der Länder, die man bereist hat
- nach Anzahl der Fremdsprachen, die man spricht
- Die Schüler verteilen sich im Raum nach der geographischen Lage ihrer Herkunftsorte bzw. -länder.

Nonverbale Variante: Die Spielerinnen sortieren sich, ohne dabei zu sprechen, nach Kriterien, die mit Zahlen ausgedrückt werden können (z. B. Schuhgröße, Geburtsdatum oder Anzahl der bereisten Länder). Die Lehrerin legt fest, wo die Personen mit der größten und mit der kleinsten Schuhgröße stehen. Dazwischen sortieren sich die Schüler durch Vergleich der Schuhgrößen, die durch Hand- und Fingergesten angezeigt werden.

Beim Geburtsdatum stehen die Schülerinnen im Kreis. Die Lehrerin definiert die Stelle, wo sich Dezember und Januar berühren. Die Schülerinnen müssen nun durch nonverbale Befragung (mit Hilfe der Finger können zunächst der Geburtsmonat und dann der Geburtstag gezeigt werden) ihrer Nachbarn herausfinden, an welcher Stelle im Kreis sie entsprechend ihres Geburtsdatums stehen müssen.

Noch schwieriger wird das Spiel, wenn die Schüler auf Zeitungspapier oder sogar Stühlen stehen, die zu einem Kreis angeordnet sind. Dabei sollen sie sich sortieren, ohne den Fußboden zu berühren.

Bei der nonverbalen Variante gibt die Lehrerin zunächst nicht vor, *wie* die Aufgaben gestisch gelöst werden können, sondern überlässt das der

Kreativität der Schüler. Bei der Variante mit den Stühlen (ggf. auch bei der mit den Zeitungen[1]) ist sensibel auf das Klima in der Klasse zu achten. Nicht jede Herkunftskultur „erlaubt" einen so relativ engen Körperkontakt bzw. nicht in jeder Klasse ist der Umgang miteinander so entspannt, dass diese Übung gemäß den Regeln verläuft und Stühle nicht umkippen.

---

1 Diese Variante wurde mit einer Gruppe von Rumänen und Ungarn durchgeführt, die mit diesem Spiel keine Schwierigkeiten bzw. Berührungsängste hatten. Allerdings galt hier – wie bei allen anderen Spielen – das Prinzip der absoluten Freiwilligkeit.

9. Partnerinterview

Klassenstufe: 5–10; gut für Klassen geeignet, die sich schon etwas kennen, aber auch, wenn jemand neu in die Klasse kommt
Ziele: kennen lernen; mehr voneinander erfahren; Neues über jemanden erfahren, mit dem man schon länger zusammen ist
Arbeitsform: Partnerarbeit und Klassengespräch, Interviewspiel
Material/Vorbereitung: Interviewbögen je nach Klasse zusammenstellen
Zeit: 45–60 Minuten, je nach Klassengröße

Beschreibung: Die Schüler erhalten je einen Fragebogen zum Ausfüllen und interviewen sich gegenseitig in Zweiergruppen. Fragen könnten sein:

- Wie heißt mein Interviewpartner?
- Woher kommt er (Geburtsland)?
- Wie lange lebt er bereits in Deutschland?
- Welcher Nationalität fühlt er sich zugehörig?
- Was ist seine Lieblingsmusik?
- Welche besonderen Hölzer oder andere Materialien gibt es in seinem Herkunftsland?
- Was würde er jetzt am liebsten tun?

Anschließend treffen sich alle wieder im Klassenverband und stellen nacheinander ihre Interviewpartnerin anhand der Fragebögen vor.

10. Wer bin ich?

Klassenstufe: 5–10; die Schüler müssen sich schon etwas kennen
Ziele: mehr voneinander erfahren; sich in andere Schülerinnen einfühlen
Arbeitsform: Kreisspiel im Klassenverband
Material/Vorbereitung: Klebeetiketten, Stifte
Zeit: je nach Klassengröße 20–45 Minuten

Beschreibung: Jede Schülerin schreibt ihren Namen auf ein Klebeetikett, diese werden von der Lehrerin eingesammelt. Sie klebt nun jeder Schülerin den Namen einer anderen auf den Rücken, wobei z. B. eine deutsche den Namen einer türkischen erhält, also mit dem Namen auch die Nationalität wechselt.

Jede Schülerin geht auf einen Schüler zu (alle spielen gleichzeitig) und versucht durch Fragen herauszubekommen, wer sie nun ist. Es dürfen möglichst nur persönliche Fragen gestellt werden, die nur mit „ja" oder „nein" zu beantworten sind. Hat man nach drei Fragen seine neue Identität noch nicht herausgefunden, befragt man den nächsten Mitspieler. Sobald die neue Identität gefunden wurde, nimmt man den Klebezettel vom Rücken ab und klebt ihn sich auf die Brust. Als zu Befragender steht man weiterhin zur Verfügung, bis alle ihre neue Identität herausgefunden haben.

Auswertung: Zum Abschluss des Spiels kann darüber gesprochen werden, wie man sich in der jeweils anderen Rolle gefühlt hat. Fiel es schwer, persönliche Fragen zu stellen? Konnte man als Befragter die Fragen leicht oder schwer beantworten? Hat man sich als Frager oder als Befragter besser gefühlt? Warum?

11. Was uns verbindet

Klassenstufe: 5–7
Ziele: Vorlieben und Abneigungen voneinander erfahren; andere mit den gleichen oder ähnlichen Ansichten kennen lernen
Arbeitsform: Einzelarbeit, Kennenlernspiel im Klassenverband
Material/Vorbereitung: Kopiervorlagen mit Wappen; Wollfäden
Zeit: 45–60 Minuten

Beschreibung: Jede Schülerin und jeder Schüler erhält ein Arbeitsblatt mit dem Wappenbild, das in vier Felder unterteilt ist. Es soll mit Bildern und mit Schrift ein persönliches Wappenbild gestaltet werden. Für die vier Felder werden durch die Lehrerin inhaltliche Vorgaben gemacht. Diese sind je nach Alter der Schüler mehr oder minder konkret oder abstrakt.

Folgende Vorgaben für die Gestaltung der vier Felder sind denkbar:
1. Mein Lieblingsfach in der Schule
2. Meine bevorzugte Musikgruppe
3. Was (nicht „wen"!) ich nicht ausstehen kann
4. Meine Lieblingsfarbe

oder

1. Mit dieser historischen Gestalt/Filmfigur wäre ich gerne befreundet
2. Wenn ich eine Landschaft wäre, dann wäre ich …!
3. Dieses Verhalten von Freunden verletzt mich besonders!
4. Was ich einmal werden möchte

oder

1. Das Land, in das ich am liebsten reise
2. Wenn ich ein Tier wäre, dann wäre ich …!
3. Was mir an fremden Kulturen gefällt
4. Mein Lieblingssportler

Die fertig erstellten Wappenbilder werden an einer Wand ganz dicht nebeneinander aufgehängt. Nun schauen alle Schüler die Wappen ganz genau an und jeder verbindet mit einem Wollfaden die eigenen Felder mit denen anderer, bei denen er eine enge Sinnesverwandtschaft festgestellt hat. So ergibt sich ein Netz, das Individualität und Gruppenbildungen zeigt.

Auswertung: Gab es Überraschungen? Wie ist es, die eigenen Vorlieben als Teil eines Kollektivs zu sehen? Hat jemand ein anderes Wappen entdeckt, bei dem alle Felder ähnlich wie die eigenen ausgefüllt waren?

Spielidee nach: Faller u. a., Konflikte selber lösen, S. 30

12. Geschichte meines Namens

Klassenstufe: 5–10
Ziele: kennen lernen; die eigene Identität stärken; die Bedeutung des eigenen Namens besser wahrnehmen; Vertrauen in der Gruppe herstellen, unterschiedliche Bedeutung von Duzen und Siezen und der Benutzung des Vor- oder Familiennamens in den verschiedenen Herkunftsländern erkennen
Arbeitsform: Recherche, Einzelarbeit, Klassengespräch oder Partnerarbeit
Material/Vorbereitung: bunte Kärtchen für die Namen, Stifte
Zeit: 10–20 Minuten, je nach Klassengröße

Beschreibung: Die Schülerinnen erinnern sich an die „Vorgeschichte" ihres Namens. Sie überlegen, wie sie zu ihrem Namen gekommen sind, was er bedeutet, ob sie mit ihrem Namen zufrieden sind, wer ihren Namen ausgewählt hat usw.

Es wird darauf hingewiesen, dass sowohl Vor- und Nachnamen als auch Spitznamen verwendet werden können. Denkbar wäre auch, gerade bei den unteren Klassenstufen, den Schülerinnen quasi als Hausaufgabe die Bedeutungsrecherche ihres Namens aufzutragen und die Eltern über die Vorgeschichte ihrer Namensgebung zu befragen.

Nacheinander erzählt jede nun die „Geschichte ihres Namens". Schließlich verrät sie auch, ob sie mit diesem Namen zufrieden ist oder nicht und welche Gründe dies hat. Die Lehrerin hält ein Buch mit Namensdeutungen parat oder sucht diese vorher im Internet (www.firstname.de).

Alle beschriften dann ein Schild mit ihrem Vor- und Nach- bzw. Spitznamen. Anschließend wird in der Gruppe über die Bedeutung von Namen und Anrede gesprochen (s. Auswertungsfragen).

Schnellere Variante: Jede Schülerin schreibt ihren Namen auf ein Kärtchen. Diese werden dann in die Kreismitte gelegt und jede zieht daraus eine neue Namenskarte. Wer zufällig wieder den eigenen Namen bekommt, muss tauschen. Jede sucht sich nun als Gesprächspartner den Klassenkameraden, dessen Namen auf ihrem Kärtchen steht, und interviewt ihn zur „Geschichte seines Namens". Jede Schülerin interviewt einen Mitschüler und wird von einem anderen befragt und hat so zwei Gesprächspartner nacheinander.

Auswertung:
• Wie werden international die Namen gegeben? (Wer „darf" sie geben?)
• Gibt es Wissensunterschiede über die Bedeutung des eigenen Namens?

(Türkische Kinder wissen z. B. oft mehr über die Bedeutung ihres Namens als Kinder aus anderen europäischen Ländern.)
- Welche Unterschiede gibt es noch? (In einigen Ländern Afrikas gibt es z. B. keine Familiennamen.)
- Welche Bedeutung haben Duzen und Siezen in den Herkunftsländern der Schülerinnen? Wann wird geduzt, wann gesiezt?
- Welche Bedeutung hat die Benutzung von Vor- bzw. Familiennamen in den Herkunftsländern der Schülerinnen?

Spielidee nach: Seminar des Goethe-Instituts München „Interkulturelle Kompetenz" 1999; s. auch Christa Kaletsch, S. 56

13. Internationale Persönlichkeiten

Klassenstufe: 5–10
Ziele: Kontaktaufnahme erleichtern, neugierig machen
Arbeitsform: Kreisspiel im Klassenverband
Material/Vorbereitung: pro Schüler ein Klebeetikett und von der Lehrkraft schon beschriftete Reserveetiketten
Zeit: 10–15 Minuten

Beschreibung: Die Schüler beschriften jeweils ihr Klebeetikett mit dem Namen einer berühmten Persönlichkeit aus ihrer Heimat aus den Bereichen Sport, Politik, Kultur usw. Dabei sollte man darauf hinweisen, dass möglichst solche Persönlichkeiten aufgeschrieben werden, die die Mitschüler kennen können. Doppelnennungen werden aussortiert und durch die Reserveetiketten der Lehrerin ersetzt. Jeder bekommt nun ein Etikett auf den Rücken geklebt und soll durch Fragen, die nur mit „ja" oder „nein" zu beantworten sind, herausfinden, wer er ist.

Bei großen Gruppen laufen dazu alle Schüler gleichzeitig im Raum umher und befragen jeweils eine Mitschülerin. Jeder dürfen nur drei Fragen gestellt werden, dann geht's zur nächsten. Bei kleineren Gruppen (bis zu acht Schüler) können die, die raten, auch einzeln in die Kreismitte gehen, die übrigen Schüler beantworten gemeinsam die Fragen. Wer erraten hat, wer er ist, klebt sich sein Etikett an die Brust. Wenn alle damit fertig sind, können die unbekannten Persönlichkeiten noch geklärt werden und jeder begründet, warum er diese Person ausgesucht hat.

Hinweis: In den 5. und 6. Klassen muss darauf geachtet werden, dass die Schüler bekannte Persönlichkeiten verwenden. Eventuell gibt die Lehrerin hier auch alle Personen (z. B. aus Fernsehsendungen) vor.

Bei Schülern aus sehr unterschiedlichen Kulturen, bei denen es schwierig erscheint, die Persönlichkeiten herauszufinden, können alle Namen der Persönlichkeiten auch als Liste an die Tafel geschrieben werden.

Variante als Gruppeneinteilungsspiel: Jeweils mehrere Persönlichkeiten aus einem bestimmten Bereich (z. B. Politik) bilden nach dem Spiel eine Gruppe.

14. Interkultureller Check

Klassenstufe: 5–10, gut geeignet für Klassen, die neu zusammenkommen
Ziele: mehr voneinander erfahren, auf das Thema „Interkulturelles Zusammenleben" einstimmen; in einer neuen Klasse zum Kennenlernen der Namen
Arbeitsform: Interview im Klassenzimmer, Klassengespräch
Material/Vorbereitung: Interviewbögen (siehe Kopiervorlage) für jeden Schüler; die Fragen der Klassenstufe anpassen. Jeder Interviewbogen sollte so viele Fragen beinhalten wie Teilnehmerinnen in der Teilgruppe sind. Bei einer Klassenstärke ab 24 werden nur 12 bis 15 Fragen vorgegeben, sonst dauert das Spiel zu lange. Bei größeren Klassen drei Gruppen bilden; Stifte, leise Hintergrundmusik.
Zeit: 30–45 Minuten, je nach Klassengröße

Beschreibung: Jede Schülerin erhält einen Interviewbogen. Die Klasse wird in zwei gleich große Gruppen aufgeteilt. Die beiden Teilgruppen sollen sich während des Spiels nicht mischen (sie bleiben räumlich getrennt). Die Lehrerin schließt sich einer Gruppe an. Während eventuell leise Hintergrundmusik läuft, bewegen sich die Schülerinnen in ihrer Raumhälfte und befragen die Mitglieder der eigenen Gruppe in Einzelgesprächen. Dabei wird jeder Mitspielerin nur eine Frage gestellt, dann wechselt man zur nächsten. Die Antwort (in Stichworten) und der Name der Befragten werden auf dem Bogen notiert. Jede Mitspielerin in der Teilgruppe soll jeder anderen Mitspielerin mindestens eine Frage beantworten. Taucht die gleiche Frage zum zweiten Mal auf, wird sie getauscht.

Wenn bei beiden Spielgruppen alle Kästchen ausgefüllt sind, setzen sich alle in einen Stuhlkreis, die Musik wird ausgeschaltet und die einzelnen Schülerinnen vorgestellt. Jede liest dabei die Antwort vor, die sich auf die gerade vorgestellte Person bezieht.

Die Lehrerin beginnt: *„Ich möchte euch Raiza* (die angesprochene Schülerin zeigt sich) *und ihren interkulturellen Werdegang vorstellen. Ihr geht es heute sehr gut."* (Antwort auf die erste Frage). Die Mitspielerin, die die zweite Frage an Raiza gestellt hat, setzt die Vorstellung fort: *„Mir hat Raiza erzählt, dass sie schon seit fünf Jahren in unserer Stadt lebt, sich aber hier trotzdem nicht so richtig zu Hause fühlt."* In der nächten Runde beginnt Raiza mit dem Vorstellen eines anderen Schülers usw.

Etwas schnellere Variante: Die Interviewbögen werden verteilt. Jede Schülerin beantwortet nun für sich das erste Kästchen. Dann reicht sie den Bogen an den linken Nachbarn weiter und beantwortet die nächste Frage des Bogens, der ihr von rechts gereicht wurde. So geht es weiter, bis alle Kästchen gefüllt sind. Jetzt beginnt die Vorstellungsrunde wie oben beschrieben.

Interviewbogen zum Spiel „Interkultureller Check"

1
Wie geht es dir heute?

Name: _____

2
Seit wann lebst du in dieser Stadt?

Name: _____

3
Wo fühlst du dich am besten zu Hause?

Name: _____

4
Was isst du gar nicht gern?

Name: _____

5
Was vermisst du in dieser Stadt besonders?

Name: _____

6
Wo (Stadt/Land) bist du geboren?

Name: _____

7
Wie viele Nationalitäten gibt es in deiner Großfamilie?

Name: _____

8
Wie viele Nationalitäten gibt es in deinem Freundeskreis?

Name: _____

9
In welchen Sprachen kannst du das Wort „Liebe" sagen?

Name: _____

10
Welchen Sport betreibst du am liebsten?

Name: _____

11
Welche Fremdsprache würdest du gerne sprechen können?

Name: _____

12
Was ist ein Asylbewerber? Kennst du einen?

Name: _____

13
Welche Musikgruppe gefällt dir am besten?

Name: _____

14
Wie sollte eine beste Freundin/ein bester Freund sein?

Name: _____

15
Worauf/Worüber freust du dich besonders?

Name: _____

15. Interkulturelles Nonsensspiel

Klassenstufe: 5–10
Ziele: Empathie, ins Thema einsteigen
Arbeitsform: Stegreifspiel im Klassenverband
Material/Vorbereitung: keine
Zeit: 30 Minuten

Beschreibung: Zwei Schüler verlassen den Raum. Sie werden später hineingerufen und sollen eine kurze Szene spielen, in die jeder einen bestimmten Satz einbauen muss. Diese Sätze überlegen sich die übrigen Schüler, solange die beiden Spieler draußen sind. Der Satz soll einen Bezug haben zum anstehenden Thema, das bearbeitet werden soll (z. B. Vorbereitung auf eine Klassenfahrt ins Ausland, Zusammenleben von Deutschen und Migranten). Außerdem wird den Spielern eine bestimmte Situation vorgegeben, in der sich die beiden treffen.

Die beiden Spieler kommen wieder herein. Jedem wird leise sein kurzer Satz zugeflüstert und die Situation, in der sie sich treffen. Entsprechend dieser Vorgaben beginnen die beiden nun ein Gespräch miteinander. Bei dieser Unterhaltung muss jeder seinen Satz möglichst so unauffällig einbauen, dass der Mitspieler den Satz nicht sofort entdeckt, denn wer zuerst den Satz des anderen errät, hat gewonnen!

Mögliche Sätze sind:
- Vielleicht sollte meine Familie wieder zurückkehren.
- Nein, wir haben noch keine unbefristete Aufenthaltserlaubnis.
- Meine Eltern sprechen kaum Deutsch.
- Ich esse kein Schweinefleisch.
- Ich passe immer auf meine Schwester auf.
- Mein Lieblingsessen ist Couscous mit Lammfleisch.
- Wir hatten schon im Kindergarten Englischunterricht, deshalb spreche ich es besser als Deutsch.

Mögliche Situationen sind:
- In der Schule
- Am Strand
- In der Disko
- Beim Arzt
- Im Kaufhaus
- Am Bahnhof in einer fremden Stadt
- In der U-Bahn-Station
- Beim Essen

16. Kreatives Schreiben

Klassenstufe: 5–10, nur für Klassen mit multikultureller Zusammensetzung
Ziele: auch ohne die Beherrschung verschiedener Sprachen mit Schülern aus unterschiedlichen Kulturen einen kleinen Text schreiben
Arbeitsform: Kleingruppenarbeit, Ergebnisvorstellung im Klassenverband, Schreibspiel
Material/Vorbereitung: große Papierbögen, Filzstifte, Zeichenblöcke, Wachsmalstifte, Papier, Schreibzeug
Zeit: 45–90 Minuten (je nach Anzahl der Kleingruppen)

Beschreibung: Die Klasse wird in Kleingruppen zu vier bis sechs Personen aufgeteilt, wobei darauf geachtet wird, dass in jeder Schüler mit unterschiedlicher Muttersprache sind. Die Kleingruppe setzt sich um einen großen Bogen Papier herum. Jedes Gruppenmitglied schreibt in seiner Muttersprache. Einer beginnt, schreibt in die Mitte des Bogens ein beliebiges Wort und kreist es ein. Wem dazu ein weiteres Wort einfällt, schreibt es daneben, kreist es ebenfalls ein und zieht eine Verbindungslinie.

Alle weiteren assoziierten Worte werden ebenfalls mit solchen Verbindungslinien an die schon entstandenen angehängt, bis sich langsam ein richtiges Netz entwickelt hat. Zehn Wörter genügen schon als Vorgabe, um einen Text (Gedicht oder beliebige Textsorte) zu produzieren, in dem alle diese Wörter vorkommen sollen.

Der Text kann auf Zeichenpapier notiert und später noch mit Wachsmalkreiden farbig gestaltet werden. Der Klang des Textes und der Spaß beim Schreiben sind wichtiger als philologische Genauigkeit in der Grammatik! Da ein Sprachengemisch entstehen wird, ist ohnehin nicht klar, welche Grammatik die Bezugsgrundlage bildet.

Sobald alle Kleingruppen mit ihren Produkten fertig sind, werden die Ergebnisse im Klassenverband vorgestellt.

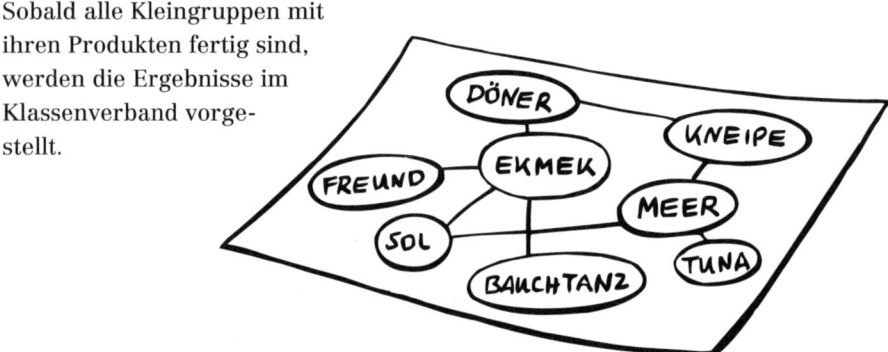

Literaturhinweis: Lutz von Werder, Lehrbuch des kreativen Schreibens, Berlin 2001

17. Lebenswege

Klassenstufe: 5–10
Ziele: Lebenshintergründe erfahren; bei Paaren, die in zwei Sprachen kommunizieren: erkennen, wie viel Kommunikation möglich ist, auch ohne die Sprache des anderen zu verstehen
Arbeitsform: (nonverbale) Partnerarbeit, Austausch im Klassenverband
Material/Vorbereitung: pro Spielpaar ein Arbeitsblatt (siehe Kopiervorlage) und Stifte
Zeit: 30–45 Minuten
Hinweis: günstig, aber nicht zwingend, wenn die Klasse zur Hälfte aus Migranten besteht; gut geeignet für eine Schülerbegegnung

Beschreibung: Die Klasse wird in Spielpaare mit Schülern mit jeweils unterschiedlichem kulturellem Hintergrund eingeteilt; bei einer Begegnung von Schülern aus zwei Ländern werden binationale Paare gebildet. Die Spielpaare versuchen, sich gegenseitig verschiedene Stationen ihres Lebens und einschneidende oder wichtige Erlebnisse zu erklären.

Die eigene Muttersprache darf verwendet werden, sofern die Mitspielerin diese *nicht* versteht (das Sprechen erleichtert ein Anwenden der Körpersprache!). Erklärungen werden durch Pantomime und Zeichnungen auf dem Arbeitsblatt verdeutlicht. Jede Schülerin hat dazu eine Hälfte des Blattes zur Verfügung.

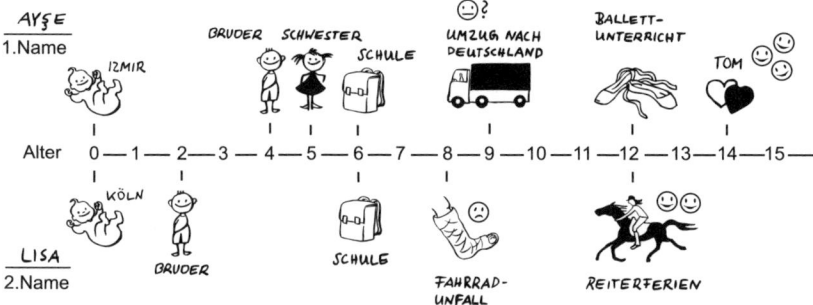

Auswertung: In der Klasse stellen die Spielpartnerinnen jeweils den Lebensweg der anderen anhand der Zeichnungen vor. Anschließend bespricht die gesamte Klasse die folgenden Fragen:
- Haben sich die Spielpartnerinnen gegenseitig richtig verstanden?
- Wie sehr haben sie sich darum bemüht, ihre Partnerin zu verstehen?
- Wie intensiv war die nichtsprachliche Kommunikation der Spielpartner?
- Welche Gefühle löste es aus, die Sprache nicht als Kommunikationsmittel anwenden zu können?

1.Name

Alter: 0 — 1 — 2 — 3 — 4 — 5 — 6 — 7 — 8 — 9 — 10 — 11 — 12 — 13 — 14 — 15 —

2.Name

18. Kindheitsfoto-Geschichten

Klassenstufe: 9 + 10
Ziele: durch Kindheitsfotos mehr über die Mitschülerinnen und ihre Kultur erfahren
Arbeitsform: Übung im Klassenverband, Klassen über 16 Schüler teilen
Material/Vorbereitung: Jede Schülerin bringt für das Spiel ein Foto aus ihrer frühen Kindheit mit. Ferner mindestens zwei aktuelle charakteristische Fotos aus der Schule, Freizeit und der Wohnumgebung
Zeit: 90–120 Minuten
Hinweis: gut geeignet für eine Schülerbegegnung

Beschreibung: Bei einer Schülerbegegnung ist darauf zu achten, dass die Gruppen kulturell gemischt sind.

1. Spielschritt: Die Kindheitsbilder (der zutreffende Name steht auf der Rückseite und darf nicht sichtbar sein) liegen auf einem Tisch und jede betrachtet sie. Die Bilder sind durchnummeriert (am besten liegt neben jedem Foto eine Nummer). Jede erhält ein Blatt, das die gleichen Nummern wie die vorhandenen Fotos enthält, und soll nun den nummerierten Kinderfotos die Namen der Mitschülerinnen in der Gruppe zuordnen.

Nun verteilt der Lehrer die weiteren Fotos (aus der Schulzeit usw.) gleichmäßig an alle, wobei er darauf achtet, dass die Schülerinnen nicht ihre eigenen Fotos erhalten. Diese werden nun den Kindheitsfotos auf dem Tisch zugeordnet. (Welches Kind ist heute welche Schülerin, lebt in welcher Umgebung bzw. gestaltet wie ihre Freizeit?)

Dann wird das Rätsel aufgelöst, indem der Lehrer die Kindheitsfotos den Nummern laut zuordnet. Jede kann nun vergleichen, wie viele Kindheitsfotos sie richtig zuordnen konnte. Falsch gelegte Kindheitsfotos werden noch an die richtige Stelle gelegt.

2. Spielschritt: (vor allem bei Schülerbegegnungen interessant)
Nun wird die Klasse in zwei oder vier Gruppen aufgeteilt (je nach Klassengröße). Eine Aufteilung in Migranten und Deutsche ist sinnvoll, wenn man anhand der Kindheitsfotos Unterschiede herausfinden möchte.

Bei einer Klassenbegegnung werden national homogene Gruppen von 8 bis 10 Schülern gebildet. Jede Gruppe erhält die Fotos einer anderen Kleingruppe. Bei einer Klassenbegegnung würde beispielsweise die Gruppe aus Deutschland die Fotos der Klasse aus Frankreich erhalten. Wird das Spiel in einer kulturell gemischten Klasse in Deutschland gespielt, tauschen sich Migranten und Deutsche aus.

Die Gruppen überlegen wechselseitig, was ihnen an den Fotos der anderen besonders auffällt und was sie aus ihnen herauslesen können. Aus den Bildern lassen sich z. B. Unterschiede in Haartracht, Kleidung, Schmuck, in der Haltung oder Bauweise erkennen. Bei einer Begegnung sind diese Unterschiede meist signifikanter als bei einem Austausch in einer Klasse. Hier ist meist nur die Betrachtung der Kindheitsfotos interessant.

Die Ergebnisse der Kleingruppen werden dann in der Klasse bzw. bei einer Begegnung in der Gesamtgruppe ausgetauscht.

Anmerkung: Vermutlich werden nicht alle ausländischen Kinder Fotos aus ihrer frühen Kindheit besitzen, zumal wenn sie nicht bereits in Deutschland geboren sind. In diesem Fall könnten diese Schüler sich in einer Situation aus ihrer frühen Kindheit zeichnen (z. B. im Herkunftsdorf), um sich dennoch an dem Spiel beteiligen zu können.

19. Brief an einen Außerirdischen

Klassenstufe: 8–10
Ziele: die Begriffe „Zusammenleben verschiedener Kulturen" oder „interkulturelles Lernen" klären, um in der Gruppe einen Austausch darüber zu ermöglichen
Arbeitsform: Einzel- und Gruppenarbeit, Diskussion im Klassenverband
Material/Vorbereitung: Papier, Stifte, Arbeitsblätter mit dem Alphabet: Man braucht die gleiche Anzahl Blätter mit den Buchstaben von A bis H, mit I bis Q und mit R bis Z. Neben den Buchstaben muss Platz zum Schreiben sein.
Zeit: 45–60 Minuten

Beschreibung:

1. Die Klasse wird in Dreiergruppen aufgeteilt. Jede Teilnehmerin in der Kleingruppe erhält eines der drei Arbeitsblätter, sodass in jeder Arbeitsgruppe das vollständige Alphabet vorhanden ist. Jede notiert nun zu jedem der ihr vorliegenden Buchstaben einen Begriff, der mit dem entsprechenden Anfangsbuchstaben beginnt und den sie mit „interkulturellem Lernen" (z. B. A – Ausländer, B – Bereicherung usw.) verbindet.

2. In der Dreiergruppe stellt nun jede Teilnehmerin den anderen ihr Arbeitsblatt vor. Sie vergleichen, welche Worte ihnen jeweils eingefallen sind, und diskutieren darüber.

3. Jeweils zwei Dreiergruppen bilden nun eine neue Gruppe. Sie haben die Aufgabe, einem Außerirdischen - also einer Person, die keine Ahnung von unserem Leben und unseren Gewohnheiten hat – zu erklären, was „interkulturelles Lernen" bedeutet. Dabei helfen die Begriffssammlungen.

Jede Gruppe soll sich auf eine Form einigen, in der „interkulturelles Lernen" erklärt oder dargestellt werden kann. Es kann ein Brief geschrieben, ein Bild gemalt, eine Szene gespielt oder eine Statue gebaut werden.

4. Jede Gruppe stellt schließlich der Klasse ihre Ergebnisse vor. Eine Teilnehmerin aus jeder Gruppe erklärt auch, wie es zu diesem Ergebnis kam und welche anderen Meinungen noch vertreten waren.

Auswertung:

• War es leicht oder schwierig, Worte zu finden?
• War es in der Dreiergruppe möglich, die jeweils unterschiedliche Sicht von „interkulturellem Lernen" zu vermitteln?
• Wo lagen die Probleme, einem Außerirdischen den Begriff „interkulturelles Lernen" zu erklären? War das Ergebnis überzeugend?

Spielidee nach: Kurt Faller u. a., Konflikte selber lösen, S. 43

II. Spiele rund um Hintergrundinformationen

20. Woher wir kommen

Klassenstufe: 5, für multikulturell zusammengesetzte Klassen
Ziele: einander kennen lernen; einen Eindruck vom Herkunftsland der Mitschülerinnen bekommen
Arbeitsform: Gruppenarbeit und Vorstellung der Ergebnisse im Klassenverband; eine Collage erstellen
Material/Vorbereitung: Die Umrisse der Heimatländer aller Schüler (bzw. bei den deutschen Kindern die Bundesländer der Geburtsorte oder die Stadtbezirke) werden auf große Pappkartons gezeichnet, evtl. mit Flüssen, Seen, Städten. Postkarten oder anderes Bildmaterial der jeweiligen Länder, Bundesländer oder Stadtbezirke werden von den Kindern und/oder dem Lehrer zuvor gesammelt. Jeder bringt ein Passbild von sich mit (ggf. malen oder mit Digitalkamera aufnehmen und dann ausdrucken); Klebematerial und Stifte bereithalten
Zeit: 30–45 Minuten für die Kleingruppen, 20–30 Minuten Vorstellen der Collagen

Beschreibung: Es werden gemischtnationale Kleingruppen von vier bis sechs Schülern gebildet, wobei möglichst nicht mehr als zwei bis drei Ethnien pro Gruppe vertreten sein sollten. Jede Gruppe erhält Pappkartonlandkarten von den Ländern, Bundesländern, Kreisen oder Stadtbezirken, aus denen ihre Mitspielerinnen stammen. Jedes Gruppenmitglied klebt das Passbild eines anderen Kindes an der Stelle auf die Landkarte, wo das betreffende Kind geboren ist, schreibt dessen Namen darunter, sein Alter, wie lange es schon in Deutschland bzw. an diesem Ort lebt und was es sonst noch von ihm weiß (nachfragen!).

Das gesammelte Bildmaterial der entsprechenden Länder, Bundesländer, Kreise oder Stadtbezirke liegt bereit und soll von den Kindern den jeweiligen Landkarten zugeordnet werden. (Das Bilder-Zuordnen jeweils erst bei einer fremden Landkarte versuchen!) Ist das Bildmaterial richtig zugeordnet, werden die Landkarten damit ausgeschmückt. Die so gestalteten Bilder werden später der Klasse vorgestellt. Dabei erklärt jedes Kind das Bild eines anderen Landes oder Kreises usw.

21. Kooperatives Puzzlespiel

Klassenstufe: 5–6
Ziele: durch Bilder Informationen über ein anderes Land erhalten
Arbeitsform: Gruppenarbeit und Gespräch im Klassenverband, ggf. Einzelarbeit, Puzzlespiel
Material/Vorbereitung: Vier verschiedene Bildmotive (z. B. über das Leben in Russland, Deutschland, in der Türkei und in Frankreich) werden auf einen dickeren Plakatkarton geklebt. Auf die Rückseite kann eine zum Bild passende Geschichte, ein Gedicht oder eine Information geschrieben werden. In multikulturellen Klassen sollten sich die Motive auf Länder beziehen, aus denen Schüler der Klasse kommen. Dann werden die Kartons zu Puzzleteilen zerschnitten und jeweils in einem großen Umschlag aufbewahrt.
Zeit: 30–45 Minuten

Beschreibung: Die Klasse wird in vier Kleingruppen aufgeteilt, die jeweils an einem Tisch arbeiten sollen. Auf den vier Tischen liegen in gleichmäßig verteilter Anzahl Puzzleteile aller vier Puzzles durcheinander. Jede Gruppe erhält jetzt ein Puzzleteil des Bildes, das sie zusammensetzen soll. Eine einfachere Variante ist die, dass nur jeweils zwei Puzzles gemischt sind und diese jeweils bei zwei Gruppen liegen.

In Gruppenarbeit werden die einzelnen Puzzles jetzt zusammengelegt, wobei immer wieder ein Austausch mit den jeweils anderen Gruppen stattfinden muss, um nicht benötigte bzw. fehlende Puzzleteile einzutauschen. Sind die Bilder fertig zusammengesetzt, werden sie den anderen Schülern gezeigt und erläutert. Falls sich auf der Rückseite ein Text befindet, wird das Puzzle vorsichtig umgedreht und die Geschichte oder der Text vorgelesen und kurz besprochen.

Variante: Die Bildcollagen und Geschichten können von Schülergruppen (oder Einzelnen) auch selbst hergestellt werden. So können sie sich gegenseitig Informationen über ihr Herkunftsland (oder ihre Herkunftsstadt) vorstellen. Diese Variante braucht allerdings mehr Zeit.

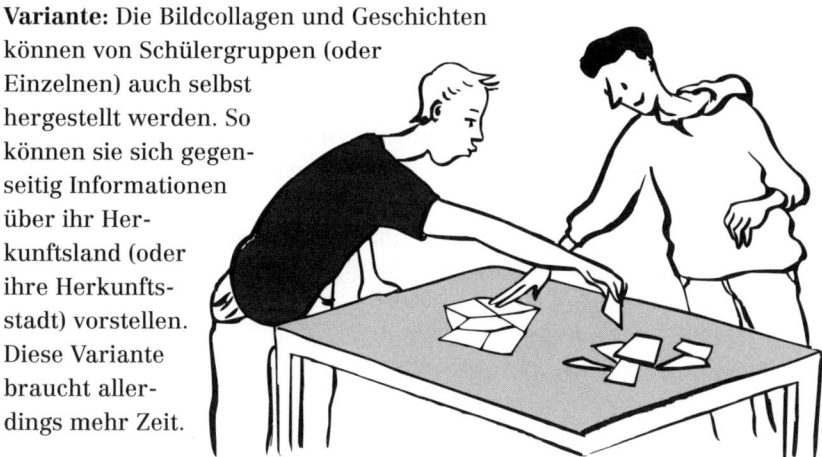

22. Modenschau

Klassenstufe: 5–7, auch für ältere Schüler, je nach Lust und Bereitschaft sich zu verkleiden
Ziele: Kleidungsgewohnheiten anderer Länder kennen lernen
Arbeitsform: Gruppenarbeit und Gespräch im Klassenverband, Theaterspiel
Material: eine genügend große Anzahl von unterschiedlichen Kleidungsstücken (auch z. B. türkische Pumphosen, indische Saris, Kopftücher, Turbane usw.); Schminkutensilien bereithalten. Eventuell ausländische Mitschüler und Mitschülerinnen bitten, traditionelle Kleidung aus ihrer Heimat mitzubringen. Aus Tischen einen Laufsteg bauen.
Zeit: 45–90 Minuten, je nach Intensität der anschließenden Diskussion

Beschreibung: Dieses Spiel kann als Vorbereitung auf eine Reise in ein anderes Land oder auf die Beschäftigung mit einer anderen Kultur dienen. Zwei Kleingruppen (je etwa vier bis acht Personen) werden zu „Mannequins". Eine Gruppe erhält den Auftrag, sich zu überlegen, wie Frauen und Männer sich in dem zu bereisenden oder zu erforschenden Land wohl üblicherweise kleiden. Sie kostümieren und schminken sich dementsprechend. Die zweite Gruppe spielt die „achtlosen Touristen" und sucht sich aus der Verkleidungskiste Gewänder aus, die ihrer Meinung nach in diesem Land auf Befremden stoßen könnten (z. B. Träger-T-Shirts in einem türkischen Dorf). Jungen und Mädchen können dabei in vertauschten Rollen auftreten, um den Spaß für das Publikum zu erhöhen. Ein Conferencier (= Mitglied der einzelnen Gruppen) geleitet die „Mannequins" auf den Laufsteg. Soweit den Schülerinnen bekannt (aber es dürfen auch Vermutungen geäußert werden), werden dabei auch Hintergrundinformationen zum gezeigten Kleidungsstück gegeben (z. B.: In Indien trägt die Braut traditionell einen roten Sari, der oft aus Seide ist).

Auswertung: In der Klasse wird darüber gesprochen, ob die vermuteten Kleidergewohnheiten so „richtig" sind und warum sich Menschen in bestimmten Ländern anders kleiden; aber auch darüber, inwieweit sich Besucherinnen in einem fremden Land den dortigen Kleidungsgewohnheiten anpassen sollten oder nicht.

Außerdem dürfen sich die Schüler und Schülerinnen dazu äußern, wie sie sich in den verschiedenen Kleidern gefühlt haben und welches ihr Lieblingskleidungsstück ist und warum.

23. Kopfmobile

Klassenstufe: 5–10; mit dieser Zielsetzung nur in Klassen mit relativ hohem Anteil ausländischer Schüler spielbar
Ziele: Lebenshintergründe voneinander erfahren und/oder Hintergrundinformationen über verschiedene Herkunftsländer erhalten
Arbeitsform: Einzel-, Partnerarbeit und Klassengespräch; Interview, Malübung
Material/Vorbereitung: DIN-A3-Blätter aus stärkerem Karton für jeden Schüler, mehrere Lichtquellen (z. B. Overheadprojektor, starke Leuchte), leichte, etwa 1m lange Holzstäbe (halb so viele wie Schüler in der Klasse) für das Mobile, Paketschnur, Klebstoff, Scheren, Stifte
Zeit: 60–90 Minuten (davon ca. 45 Minuten für den Scherenschnitt, die Einzelarbeit und das Partnergespräch)

Beschreibung: Zunächst werden möglichst binationale Spielpaare gebildet. Sind mehr deutsche Schüler als Schüler aus anderen Ländern in der Klasse, können auch einzelne Dreiergruppen (zwei deutsche und ein ausländisches Kind) zusammen arbeiten. Die Paare (bzw. Dreiergruppen) zeichnen zunächst gegenseitig voneinander die Kopfsilhouette auf den Karton. Dazu setzt sich der Erste vor eine starke Lichtquelle und ein Mitschüler zeichnet dessen Schattenumriss auf an die Wand gehefteten Karton nach. Dann wechseln die Schüler. Die Kopfsilhouetten werden ausgeschnitten; auf sie werden die Antworten von drei bis vier vorgegebenen Fragen geschrieben. Diese müssen auf die Klassenstufe abgestimmt werden.

Zu beantwortende Fragen könnten sein:
- Wie lange müssen in deinem Land Kinder in die Schule gehen? Und wie ist das Schulsystem dort gegliedert? (Auch deutsche Schüler können diese Frage beantworten.)
- Welches Verhalten gilt in deinem Land als besonders unschicklich oder unpassend? Wie findest du es selbst?
- Womit verbringt ein Kind deines Alters in deinem Land die meiste Zeit des Tages? Wie sieht sein typischer Tagesablauf aus?
- Wer gehört in deinem Land zur Familie, d. h., wer lebt gewöhnlich als Familie zusammen?

Jeder Schüler schreibt die Antworten auf sein eigenes Scherenschnittporträt (das kann auch in Form von Bildern oder Symbolen geschehen) und zeichnet zusätzlich auf die Rückseite:
- die eigene Familie
- ein Symbol für das Herkunftsland

Sind die Schüler mit dieser Arbeit fertig, stellen sich die Spielpaare gegenseitig ihre Silhouetten vor. Dabei könnte der Partner zunächst auch Vermutungen über die Bedeutung der Zeichnungen anstellen. Bei allen Antworten darf und soll nachgefragt werden.

Die Kopfbilder der gesamten Klasse werden anschließend mit Schnur und Hölzern zu einem (oder mehreren) Mobile(s) gebunden und im Klassenzimmer aufgehängt. Das Spielpaar, das als erstes seine Arbeit beendet hat, beginnt, die folgenden Paare ergänzen das Mobile, sodass dieses langsam wächst.

Ist so das Klassenmobile vollständig, können die Schüler zunächst noch kurz in anderen Silhouetten „schmökern", bevor sich eventuell ein Klassengespräch darüber anschließt:

- Was habt ihr über das Schulsystem in anderen Ländern erfahren?
- Was über unschickliches Verhalten hier und anderswo?
- Was über die Lebensumstände, in denen Kinder deines Alters in anderen Ländern und in Deutschland leben?
- Welche Symbole für die Herkunftsländer wurden gewählt? (Flaggen? Typische Gerichte? Oder eher Symbole mit persönlichem Bezug?) Welche Bedeutung haben diese für deine Mitschüler?
- Habt ihr Neues über den familiären Hintergrund eurer Mitschüler erfahren? Was?

Spielidee nach: Ilona Christl-Schleidt, Xenos Nürnberg

24. So leben wir in der Türkei, Kroatien oder Spanien

Klassenstufe: 5–8
Ziele: Hintergrundinformationen über ein bestimmtes Land bekommen.
Arbeitsform: Gruppenarbeit und Gespräch im Klassenverband, ein Buch gestalten
Material/Vorbereitung: Das Material über das betreffende Land kann von den Schülerinnen selbst gesammelt werden (dafür genügend Zeit geben); Klebstoff, Stifte, DIN-A4-Blätter, ein Ringbuch
Zeit: ca. 90 Minuten (ohne Materialsammlung)

Beschreibung: Die Schülerinnen sammeln Reiseprospekte, Fotos, Postkarten, Zeitungsartikel, Informationen aller Art über das Land, das zur Erforschung ausgewählt wurde (z. B. von der Familie, von Reisebüros, aus Zeitschriften, im Internet) und gestalten damit gemeinsam ein Buch über das entsprechende Land.

Dafür werden Kleingruppen gebildet, die sich jeweils einen bestimmten Themenschwerpunkt vornehmen: z. B. Arbeitssituation (Arbeitslosigkeit), Rolle/Situation der Frau, Schulsystem, Dorfbräuche, Dorfstruktur, Verhältnis von Arm und Reich, Energieversorgung (Wasser, Strom), Erziehung, Infrastruktur, Kleidungsgewohnheiten usw. Es empfiehlt sich, schon vor der Materialsammlung die Schwerpunkte zu verteilen; so kann jeder gezielter suchen.

Jede Gruppe gestaltet mit ihren Ergebnissen einige Seiten für das Länderbuch und stellt diese der ganzen Klasse vor. Dabei wird gemeinsam diskutiert, ob alles verständlich ist, ob etwas fehlt oder überflüssig ist. Wenn die Seiten von allen „verabschiedet" wurden, werden sie z. B. in einem Ringbuch zusammengefasst.

Variante: Anstelle eines Buches kann auf dem Umriss einer Landkarte eine Landescollage entstehen.

25. Kulturreise

Klassenstufe: 7–10
Ziele: Wissen über verschiedene Länder unter Beweis stellen bzw. erweitern,
Arbeitsform: Kleingruppenspiel für 4 bis 6 Spieler, Würfelspiel
Material/Vorbereitung: 18 Länderkarten (entweder einmal oder zweimal kopieren, also 18 oder 36), 6–8 Joker-Karten, 20 Wissenskarten (s. Kopiervorlagen), für jede Spielergruppe kopieren und auseinander schneiden, die Wissenskarten auf der Rückseite mit den entsprechenden Zahlen des Wissensgebietes beschriften, pro Spielgruppe außerdem: Spielsteine für jeden Mitspieler, 1 Zahlenwürfel.
Zeit: 20–30 Minuten

Beschreibung: Die Klasse wird in Vierer- oder Sechsergruppen aufgeteilt. Jede Gruppe erhält ein Spielset und spielt für sich: Die Länderkarten und die Jokerkarten werden gemischt und mit der Rückseite nach oben auf dem Tisch zu einer großen Erdkugel (hier als Kreis) ausgelegt. Sie bilden das Spielfeld. Die 20 Wissenskarten werden nach Zahlen sortiert und in Stapeln in die Mitte der „Erdkugel" gelegt. Jeder Spieler erhält seinen Spielstein, den er zum vorher bestimmten Startfeld stellt. Der erste Spieler würfelt und zieht mit seiner Spielfigur in Richtung Uhrzeigersinn um so viele Felder (= Länderkarten) vor, wie er Augen geworfen hat. Dann dreht er die Länderkarte um und muss zu diesem Land eine Frage beantworten.

Die Augenzahl auf dem Würfel bestimmt, welche Wissenskarte jetzt beantwortet werden muss, z. B. wird bei der Zahl 4 eine Frage aus dem Wissensgebiet „Kultur und Sport" gestellt. Ist die Frage richtig beantwortet, bekommt der Spieler die Länderkarte, wenn nicht, wird die Karte wieder umgedreht und bleibt im Spiel. Dann ist der nächste Spieler an der Reihe. Die Lücken werden einfach übersprungen und nicht mitgezählt.

Die Wissenskarten werden jedes Mal wieder zuunterst unter den Stapel gelegt.

Die Würfelzahl 1 gehört zum Wissensgebiet „Sprache".

Bei der Würfelzahl 2 deckt der Spieler die Länderkarte so auf, dass nur für ihn die Nation sichtbar ist. Der Spieler muss den Mitspielern etwas aus diesem Land beschreiben und die Mitspieler müssen erraten, um welches Land es sich handelt. Diejenige Person, die richtig geraten hat, bekommt dann die Länderkarte. Es darf pro Spieler nur eine Antwort gegeben werden.

Die Zahl 3 steht für eine Frage aus dem Bereich „Kulinarisches".

Die Zahl 4 steht für eine Frage aus dem Bereich „Kultur und Sport".

Wer eine 5 würfelt, muss eine Frage aus dem Bereich „Geographisches" beantworten.

Wer eine 6 würfelt, darf frei wählen, aus welchem Wissensgebiet er die Frage beantworten möchte.

Wenn eine Jokerkarte aufgedeckt wird, darf der Spieler diese nehmen, ohne eine Frage beantworten zu müssen.

Wenn alle Länderkarten abgeräumt sind, ist das Spiel beendet. Es gewinnt, wer die meisten Karten sammeln konnte.

Hinweis: Fragen, die schwer zu beantworten sind (insbesondere Sprache und Wissen über Persönlichkeiten usw.), könnten vorher von den Schülern recherchiert werden. Das Spiel dient dann der Überprüfung der Recherche. Das Spiel kann/soll um solche Länderkarten erweitert werden, aus denen Schüler in der Klasse stammen.

Spielidee nach: Birgit Stegmeier, in „gruppe & spiel", Heft 3/97

„Kulturreise" – Länderkarten

Länderkarte	Länderkarte	Länderkarte	
Ägypten	Grossbritannien	Russland	*Joker*
Länderkarte	Länderkarte	Länderkarte	
Italien	Deutschland	Spanien	*Joker*
Länderkarte	Länderkarte	Länderkarte	
Frankreich	Kroatien	Griechenland	*Joker*

„Kulturreise" – Länderkarten

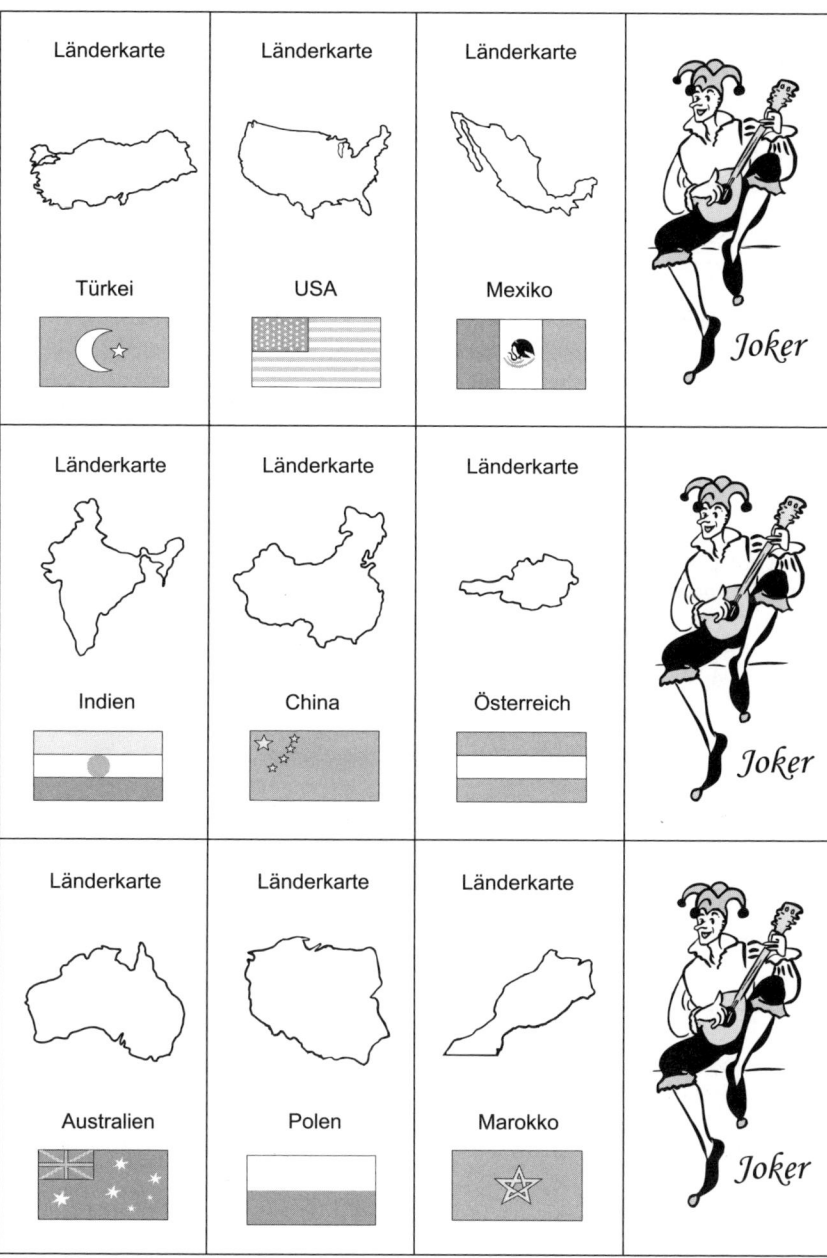

„Kulturreise" – Wissenskarten

Wissensgebiet 1: Sprache Wie begrüßt man sich in diesem Land?	Wissensgebiet 1: Sprache Wie verabschiedet man sich in diesem Land?
Wissensgebiet 1: Sprache Wie sagt man in diesem Land „danke"?	Wissensgebiet 1: Sprache Welches Wort in der Landessprache kennst du?
Wissensgebiet 2: Beschreibungen Beschreibe eine berühmte Persönlichkeit aus diesem Land!	Wissensgebiet 2: Beschreibungen Beschreibe eine Sehenswürdigkeit aus diesem Land!
Wissensgebiet 2: Beschreibungen Beschreibe, wo das Land auf der Erde liegt!	Wissensgebiet 2: Beschreibungen Beschreibe, wofür das Land besonders bekannt ist!
Wissensgebiet 3: Kulinarisches Nenne ein typisches Gericht aus diesem Land!	Wissensgebiet 3: Kulinarisches Nenne ein Obst oder Gemüse, das in diesem Land wächst!

„Kulturreise" – Wissenskarten

Wissensgebiet 3: **Kulinarisches** Welche Lebensmittel aus diesem Land kann man bei uns kaufen?	**Wissensgebiet 3:** **Kulinarisches** Was trinkt man in diesem Land zum Essen?
Wissensgebiet 4: **Kultur und Sport** Nenne einen berühmten Sport oder Sportler aus diesem Land!	**Wissensgebiet 4:** **Kultur und Sport** Nenne etwas Landestypisches aus dem Bereich Musik und Kunst!
Wissensgebiet 4: **Kultur und Sport** Welches berühmte Bauwerk steht in diesem Land?	**Wissensgebiet 4:** **Kultur und Sport** Kennst du ein Buch, in dem dieses Land eine Rolle spielt?
Wissensgebiet 5: **Geographisches** Welches Land grenzt an dieses Land?	**Wissensgebiet 5:** **Geographisches** Wie heißt die Hauptstadt in diesem Land?
Wissensgebiet 5: **Geographisches** Nenne einen Fluss oder See aus diesem Land!	**Wissensgebiet 5:** **Geographisches** Grenzt das Land an ein Meer? Wenn ja, an welches?

26. Dorferkundungsspiel

Klassenstufe: 5–10
Ziele: einander kennen lernen, Neugierde auf den kulturellen Hintergrund von Mitschülerinnen wecken, sich aufeinander einstellen
Arbeitsform: Gruppenarbeit, Präsentation im Klassenverband, Stationenspiel
Material/Vorbereitung: Hier wird für die verschiedenen Stationen einiges an Material gebraucht; was genau, hängt von den konkreten Stationen ab.
Zeit: ca. 2–3 Stunden
Hinweis: Das Spiel eignet sich gut für eine Klassenfahrt oder eine Projektwoche, kann aber auch in einer Stadt oder in dem Stadtteil, in dem die Schule liegt, gespielt werden. Die einzelnen Spielstationen müssen dann nur darauf abgestimmt werden.

Beschreibung: Vor dem Spiel bereitet die Lehrerin etwa zehn Aufgaben vor, die bestimmten Örtlichkeiten (= Stationen) zugeordnet werden. Dort finden die Schüler alle Materialien, die sie zur Lösung der Aufgaben benötigen. Ein Teil der Fragen/Aufgaben ist eventuell in der Muttersprache von ausländischen Mitschülern verfasst. In diesem Fall ist jedoch bei der Gruppenaufteilung darauf zu achten, dass in jeder Gruppe auch Teilnehmer vertreten sind, die diese Sprache verstehen.

Die Schüler werden in Kleingruppen zu vier bis fünf Personen eingeteilt. Jede Gruppe bekommt einen Laufzettel, auf dem die Antworten eingetragen und erledigte Aufgaben abgehakt werden. Auf der Rückseite kann ein Dorf- oder Stadtplan mit den eingetragenen Stationen gezeichnet sein. Alternativ wird verbal beschrieben, wo die Orte zu finden sind, oder es gibt Fotos davon. Die Schüler können selbstverständlich Passanten nach dem Weg fragen. Es empfiehlt sich, dass die Gruppen die Stationen in unterschiedlicher Reihenfolge aufsuchen, damit sich kein „Stau" bildet, also die erste Gruppe beginnt von vorn, die zweite von hinten, die dritte bei Station 4, die vierte bei 8 usw.

Die im Folgenden aufgeführten Stationenbeispiele beziehen sich auf ein Dorf in der Nähe von Nürnberg, wo deutsche und türkische Schüler gemeinsam einen Schullandheimaufenthalt verbrachten. Dieses Dorferkundungsspiel soll nur als Anregung dienen und muss auf die jeweilige Situation und für die jeweilige Klassenstufe angepasst werden.

Auswertung: Im Anschluss an das Erkundungsspiel stellen die einzelnen Spielgruppen ihre Ergebnisse der Gesamtgruppe vor.

Stationen im Dorferkundungsspiel:

1. Station: Frankenbrunnenschild, Aufgabe „Getränkeprobe":
Es stehen viele Pappbecher und Flüssigkeiten in neutralen Flaschen bereit.
Auf einem Zettel ist die Aufgabe zu lesen (so ist es selbstverständlich auch
bei jeder folgenden Station). Die Schülerinnen sollen alle Flüssigkeiten pro-
bieren und erraten, was sie jeweils getrunken haben. Angeboten werden
hier: Bier-Cola-Mix, Karottensaft, Kamillentee, Essigwasser, verdünntes
Maggiwasser, Leitungswasser, Ayran.

2. Station: Zauntür, Aufgabe „Schimpfwörter": Jede Gruppe soll jeweils drei
Schimpfwörter in deutscher und in türkischer Sprache sowie je drei Wörter, die etwas Nettes aussagen, auf ihren Laufzettel aufschreiben.

3. Station: Alter Backofen im Schullandheimpark, Aufgabe „Fladenbrot":
Aus verschiedenen ausgelegten Satzschnipseln (es sind auch falsche dabei)
soll das Rezept für türkisches Fladenbrot richtig zusammengesetzt und aufgeschrieben werden.

4. Station: Vorfahrtsschild, Aufgabe „Diskussion": Die Gruppe soll diskutieren, warum für den Schullandheimaufenthalt ein gegenseitiges Besuchs-
verbot von Mädchen und Jungen auf ihren Zimmern ausgesprochen wurde. (Hier sollte möglichst eine Situation bearbeitet werden, die auch
tatsächlich während des Aufenthalts zu Diskussionen unter den Schülern
geführt hat.) Die wichtigsten Argumente werden in Stichworten auf dem
Laufzettel notiert.

5. Station: Fenster in Steinmauer, Aufgabe „Städtebilder": Für jede Gruppe liegt ein vorbereitetes Plakat mit den Landkarten von Deutschland und
der Türkei bereit. Außerdem liegen Bilder aus deutschen und türkischen
Städten (aus Zeitungen, Prospekten, Postkarten) bereit, die durchnummeriert sind. Die Schüler sollen die Bilder den auf den Karten eingetragenen
Städtenamen zuordnen und die Nummern richtig eintragen. Das ausgefüll-
te Plakat nehmen sie mit, die Bilder bleiben für die nächste Gruppe liegen.

6. Station: Brunnen, Aufgabe „Fragen über das Dorf": Jede Gruppe findet
einen Zettel mit folgenden Fragen:
a) Wie alt ist dieser Brunnen? Welche Geschichte hat er?
b) Leben Zuwanderer oder Flüchtlinge in diesem Dorf?

c) Welche Freizeitmöglichkeiten gibt es hier für junge Leute?
Die Schüler suchen Dorfbewohner auf, die ihnen die Fragen beantworten
können, und schreiben die Antworten auf. Hier wird es später interessant
sein, diese miteinander zu vergleichen.

7. Station: Silo, Aufgabe „Was ist denn das?": An dieser Station liegt ein alter Dreschflegel. Die Schüler sollen aufschreiben:
a) Was könnte das sein, wie nennt man es?
b) Wer braucht es und wozu?
c) Kennt ihr so etwas aus eurer ursprünglichen Heimat?
Auch hier können Dorfbewohner befragt werden, der Dreschflegel muss
aber für die nächsten Gruppen hier liegen bleiben.

8. Station: Friedhof, Aufgabe „Friedhof": Die Schüler schauen sich still auf
dem Friedhof um und beantworten anschließend gemeinsam diese Fragen:
Wie sieht ein Friedhof in der Türkei aus und wie werden dort Beerdi-
gungsfeiern abgehalten? Sie notieren dazu Stichworte auf dem Laufzettel.

9. Station: Spielplatz, Aufgabe „Sommerskilauf": Die Gruppe läuft gemeinsam auf zwei aus Holzbrettern gefertigten und mit Schlingen für die Füße
versehenen „Sommerskiern" eine bestimmte Strecke.

10. Station: Aussichtsturm, Aufgabe „Kleine Stärkung“: Auf einem Aussichtsturm liegt für jede Schülerin eine kleine Stärkung (Nachmittagsmahlzeit des Schullandheims) bereit.

11. Station: Schullandheim-Eingang, Aufgabe „Rollenspiel“: Jede Gruppe zieht ein Kuvert. Die darin beschriebene Situation soll später den anderen Mitschülern vorgespielt werden. Können diese dann die Situation erraten? Jede Gruppe bereitet dieses Rollenspiel vor.

Die Spielthemen:

- Als amerikanischer Tourist in China
- Ihr plant einen Banküberfall
- Elternabend in der Schule
- Als Fußballfans beim 1. FCN
- Rückgabe einer Matheschulaufgabe
- Im Fitnesscenter

Zusatzaufgabe für oberschlaue Gruppen:
Geht mit offenen Augen durchs Dorf, denn an wichtigen Gebäuden findet ihr Wörter, die zusammen ein Sprichwort ergeben. Wie heißt es? Und wie heißt es auf Türkisch?

27. Religionen der Welt

Klassenstufe: 7–10
Ziele: ähnliche und abweichende Vorstellungen und Praktiken der großen Glaubensrichtungen der Welt kennen lernen bzw. diesbezügliches Wissen aktivieren; sich mit den unterschiedlichen philosophischen Systemen der Weltreligionen auseinander setzen
Arbeitsform: Gruppenarbeit, Präsentation, Diskussion
Material/Vorbereitung: die Kopiervorlagen für Themenkarten vergrößern und ausschneiden (für jede Gruppe sind zwei Themen vorgesehen) und zusätzliche Leerkarten herstellen; das Arbeitsblatt „Religionen der Welt" ebenfalls passend vergrößern und für jede Gruppe sechsmal kopieren (hier werden jeweils die Themenkarten für eine Religion abgelegt). Die Vorlagen evtl. von den Schülerinnen selbst gestalten lassen, dazu könnten Bilder von den Themenkärtchen als Anregung dienen. Zusätzlich braucht man sechs Arbeitsblätter „Religionen der Welt" in Plakatgröße, um diese an die Tafel, Pinnwände oder eine große Magnettafel zu heften, sowie eine Weltkarte.
Zeit: 60–90 Minuten
Hinweis: Die Schülerinnen brauchen zumindest ein Basiswissen über die großen Weltreligionen, ggf. werden sie rechtzeitig vorher damit beauftragt, darüber im Internet oder in Büchern zu recherchieren. Das Recherchematerial darf und soll beim Spiel mit eingesetzt werden. Ausländische Mitschüler können als Wissensvermittler fungieren.
Für jüngere Schülerinnen, bei geringer Vorkenntnissen oder wenn kaum ausländische Schüler in der Klasse sind, ist es hilfreich, die Themenkärtchen vor dem Kopieren nach Religionen zu sortieren, um alle Kärtchen einer Religion in der gleichen Farbe zu kopieren; jede Weltreligion erhält so eine unterschiedliche Farbe; das erleichtert den Schülern später die Zuordnung.

Beschreibung:

Spielphase 1: Gruppenarbeit (ca. 20–30 Minuten):

Es werden sieben Spielgruppen zu etwa vier Schülern gebildet, dabei auf eine Mischung von Teilnehmerinnen unterschiedlicher Religionszugehörigkeit achten. Jede Gruppe bekommt sechs Arbeitsblätter „Religionen der Welt", die sie vor sich auf dem Gruppentisch ausbreitet. Zusätzlich erhält jede Gruppe Leerkarten und die Themenkarten zu zwei verschiedenen Themen (z. B. Pilgerstätten und Religionsgründer), sodass jede Gruppe andere Themen zu bearbeiten hat. Auf eine gleichmäßige Verteilung im Hinblick auf Diskussionsbedarf, Komplexität usw. achten.

Aufgabe der Gruppe ist es nun, gemeinsam die einzelnen Themenkarten auf den Vorlagen „Weltreligionen" der richtigen Religion zuzuordnen und dort im entsprechenden Feld abzulegen. Bei manchen Karten wird das einfach und schnell gehen, andere aber werden intensivere Diskussionen auslösen, besonders wenn Mitschülerinnen unterschiedlicher Glaubensrichtungen in den Gruppen vertreten sind. Bei manchen Karten werden die Schüler auch einfach raten müssen und wieder andere sind nicht eindeutig nur einer Religion zuzuordnen (z. B. wird das Lichterfest „Diwali" sowohl von Hindus als auch Sikhs gefeiert).

Einige Karten fehlen und können/sollen von den Schülerinnen selbst ergänzt werden. Dafür werden die Leerkärtchen verwendet. Nachfragen und rege Diskussionen sind erwünscht (z. B. „Wozu benutzt man denn diesen Ritualgegenstand bei euch überhaupt?" oder „Ich wusste gar nicht, dass es bei euch auch so etwas wie eine Kirchensteuer gibt"). Die endgültige Zuordnung der Karten sollte aber in jedem Fall im Gruppenkonsens geschehen. Sie muss schließlich später auch der Klasse gegenüber begründet werden können. Für die Präsentation wird „nebenbei" auch so viel Zusatzwissen wie möglich zu den einzelnen Themen gesammelt und stichpunktartig notiert.

In Kürze nochmals der Arbeitsauftrag an die Gruppen:
- Ordnet die Themenkarten den entsprechenden Religionen zu. Die Zuordnung soll durch Gruppenentscheid erfolgen und muss später begründet werden, selbst bei Kärtchen, bei denen ihr auf das Raten angewiesen seid.
- Bearbeitet auch die Zusatzaufgaben eures Themas.
- Sammelt bei eurer Diskussion so viele Zusatzinformationen wie möglich und notiert sie für die spätere Präsentation.
- Notiert auch unbeantwortete Fragen. Vielleicht können später andere Mitschülerinnen sie beantworten. Worüber würdet ihr gerne noch weiter diskutieren?
- Überlegt, wer von euch welche Teile eurer Arbeit später der Klasse präsentiert.

Spielphase 2: Präsentation (ca. 40 Minuten):
Sobald alle Gruppen ihre Arbeitsaufträge erledigt haben, präsentieren sie ihr erlangtes Wissen der gesamten Klasse. Jedes Gruppenmitglied sollte dabei Teile der Arbeit vorstellen (z. B. jeder die Themenkarten einer Religion). Die Karten werden nun auf die Großvorlage an den Pinnwänden geheftet oder die Stichpunkte dort für alle lesbar notiert. Die eigene Zuordnung wird der Klasse begründet und erklärt. Zusätzliche Informationen, die sich aus der Diskussion ergaben, werden ebenfalls mitgeteilt und eventuell unbeantwortete Fragen an die Klasse bzw. die Lehrerin zurückgegeben (siehe hierzu die Kopiervorlagen 16 bis 21). Auf diese Weise werden nach und nach die Plakate der einzelnen Religionen vervollständigt. Nachfragen und Diskussionen sind auch während der Präsentation erwünscht. Ein Auswertungsgespräch im Klassenverband schließt die Einheit ab.

Auswertung:

• Welche Fragen blieben offen? Können sie von Mitschülerinnen beantwortet werden? Wo könnte sonst noch recherchiert werden?

• Welche zusätzlichen Stichpunkte habt ihr noch gefunden, die bei den Themenkarten nicht benannt wurden (z. B. zusätzliche Pilgerstätten, weitere religiöse Symbole)?

• Welche Aha-Erlebnisse gab es (z. B. „Ich wusste gar nicht, dass es im Islam auch so etwas Ähnliches wie eine Kirchensteuer – ein Almosen –
gibt")?

• Welche Parallelen zwischen den großen Weltreligionen habt ihr entdeckt?

• Bei welchen Themen habt ihr in eurer Gruppe besonders viel diskutiert,
wo wart ihr euch schnell einig?

• Gab es auch Karten, die ihr mehreren Religionen zuordnen konntet? Welche?

• Gibt es Praktiken einzelner Glaubensrichtungen, die ihr ganz und gar
nicht verstanden habt? Wer könnte sie euch noch erklären?

• Welche anderen Weltreligionen kennt ihr vielleicht noch und was wisst
ihr über sie?

Literaturhinweis:
Adrian Brown, Terence Copley, Weltreligionen erkunden, Verlag an der Ruhr, 1995
Hilfreich außerdem (auch für die Hand der Schüler als Recherchematerial) die „Sympathie-
magazine" zu den einzelnen Religionen. Herausgegeben vom Studienkreis für Tourismus und
Entwicklung e.V., Ammerland/Starnberg. www.studienkreis.de
Wikipedia, die freie Enzyklopädie im Internet: http://de.wikipedia.org/wiki/Religion

„Religionen der Welt"

(jeweils für Sikhismus, Buddhismus, Christentum, Judentum, Hinduismus, Islam kopieren und beschriften; auf diesem Blatt werden die Themenkarten auf den entsprechenden Feldern abgelegt))

Religionsgründer	Glaubensgrundsätze
Religiöse Pflichten und Vorschriften	Religiöse Symbole
Gebetshaltung und Rituale	Heilige Bücher und Schriften
Sekten/ Glaubensrichtungen	Ritualgegenstände
Gott/Gottheiten	Verbreitung: in welchen Ländern vorwiegend?
Hauptfeste	Pilgerstätten
Orte des Gebetes/Gebetshäuser	Religiöse Führer/Priester

Themenkarten „Religionsgründer"

Religionsgründer Abraham	Religionsgründer Jesus von Nazareth	Religionsgründer Guru Nanak
Religionsgründer Prophet Mohammed	Religionsgründer Siddharta Gautama	Religionsgründer niemand Bestimmtes
Religionsgründer die Apostel	Religionsgründer	Religionsgründer
Religionsgründer	Religionsgründer	Religionsgründer
Religionsgründer	Religionsgründer	Religionsgründer

Zusatzfragen und Aufgaben:
- Was wisst ihr über das Leben dieser einzelnen Religionsgründer?
- Zu welcher Zeit und wo haben sie wohl gelebt?
- Welche dieser Religionen ist wohl die älteste, welche die jüngste?

Themenkarten „Religiöse Symbole"

Religiöse Symbole	Religiöse Symbole	Religiöse Symbole
Religiöse Symbole	Religiöse Symbole	Religiöse Symbole
Religiöse Symbole	Religiöse Symbole	Religiöse Symbole
		Die Farbe Grün
Religiöse Symbole	Religiöse Symbole	Religiöse Symbole
Religiöse Symbole	Religiöse Symbole	Religiöse Symbole

Zusatzfragen und Aufgaben:
- Wie heißen diese einzelnen Symbole?
- Warum wurden sie zum Symbol für die jeweilige Religion?
- Welche weiteren religiösen Symbole kennt ihr noch? Zeichnet oder notiert sie einzeln auf Karten und ordnet diese ebenfalls zu!

Themenkarten „Heilige Bücher und Schriften"

Heilige Bücher und Schriften Veden (mündlich überliefert)	Heilige Bücher und Schriften Bhagwat Gita	Heilige Bücher und Schriften Tenachs (hebräisch)
Heilige Bücher und Schriften Torah	Heilige Bücher und Schriften Bibel	Heilige Bücher und Schriften Altes Testament
Heilige Bücher und Schriften Katechismus	Heilige Bücher und Schriften Koran	Heilige Bücher und Schriften Hadith
Heilige Bücher und Schriften Pali-Kanaon (Tripitakba)	Heilige Bücher und Schriften Guru Granth Sahib	Heilige Bücher und Schriften
Heilige Bücher und Schriften	Heilige Bücher und Schriften	Heilige Bücher und Schriften

Zusatzfragen und Aufgaben:
- Was wisst ihr über diese Schriften? Sind das einfach Gebetssammlungen oder etwas anderes?
- Gibt es Teile dieser Schriften, die auch in verschiedenen Religionen eine Bedeutung haben?
- Welche anderen religiösen Schriften kennt ihr noch? Schreibt sie auf Kärtchen und ordnet sie zu.

Themenkarten „Ritualgegenstände"

Ritualgegenstände	Ritualgegenstände	Ritualgegenstände
Ritualgegenstände	Ritualgegenstände	Ritualgegenstände
Ritualgegenstände	Ritualgegenstände	Ritualgegenstände
Ritualgegenstände	Ritualgegenstände	Ritualgegenstände
Ritualgegenstände	Ritualgegenstände	Ritualgegenstände

Zusatzfragen und Aufgaben:
- Kennt ihr diese Ritualgegenstände? Dann schreibt den Namen dazu.
- Wozu werden sie wohl benutzt?
- Findet noch weitere Ritualgegenstände, malt und schreibt sie auf Karten und ordnet sie auch zu.

Themenkarten „Verbreitung"

Verbreitung Sri Lanka	Verbreitung USA, ehemalige Sowjetunion	Verbreitung Vor allem in Europa
Verbreitung Türkei, arabische Länder	Verbreitung Nord- und Westafrika	Verbreitung Mittelasien (Afghanistan, Pakistan, Bangladesh, Malaysia und Indonesien)
Verbreitung Indien	Verbreitung Nepal	Verbreitung Israel
Verbreitung China	Verbreitung Asien	Verbreitung Japan
Verbreitung Vor allem im Punjab (Nord-Indien)	Verbreitung Afrika	Verbreitung Nord- und Lateinamerika

Zusatzfragen und Aufgaben:
- Zeigt bei der Präsentation auf der Weltkarte, wo die Religionen hauptsächlich verbreitet sind.
- Wie viele Anhänger haben die einzelnen Religionen weltweit in Prozent? Wie viele in Deutschland? Zeichnet eine statistische Säule mit den Anteilen der Religionen in der Welt und in Deutschland.
- Wie wird man Mitglied dieser Glaubensgemeinschaften?

Themenkarten „Pilgerstätten"

Pilgerstätten Varanasi (= Benares)	Pilgerstätten Rishikesh (Indien)	Pilgerstätten Jerusalem (Klagemauer)
Pilgerstätten Bethlehem	Pilgerstätten Sinai	Pilgerstätten Rom
Pilgerstätten Lourdes	Pilgerstätten Mekka	Pilgerstätten Bodnath (Nepal)
Pilgerstätten Goldener Tempel (Amritsar in Indien)	Pilgerstätten Medina	Pilgerstätten
Pilgerstätten	Pilgerstätten	Pilgerstätten

Zusatzfragen und Aufgaben:
- Welche weiteren Pilgerstätten kennt ihr noch? Schreibt sie auf Kärtchen und ordnet sie zu.
- Zeigt bei der Präsentation auf der Weltkarte, soweit ihr das wisst, wo diese Pilgerorte liegen.
- Einige dieser Pilgerstätten sind Wallfahrtsorte verschiedener Religionen. Welche?
- Warum pilgern Menschen eigentlich zu solchen Orten?

Themenkarten „Religiöse Führer/Priester"

Religiöse Führer/Priester	Religiöse Führer/Priester	Religiöse Führer/Priester
Brahmanen (= Priesterkaste)	Pandit (leitet religiöse Handlungen)	Guru (= religiöser Lehrer)
Religiöse Führer/Priester	Religiöse Führer/Priester	Religiöse Führer/Priester
Rabbiner	Priester	Imam
Religiöse Führer/Priester	Religiöse Führer/Priester	Religiöse Führer/Priester
Pastor	Es gibt keine Priesterschicht, sondern nur religiöse Lehrer.	Dalai Lama
Religiöse Führer/Priester	Religiöse Führer/Priester	Religiöse Führer/Priester
Buddha	Papst	Granthi (= Vorbeter)
Religiöse Führer/Priester	Religiöse Führer/Priester	Religiöse Führer/Priester

Zusatzfragen und Aufgaben:
- Kennt ihr noch weitere? Schreibt sie auf Kärtchen und ordnet sie ebenfalls zu.
- Welche Aufgabe erfüllen diese einzelnen Führer? Notiert sie auf den Kärtchen.
- Ist das ein Beruf, den man erlernen kann, oder wie wird man solch ein Führer? Ist das einheitlich oder bei den verschiedenen Religionen unterschiedlich?
- Bei welchen Religionen gibt es eigentlich Mönche und/oder Nonnen?
- Und welche erlauben auch weibliche Führerinnen?
- Welche schreiben den geistlichen Führern Zölibat vor?

Themenkarten „Hauptfeste"

Hauptfeste	Hauptfeste	Hauptfeste
Baisaki (Neujahrstag)	Guru Nanaks Geburtstag	Buddhas Geburtstag
Hauptfeste	Hauptfeste	Hauptfeste
Id al-Fitr (Zuckerfest)	Id al-adha (Opferfest)	Geburtstag des Propheten
Hauptfeste	Hauptfeste	Hauptfeste
Weihnachten	Ostern	Holi (Frühlingsfest)
Hauptfeste	Hauptfeste	Hauptfeste
Rosch Haschana (Neujahrsfest)	Pessach (Auszug aus Ägypten)	Bar Mizwa (Religionsmündigkeit des Jungen)
Hauptfeste	Hauptfeste	Hauptfeste
Diwali (Lichterfest)	Dussehra (Rückkehr Ramas aus dem Exil)	Chanukka (Lichterfest)

Zusatzfragen und Aufgaben:
- Welche weiteren Hauptfeste der einzelnen großen Religionen kennt ihr noch? Schreibt sie auf Kärtchen und ordnet sie ebenfalls zu.
- Erklärt, wie und wann einige dieser Feste zelebriert werden. Was wird gefeiert?
- Sind darunter auch Feste, die von Menschen unterschiedlicher Religionszugehörigkeit gefeiert werden?

Themenkarten „Orte des Gebets"

Orte des Gebets	Orte des Gebets	Orte des Gebets ✡
Orte des Gebets	Orte des Gebets	Orte des Gebets
Orte des Gebets	Orte des Gebets	Orte des Gebets
Orte des Gebets	Orte des Gebets	Orte des Gebets

Zusatzfragen und Aufgaben:
- Wie heißen diese Gebetshäuser? Beschriftet die Kärtchen entsprechend.
- Welche Tage sind Ruhetage bei den einzelnen Religionen?
- Wie werden Menschen in den einzelnen Religionen zum Gebet gerufen?
- Welche Religionen schreiben eine Kopfbedeckung beim Besuch eines Gebetsraumes vor? Gibt es noch andere Vorschriften darüber, wie man sich in den Gebetshäusern verhalten sollte? Welche Unterschiede oder Ähnlichkeiten gibt es dabei bei den verschiedenen Religionen?
- Habt ihr schon einmal ein Gebetshaus einer anderen Religion besucht?
- Gibt es einige dieser Gebetshäuser auch in deiner Stadt? Welche? Weißt du, wo sie sind?

Themenkarten „Bezeichnung des Gottes/der Gottheiten"

Gottheiten	Gottheiten	Gottheiten
Wahe Guru	Keine Gottheiten	Allah
Gottheiten	Gottheiten	Gottheiten
Trinität (Gott Vater, Gott Sohn, Gott Heiliger Geist)	Jahwe	Lakshmi (Göttin des Glücks und des Reichtums)
Gottheiten	Gottheiten	Gottheiten
Brahma (Erschaffer der Welt)	Sarasvati (Göttin der Weisheit)	Shiva (Zerstörer)
Gottheiten	Gottheiten	Gottheiten
Rama (Sinnbild des Guten)	Ganesha (mit dem Elefantenkopf, Glücksbringer)	Vishnu (Gott der Erhaltung)
Gottheiten	Gottheiten	Gottheiten
Krishna („Liebesgott")		

Zusatzfragen und Aufgaben:
- Kennt ihr noch weitere Namen für Gottheiten? Ordnet sie ebenfalls zu.
- Welche Religionen verehren nur eine Gottheit? Bei welchen gibt es mehrere?
- Welche Religion kennt auch weibliche Gottheiten?

Themenkarten „Sekten/Glaubensrichtungen"

Glaubensrichtungen Zeugen Jehovas	Glaubensrichtungen Heilsarmee	Glaubensrichtungen Protestanten
Glaubensrichtungen Orthodoxe Kirche	Glaubensrichtungen Zen-Buddhismus	Glaubensrichtungen Schiiten
Glaubensrichtungen Sunniten	Glaubensrichtungen Alewiten	Glaubensrichtungen Tantrische Form (beinhaltet auch schamanische Praktiken)
Glaubensrichtungen Hinyana (= kleines Fahrzeug)	Glaubensrichtungen Richtet sich nach der Hauptgottheit, die man besonders verehrt	Glaubensrichtungen Quäker
Glaubensrichtungen Shivaismus	Glaubensrichtungen Kabbala	Glaubensrichtungen Orthodoxes Judentum

Zusatzfragen und Aufgaben:
- Kennt ihr noch andere Glaubensrichtungen als die auf den Kärtchen? Schreibt sie ebenfalls auf und ordnet sie zu.
- Was wisst ihr über die verschiedenen Glaubensrichtungen innerhalb der einzelnen Hauptreligionen?

Themenkarten „Gebetshaltung und Rituale"

Gebetshaltung/Rituale	Gebetshaltung/Rituale	Gebetshaltung/Rituale
Im Schneidersitz beten, ohne Schuhe, Füße dürfen nicht auf Götterfiguren zeigen.	Im Gotteshaus muss Kopfbedeckung getragen werden.	Puja (Opfergaben)
Gebetshaltung/Rituale	Gebetshaltung/Rituale	Gebetshaltung/Rituale
Räucherstäbchen als Opfergabe	Beim Beten kniet man hin, berührt den Boden mit der Stirn und steht wieder auf.	Die Gebetsrichtung zeigt nach Mekka.
Gebetshaltung/Rituale	Gebetshaltung/Rituale	Gebetshaltung/Rituale
Die Gebetsrichtung zeigt nach Jerusalem.	Götterfiguren waschen und einkleiden	Mit gefalteten Händen beten, im Sitzen, kniend und/oder stehend
Gebetshaltung/Rituale	Gebetshaltung/Rituale	Gebetshaltung/Rituale
Männer und Frauen beten getrennt.	Beim Beten wird ein Gebetsriemen getragen.	Roter Punkt auf der Stirn und rotes Bändchen um das Handgelenk
Gebetshaltung/Rituale	Gebetshaltung/Rituale	Gebetshaltung/Rituale
Kommunion	Rituelle Waschungen	Tote werden verbrannt und die Asche in den Fluss gestreut.

Zusatzfragen und Aufgaben:
- Welche anderen Rituale kennt ihr noch? Schreibt sie ebenfalls auf Karten und ordnet sie zu.
- Welche Religionen schreiben eine bestimmte Gebetsrichtung vor? Welche Richtung?
- Welche Opfergaben kennen die Weltreligionen?
- Sind euch bei verschiedenen Religionen noch weitere ähnliche oder gleiche Rituale aufgefallen? Welche?
- Bei welchen Religionen ist es üblich, die Toten zu verbrennen, welche bestatten sie in der Erde?

Themenkarten „Religiöse Pflichten und Vorschriften"

Religiöse Pflichten	Religiöse Pflichten	Religiöse Pflichten
Almosensteuer (Zakat)	Körperhaare dürfen ein Leben lang nicht geschnitten werden.	Allen Süchten entsagen, z. B. nicht rauchen
Religiöse Pflichten	**Religiöse Pflichten**	**Religiöse Pflichten**
Teilen des Verdienstes und soziales Engagement	Morgendliches Pflichtgebet	Die fünf Shilas (nicht: töten, stehlen, unkeusch leben, lügen, Alkohol trinken)
Religiöse Pflichten	**Religiöse Pflichten**	**Religiöse Pflichten**
Fünfmal am Tag beten (vorher rituelle Waschung)	Fastenzeit einhalten	Einmal im Leben eine Pilgerreise nach Mekka
Religiöse Pflichten	**Religiöse Pflichten**	**Religiöse Pflichten**
Sonntagsgottesdienst	Studium der heiligen Schriften (Talmud)	Koscheres Essen
Religiöse Pflichten	**Religiöse Pflichten**	**Religiöse Pflichten**
Sabbat einhalten (keine unnötigen Tätig- keiten am Sabbat – auch nicht kochen!)	Regelmäßige Pujas abhalten (das kann überall sein)	Die 10 Gebote einhalten

Zusatzfragen und Aufgaben:

- Welche anderen religiösen Pflichten und Vorschriften kennt ihr noch? Schreibt sie ebenfalls auf Karten und ordnet sie zu.
- Bei welchen Religionen gibt es Vorschriften über das Schlachten und die Zubereitung von Essen? Welche Religionen schreiben z. B. vor, dass beim Schlachten die Tiere ausbluten müssen?
- Welche Religionen kennen so etwas wie Kirchensteuer bzw. eine Abgabe vom Verdienst?
- Bei welchen Religionen werden die Jungen beschnitten?
- Welche ähnlichen oder gleichen Pflichten und Vorschriften bei verschiedenen Religionen sind euch sonst noch aufgefallen?

Themenkarten „Glaubensgrundsätze" I

Glaubensgrundsätze	Glaubensgrundsätze	Glaubensgrundsätze
Vier Lebensstadien: Schüler, Familie, Beruf, spirituelles Leben (Abkehr vom weltlichen Leben und von Besitz im Alter)	Kreislauf von Tod und Wiedergeburt	Nirwana
Glaubensgrundsätze	**Glaubensgrundsätze**	**Glaubensgrundsätze**
Tötungsverbot von Lebewesen	Karma	Glaube an das Jüngste Gericht
Glaubensgrundsätze	**Glaubensgrundsätze**	**Glaubensgrundsätze**
Gut und schlecht, Hölle und Paradies	Sieben heilige Sakramente (Taufe, Kommunion, Bußsakrament, Firmung, Priesterweihe, Ehe, Sterbesakrament)	Glaube an Wunder

Themenkarten „Glaubensgrundsätze" II

Glaubensgrundsätze	Glaubensgrundsätze	Glaubensgrundsätze
Erbsünde	Kismet	Die vier edlen Wahrheiten: Alles Leben ist Leiden. Alles Leiden wird durch Begierden hervorgerufen. Es kann durch das Auslöschen der Begierden vernichtet werden. Leid und Begierden können durch die Praktizierung des achtfachen Pfades überwunden werden.
Glaubensgrundsätze	**Glaubensgrundsätze**	**Glaubensgrundsätze**
Die Zehn Gebote	Fünf Sakramente: Taufe, Namensgebung, erstes Turbantragen, Heirat, Totenriten	Kastenwesen

Zusatzfragen und Aufgaben:
- Welche weiteren Glaubensgrundsätze kennt ihr noch? Schreibt sie ebenfalls auf Karten und ordnet sie zu.
- Welche Religionen glauben an ein Leben nach dem Tod?
- Welche Ähnlichkeiten in den Glaubensgrundsätzen habt ihr zwischen den großen Weltreligionen entdeckt? Welche sind für mehrere Religionen gültig?
- Welche dieser Glaubensgrundsätze könnt ihr erklären? Welche sind euch gar nicht bekannt?

Hinduismus

Religionsgründer	Keine Gründerfigur; älteste der Weltreligionen (ca. 2.500 v. Chr.); Ursprungsland: Indien.
Heilige Bücher und Schriften	Grundlage sind die auf Sanskrit geschriebenen **Veden** (mündlich überliefert), **Bhagwat Gita** (= Teil des Mahabarata: Krishnas Leben und Lehren sind darin beschrieben), **Mahabharata** (größtes indisches Heldenepos), **Ramayana** (das Leben Ramas wird beschrieben), **Upanischaden** (= Geheimlehren)
Gottheiten/Hauptgötter	**Trimurti** = hinduistische Dreieinigkeit (Brahma, Shiva, Vischnu) **Brahma:** Erschaffer der Welt **Shiva:** Zerstörer, seine Frau heißt Parvati **Vishnu:** Gott der Erhaltung **Sarasvati:** Göttin der Weisheit **Rama:** Symbol des Guten, seine Frau heißt Sita **Ganesha:** (mit dem Elefantenkopf); Glücksbringer **Krishna:** „Liebesgott" (der die jungen Hirtinnen verführt), meist mit Flöte und blauer Hautfarbe dargestellt **Lakshmi:** Göttin des Glücks und des Reichtums (tanzend). Sie hat unterschiedliche Erscheinungsformen: Wütend heißt sie **Durga.** Ängstlich heißt sie **Kali** (sie verlangt Blutopfer). Freundlich heißt sie **Parvati.** Jede Gottheit hat ein eigenes Reittier. Die vielen Gottheiten werden aber von manchen hinduistischen Richtungen lediglich als verschiedene Facetten eines Gottes gesehen und versinnbildlichen deren unterschiedlichen Charakterzüge.
Verbreitung/Anhängerzahl	Weltweite Anhängerzahl ca. 900 Millionen, drittgrößte Glaubensgemeinschaft; Indien (83% sind Hindus), Nepal (hinduistisches Königreich), Sri Lanka, in Deutschland ca. 75.000 Hindus. Man wird in die Religion hineingeboren, keine besonderen Aufnahmerituale
Glaubensrichtungen/Sekten	Es existieren viele Ausrichtungen, die speziell einzelne Gottheiten verehren, vor allem: **Vishnuismus:** Seine Anhänger tragen manchmal ein V auf der Stirn. **Shivaismus:** tragen oft drei weiße Querstriche auf der Stirn **Krishna-Anhänger**
Religiöse Führer/Priester	**Brahmanen** (= Priesterkaste), sie spielen aber keine Mittlerrolle zwischen Gläubigen und göttlicher Kraft wie etwa ein Rabbi oder Priester. Es gibt keine weiblichen religiösen Führerinnen! Nur Angehörige der Brahmanenkaste können religiöse Führerrollen übernehmen, ist also kein Beruf im eigentlichen Sinn! **Pandit** (leitet religiöse Handlungen)

	Guru (= religiöser Lehrer) Es gibt keine Klöster, keine Nonnen und Mönche, aber Yogis und Asketen, die sich der Spiritualität verschrieben haben. Zölibat nicht bei allen Richtungen vorgeschrieben
Orte des Gebetes	**Mandir** (= Tempel); auch Haustempel **Ruhetag:** richtet sich nach der Gottheit; als Fastentag begangen **Ruf zum Gebet:** z. B. Muschelhornblasen leitet die Puja ein; beim Betreten des Tempels wird ein Glöckchen geläutet **Verhalten im Tempel:** Kopfbedeckung abnehmen, Schuhe ausziehen, nicht mit Füßen auf Götterfiguren zeigen; Götter respektvoll grüßen (Namaste-Gruß), ständiges Kommen und Gehen; sich begrüßen, unterhalten, lachen ist möglich, keine steife Frömmigkeit
Religiöse Symbole	Blumenkette, Kuh, Lotusblüte, Swastik-Zeichen (Hakenkreuz), Ohm-Zeichen, Trishul (Shivas Dreizack)
Ritualgegenstände	Glocke, Diya (= Öllampe), Muschelhorn, Lingam und Yoni (Penis- und Vulva-Symbol, stehen für Shiva und Parvati), Feuer, Wasser, Räucherstäbchen, Reis, Farbpulver
Gebetshaltung und Rituale	Gebetet wird ohne Schuhe im Schneidersitz, dabei nicht mit Füßen auf Götterfiguren zeigen! Puja (= religiöse Zeremonie mit Opfergaben wie Räucherstäbchen, Obst, Süßigkeiten); Arti = Feuerritual; Götterfiguren waschen und einkleiden; rituelle Waschungen im Fluss; bei religiösen Handlungen bekommt man roten Punkt auf die Stirn + rotes Bändchen ums Armgelenk; Tote werden verbrannt und Asche in einen Fluss gestreut
Religiöse Pflichten und Vorschriften	Regelmäßig Pujas abhalten, das kann überall sein; keine Lebewesen töten, wenn es sich vermeiden lässt; gute Lebensführung; Arme und „heilige Männer" speisen, aber keine Kirchensteuer
Pilgerstätten	Varanasi (= Benares), Rishikesh (beliebter Ort um die Asche der Toten in den Ganges zu streuen), der Fluss Ganges
Hauptfeste/religiöse Feiertage	**Diwali** (= Lichterfest), wichtigstes Fest der Hindus **Dussehra,** die Rückkehr Ramas aus dem Exil wird gefeiert **Holi** (= Frühlingsfest), man bemalt sich gegenseitig mit Farbpulver und verspritzt farbiges Wasser
Glaubensgrundsätze	**Kastenwesen** (obgleich aus der indischen Verfassung gestrichen, spielt es vor allem bei der Partnersuche immer noch eine sehr große Rolle); Kreislauf von Tod und **Wiedergeburt**; Reinkarnation = Samsarah, Erlösung aus dem Kreislauf im Nirwana. **Karma** = durch gutes oder schlechtes Verhalten wird Karma angehäuft, das die Wiedergeburt als Tier oder Mensch bzw. in die nächsthöhere oder tiefere Kaste beeinflussen kann. **Die vier Lebensstadien:** Schüler, Familie, Beruf, spirituelles Leben (Abkehr vom weltlichen Leben und Besitz im Alter).

Judentum

Religionsgründer	**Abraham**, 324 v. Chr., hat in Palästina gelebt
Heilige Bücher und Schriften	**Tenachs** (=hebräische Bibel), ein wichtiger Teil daraus ist die **Torah** (= die 5 Bücher Moses), **Talmud:** Auslegungen der Torah
Gottheiten/ Hauptgötter	Es gibt nur einen Gott: Jahwe. Der Name Gottes wird im Judentum nicht ausgesprochen.
Verbreitung/ Anhängerzahl	Gesamtzahl weltweit: 17 Millionen (mit 0,5 % der Weltbevölkerung die kleinste der Weltreligionen); Israel 4,7 Millionen; USA 7 Millionen; ehemalige Sowjetunion 2,7 Millionen; Deutschland 67 500; Aufnahme in die Religionsgemeinschaft durch Bekenntnis (rituelles Tauchbad „Mikwe" + Beschneidung bei Jungen)
Glaubens- richtungen/ Sekten	Orthodoxes Judentum (etwa 1/3 aller Juden); Jüdischer Rekonstruktionismus (die jüd. Erneuerungsbewegung); Jüdische Mystik (Kabbala); Chassidismus; Reformjuden
Religiöse Führer/ Priester	**Rabbiner** (= Beruf, einen Gottesdienst kann jeder leiten, der über genug Wissen verfügt); kein Mönchs- und Nonnentum, keine Klöster, keine weiblichen Führerinnen
Orte des Gebetes	**Synagoge** (Gebetsrichtung nach Jerusalem!); **Ruhetag:** Sabbat (= Freitagabend bis Samstagabend); **Verhalten im Gotteshaus:** ständiges Kommen und Gehen; sich begrüßen, unterhalten, lachen ist möglich außer während besonderer Stellen der Liturgie
Religiöse Symbole	Menorah (= siebenarmiger Leuchter); Davidstern; schwarzer Hut und Schläfenlocken bei orthodoxen Juden, Kippah (= Kopfbedeckung der Männer)
Ritualgegen- stände	Gebetsriemen (enthalten den Text „Höre Israel" und werden an Werktagen zum Morgengebet getragen); Tallit = Gebetsschal, Torah, Menorah, Mesusah (Kapsel mit Bibeltexten, die am Türrahmen befestigt wird)
Gebetshaltung und Rituale	bei den orthodoxen Juden beten Männer und Frauen getrennt, nicht jedoch bei den Reformgemeinden; Gebetsriemen, Gebetsschal beim Gebet; Männer tragen eine Kopfbedeckung (Kippah) bei religiösen Handlungen; Gebetsrichtung nach Jerusalem; Tote werden beerdigt
Religiöse Pflichten und Vorschriften	Koscheres Essen; nur sechs Tage arbeiten (**Sabbat** einhalten: keine unnötigen Tätigkeiten am Sabbat – auch nicht kochen!), Studium der heiligen Schriften (Talmud); Beschneidung der Jungen; frommes Leben und gute Taten, Gerechtigkeit am Mitmenschen
Pilgerstätten	Jerusalem (z. B. Klagemauer: Spalten mit kleinen Gebetszetteln füllen); Sinai (hier wurde die Torah empfangen), Bethlehem
Hauptfeste/reli- giöse Feiertage	**Rosch Haschana:** Neujahresfest im Herbst; **Pessach:** der Auszug aus Ägypten wird gefeiert; **Sukkoth:** Laubhüttenfest, biblisches Wein- und Erntedankfest; **Chanukka:** Lichterfest, Erinnerung an das Ölwunder im Tempel; **Yom Kippur:** Versöhnungsfest, höchster Feiertag der Juden, **Shavuot:** Fest der Offenbarung Gottes; der Übergabe der 10 Gebote an die Kinder Israels wird gedacht, **Bar Mizwa:** Aufnahme des Jungen in die Gebotspflicht/Religionsmündigkeit (bei Mädchen heißt das Fest **Bat Mizwa**)
Glaubens- grundsätze	Es gibt nur einen Gott, Belohnung: Paradies, die Seele lebt nach dem Tod weiter; Judentum ist nicht nur Religion, sondern bedeutet auch Volk und Land

Christentum

Religionsgründer	**Jesus von Nazareth** (7 bzw. 4 v. Chr. – 30 bzw. 33 n. Chr.); Apostel, insbesondere Petrus, der der „Urvater" der Amtskirche wurde. Sie haben in Palästina/Israel gelebt zur Zeit der römischen Herrschaft.
Heilige Bücher und Schriften	**Bibel** (Altes und Neues Testament), das Alte Testament entspricht im Wesentlichen dem jüdischen Tenach, das Neue Testament beschreibt das Leben Jesu (Evangelien); **Katechismus** (lehrhafte Zusammenstellung von Glaubensinhalten)
Gottheiten	Nur ein Gott, aber **Trinität** (Gott Vater, Gott Sohn, Gott Heiliger Geist)
Verbreitung/ Anhängerzahl	In der ganzen Welt, aber vor allem in Europa, Afrika, Nord- und Lateinamerika verbreitet, weltweit ca. 2 Milliarden, davon ca. 1 Milliarde römisch-katholische, 700 Millionen evangelische und 300 Millionen orthodoxe Christen; in Deutschland sind ca. 68 % Christen. Christ wird man durch **Taufe** (der Pate spricht das Bekenntnis stellvertretend für das Kind).
Glaubensrichtungen/ Sekten	Katholiken, Protestanten, orthodoxe Kirche; Sekten: Zeugen Jehovas, Heilsarmee, Quäker, Mormonen
Religiöse Führer/ Priester	**Priester** (= Beruf) leiten den Gottesdienst (Pastor bei Protestanten, Pfarrer bei Katholiken), **Papst** (= Oberhaupt der katholischen Kirche), **Bischöfe**; bei den Protestanten können auch Frauen religiöse Führerrollen übernehmen (z. B. Pastorin, Bischöfin); es gibt Nonnen und Mönche sowie Klöster. Mönche, Nonnen, katholische Priester und Bischöfe und der Papst müssen im Zölibat leben.
Orte des Gebetes	Kirche, Kapelle; vor einem Kreuz Glockenläuten ruft zum Gottesdienst; **Ruhetag:** Sonntag **Verhalten im Gotteshaus:** leise sprechen, keine Kopfbedeckung vorgeschrieben
Religiöse Symbole	Kreuz, Rosenkranz (Katholiken), Christusmonogramm, Auge, Taube, Fisch
Ritualgegenstände	Kreuz, Glocke, Weinkelch, Talar des Priesters, Weihrauchgefäß, Rosenkranz, Hostie, (nicht für alle christlichen Glaubensrichtungen gleich)
Gebetshaltung und Rituale	im Sitzen, Knien und/oder Stehen; gefaltete Hände beim Gebet; Gottesdienst, Kommunion/Abendmahl. Tote werden begraben.
Religiöse Pflichten und Vorschriften	Sonntagsgottesdienst (bei Katholiken Pflicht), die 10 Gebote einhalten, Fastenzeit; Kirchensteuer ist Pflicht und wird in Deutschland vom Gehalt einbehalten.
Pilgerstätten	Für Katholiken: Rom, Lourdes, Jerusalem (Berg Golgatha), Bethlehem (Geburtskirche)
Hauptfeste/ religiöse Feiertage	**Weihnachten** (Geburt Jesus wird gefeiert), **Ostern** (Auferstehungsfest), **Pfingsten** (Tag der Erleuchtung, Aussendung des Heiligen Geistes), **Erntedankfest**, **Karfreitag** (Tag des Prozesses und der Kreuzigung Jesu)
Glaubensgrundsätze	Monotheistische und missionierende Religion; Trinität, Menschwerdung Gottes und leibliche Auferstehung nach dem Tod, Liebe zu Gott; Nächstenliebe und Liebe zu sich selbst als zentrale Elemente; gut und schlecht, Hölle und Paradies Glaube an das jüngste Gericht; aber: vergebender, gnädiger Gott, Weiterleben nach dem Tod; Grundsätze der Katholiken: **7 heilige Sakramente**, Glaube an Wunder, unbefleckte Empfängnis von Maria, Erbsünde, Beichte; religiöse Zyklen der Protestanten: Taufe, Konfirmation, Hochzeit, Begräbnis

Islam

Religionsgründer	**Prophet Mohammed, 569 n. Chr.**; als Sohn eines Händlers in Mekka (heutiges Saudi Arabien) geboren; ist nach dem Christentum die zweitgrößte Weltreligion
Heilige Bücher und Schriften	**Koran** (für Muslime das Wort Gottes, das Erzengel Gabriel Mohammed übermittelt hat); **Sunna** (überliefertes Normenbuch Mohammeds); **Hadith** (Berichte über Worte und Taten des Propheten); **Scharia** (islamisches Gesetzbuch)
Gottheiten	Es gibt nur einen Gott: Allah.
Verbreitung/ Anhängerzahl	Weltweit über 1 Milliarde, vor allem im Nahen Osten (Türkei, arabische Länder), Nord- und Westafrika (ca. 270 Mio.), Mittelasien (ca. 700 Mio.: Afghanistan, Pakistan, Bangladesh, Malaysia und Indonesien); in Deutschland etwa 2,5 % der Bevölkerung. Muslim wird man durch Geburt bzw. das Sprechen des Glaubensbekenntnisses: „Es gibt keinen Gott außer Gott, und Mohammed ist sein Prophet".
Glaubensrichtungen/Sekten	Hauptrichtungen: ca. 7,5 % Schiiten (Irak, Iran), 90 % Sunniten (Türkei + die meisten islamischen Länder), Untergruppen: Alewiten (verehren Ali, lehnen die Scharia ab; 30 % der Bevölkerung der Türkei); Ismaeliten (Untergruppe der Schiiten; v. a. in Afghanistan, Pakistan)
Religiöse Führer/ Priester	**Imam** (Vorbeter in der Moschee); **Muezzin** (ruft zum Gebet); es gibt keine weiblichen Führerinnen; Zölibat nicht vorgeschrieben; **Mullah** (Geistlicher im Iran)
Orte des Gebetes	**Moschee**, Richtung Mekka zeigend; **Ruhetag** = Freitag; **Verhalten in der Moschee:** Arme, Beine und Kopf bedeckt; nicht lachen oder laut sprechen. Ein Muezzin ruft zum Gebet von der Kuppel eines Minaretts.
Religiöse Symbole	Halbmond und Stern, Minarett (Turm an einer Moschee), Kaaba = zentrales Gebäude in der Moschee von Mekka, von Abraham gestiftet, grüne Farbe
Ritualgegenstände	Gebetsteppich, Tesbih (= Rosenkranz mit 33 Perlen)
Gebetshaltung und Rituale	Beim Beten hinknien, mit der Stirn den Boden berühren und wieder aufstehen, Gebetsrichtung nach Mekka. In der Moschee Kopfbedeckung tragen und Arme und Beine bedecken. Tote werden beerdigt.
Religiöse Pflichten und Vorschriften	**Die 5 Säulen des Islam:** Bekenntnis zu Allah, fünfmal am Tag beten (vorher rituelle Waschung), beim Beten muss der Kopf bedeckt werden, Fasten im Fastenmonat Ramadan, Almosensteuer (Zakat); einmal im Leben eine Pilgerreise nach Mekka; **Dschihad** = wird manchmal als die sechste Säule des Islam bezeichnet; Begriff kann tatsächlich Krieg bedeuten, eigentliche Bedeutung: die Sache Gottes unter Einsatz von Gut und Leben verbreiten.
Pilgerstätten	Mekka (= Geburtsort des Propheten Mohammed), Medina (hier lebte Mohammed im Exil)
Hauptfeste/ religiöse Feiertage	Zuckerfest „Id al-Fitr" (Ende des Fastenmonats); Opferfest „Id al-adha" (erinnert an Abrahams Bereitschaft, seinen Sohn auf das Geheiß Gottes hin zu opfern, Zeit der Pilgerreisen nach Mekka); Geburtstag des Propheten
Glaubensgrundsätze	Monotheistische und missionierende Religion; Fortsetzung der Offenbarung des Judentums und des Christentums; Jüngstes Gericht und Auferstehung, die Seele lebt nach dem Tod weiter; Hölle und Paradies; Kismet (Glaube an die Vorherbestimmtheit allen Tuns)

Buddhismus

Religionsgründer	Prinz Siddharta Gautama (= Buddha, der Erleuchtete), hat etwa 560 – 480 v. Chr. in Indien gelebt
Heilige Bücher und Schriften	**Pali-Kanon „Tripitakba"** (= buddhistische Schriften des Theraveda), **Sutra** (= buddhistische Lehrtexte)
Gottheiten/ Hauptgötter	Keine, beinhaltet aber zum Teil auch schamanische Praktiken (beim tibetischen Buddhismus); Buddha ist kein Gott, sondern ein „erleuchteter" Mensch
Verbreitung/ Anhängerzahl	Weltweit ca. 400 Millionen, hauptsächlich in Asien, Japan, China; in Deutschland 40.000 deutsche und 100.000 asiatische Buddhisten; Buddhismus in Deutschland nicht offiziell als Glaubensgemeinschaft anerkannt. Mitgliedschaft zur Religionsgemeinschaft: Sprechen des buddhistischen Bekenntnisses („die 3 Juwelen": Ich nehme Zuflucht zu Buddha, ... zur Lehre, ... zur Gemeinschaft"), kein Ritual dazu nötig.
Glaubensrichtungen/ Sekten	Hauptschulen: 1. **Hinyana** (= kleines Fahrzeug), eine Abzweigung davon ist der **Teraveda-Buddhismus** (Myanmar, Kambodscha, Laos, Sri Lanka, Thailand, Vietnam); 2. **Mahayana** (= großes Fahrzeug): China, Japan, eine Abzweigung davon **tantrischer Buddhismus** (= esoterische Schule: Tibet, Bhutan, Himalaya-Länder); **Zen-Buddhismus** (Japan)
Religiöse Führer/ Priester	**Buddha; Dalai Lama** (wiedergeborenes religiöses und weltliches Oberhaupt der Tibeter); es gibt keine Priesterschicht, sondern nur religiöse Lehrer (Guru/Lama). Es gibt buddhistische Nonnen und Mönche, auch Kindermönche! Bei manchen Sekten Mönchstum auf Zeit möglich. Zölibat ist nicht für alle Sekten zwingend.
Orte des Gebetes	**Kloster**, Tempel, Stupa/Pagode (= runder Sakralbau mit Spitze); kein besonderer Ruhetag, keine Gottesdienste vergleichbar dem Christentum; **Verhalten im Tempel:** nicht mit Füßen auf Buddhafiguren, geistliche Würdenträger und andere Menschen zeigen; keine Kopfbedeckung! Schuhe ausziehen; Buddhafiguren nicht berühren, Mönchen und Nonnen nicht den Rücken zukehren oder sie sitzend oder stehend überragen. Bei Festen ist Ausgelassenheit in und um den Tempel erlaubt. Tempel sind nicht nur Orte der Besinnung, sondern auch soziale und kulturelle Treffpunkte.
Religiöse Symbole	Lotusblume (= Symbol für die Menschen: viele leben in der Tiefe des Wassers, manche kommen bis unter die Wasseroberfläche und die Blüte ragt aus dem Wasser), Mudras (= rituelle Handgesten), Swastik (Hakenkreuz), Bodhi-Baum (unter ihm fand Buddha die Erleuchtung), Gazelle, Fisch, Rad des Lebens, Muschelhorn, Knoten der Weisheit, Ohm-Zeichen, Gebetsfahnen (religiöse Symbole variieren nach Glaubensrichtung)
Ritualgegenstände	Butterlämpchen, Buddhastatuen, Weihrauch, Räucherstäbchen, Mala (= buddhistischer Rosenkranz), Mandalas (= rituelles Diagramm als Meditationshilfe), Opfergabe, Gebetstrommel (im tantrischen Buddhismus), Ritualglocke (steht für den weibl. Aspekt und die Weisheit), Diamantzepter (Dorje = Symbol der Lehre, Methodik, männl. Aspekt), Zimbel (Ritualgegenstände variieren nach Glaubensrichtung)

Gebetshaltung und Rituale	Opfergaben, Räucherstäbchen, religiöse Gesänge bei den Versammlungen, gebetet wird ohne Schuhe im Schneidersitz, Meditation spielt große Rolle, beten kann man überall. Abgesehen von Kindern und hohen religiösen Würdenträgern werden Tote verbrannt.
Religiöse Pflichten und Vorschriften	Die fünf Shilas (1. Gewaltverzicht gegenüber Lebewesen; 2. Verzicht auf das, was nicht gegeben wird; 3. keine unheilsamen (von Begierde geprägten) sexuellen Beziehungen; 4. Wahrhaftigkeit; 5. Vermeidung von Rauschmitteln.) Abgabe von Almosen; milde und liebevolle Hinwendung zu allen Lebewesen
Pilgerstätten	**Bodnath** (Indien), **Lumbini** in Nepal (= Geburtsort Buddhas), **Sarnath** in Indien (= hier setzte Buddha in einem Gazellenhain das Rad der Lehre in Bewegung, hielt seine erste Predigt), **Bodh Gaya** in Indien (Ort der Erleuchtung Buddhas), **Berg Kailasch** (Himalaja)
Hauptfeste/ religiöse Feiertage	Tempelfeste zu Ehren der Hauptgottheit, der der Tempel geweiht ist, **Buddhas Geburtstag**, Erntedank
Glaubensgrundsätze	**Die vier edlen Wahrheiten:** Alles Leben ist Leiden. Alles Leiden wird durch Begierden hervorgerufen. Leiden kann durch das Auslöschen der Begierden vernichtet werden. Leid und Begierden können durch die Praktizierung des achtfachen Pfades überwunden werden. **Philosophie:** Kreislauf von Tod und Wiedergeburt (Samsara), Karma (Prinzip von Ursache und Wirkung, nach dem jede Tat, auch eine unterlassene, bestimmte Folgen hat), das Nirwana (ein Bewusstsein, frei von Geburt und Tod), keine bekehrende Religion! Religion und Philosophie vereinen sich.

Sikhismus

Religionsgründer	Guru Nanak (1469 – 1539 n. Chr.), hat im heutigen Pakistan gelebt. Ist die jüngste der Weltreligionen (Mischung aus Hinduismus und Islam)
Heilige Bücher und Schriften	Guru Granth Sahib (500 J. alt), von Guru Arjan zusammengetragene Verse früherer Gurus
Gottheiten	Es gibt nur einen Gott: Wahe Guru (= der Gott Aller)
Verbreitung/ Anhängerzahl	Weltweit etwa 20 Millionen Anhänger; vor allem im Punjab (Nord-Indien) verbreitet. In Großbritannien und Nordamerika über 1 Million, in Deutschland mehrere Tausend. Aufnahme in die Religionsgemeinschaft durch Taufe (süßes Wasser trinken, das mit einem Dolch umgerührt wurde)
Glaubensrichtungen/Sekten	keine
religiöse Führer/ Priester	Granthi (= Vorbeter), keine Priesterschicht und kein Mönchstum, jeder mit genug Wissen kann Granthi werden; Akal Takht = oberste religiöse und weltliche Instanz der Sikhs
Orte des Gebetes	Gurdwara; Verhalten im Gebetshaus: im Schneidersitz Platz nehmen; Kopfbedeckung tragen, Schuhe auszuziehen; Gurdwaras stehen allen Menschen, auch anderer Glaubensrichtung, als Gebetsraum offen. Keine Gottesdienste.
Religiöse Symbole	Kakkar = die 5 Ks, die fünf wichtigsten Symbole der Sikhs: Kirpan (Dolch); kesh (ungeschnittene Haare), Kangha (Kamm), kara (der stählerne Armreif), kaccha (die traditionellen Shorts); sonstige Symbole: Sikhfahne (Nishan Sahib); Turban beim Mann; Khanda-Set (vereint die fünf Symbole der Sikhs)
Ritualgegenstände	Guru Granth Sahib, Wedel
Gebetshaltung und Rituale	im Schneidersitz sitzend, Schuhe ausgezogen und mit Kopfbedeckung; Versammlungsteilnehmer bekommen Prasad (geheiligte Speise). Die Toten werden verbrannt.
Religiöse Pflichten und Vorschriften	Körperhaare dürfen ein Leben lang nicht geschnitten werden; allen Süchten entsagen (nicht rauchen!); gute Lebensführung; partnerschaftliche Treue; morgendliches Pflichtgebet; Speisung (nicht nur von Armen im Tempel), ehrlicher Verdienst des Lebensunterhalts und Teilen desselben (Daswad), soziales Engagement (Sewa)
Pilgerstätten	Goldener Tempel in Amritsar (Indien)
Hauptfeste/ religiöse Feiertage	Baisaki (Neujahrstag der Sikhs, feiert die Religionsgründung); Diwali (Lichterfest: Befreiung des 6. Gurus aus dem Gefängnis wird gefeiert), Guru Nanaks Geburtstag und die der anderen neun Gurus
Glaubensgrundsätze	Synthese aus Hinduismus und Islam; monotheistisch; Ziel: Menschen von Vorurteilen, Egoismus, Aberglaube und Unwissenheit befreien; Haltung und Tat sind maßgeblich, nicht fromme Worte; die soziale Gemeinschaft spielt eine große Rolle: gleiche Nachnamen (Singh bei Männern, Kaur bei Frauen) und die fünf Erkennungszeichen (Kakkar) für alle Sikhs auf der Welt. Karma (Glaube an die Vorherbestimmtheit); Glaube an Wiedergeburt, Erbsünde gibt es bei den Sikhs nicht; Gleichberechtigung von Mann und Frau. 5 Sakramente: Taufe, Namensgebung, erstes Turbantragen, Heirat, Totenriten (Tote werden verbrannt);

28. Wissenscheck „Asyl"

Klassenstufe: 8–10
Ziele: Einfühlungsvermögen in die Lebensbedingungen in Deutschland lebender Flüchtlinge fördern; Wissen zum Themenkomplex „Flüchtlinge in Deutschland" vermitteln
Arbeitsform: Gruppenarbeit und Präsentation im Klassenverband, Fragebogen
Material/Vorbereitung: Kopiervorlage „Fragebogen: Asylbewerber in Deutschland" für jede Arbeitsgruppe; „Richtige Antworten zum Fragebogen" als Folienvorlage für die Auswertung erstellen
Zeit: 45 Minuten
Hinweis: Begrifflichkeiten wie Asylbewerber, Asylberechtigter, Genfer Flüchtlingskonvention, Zuwanderungsgesetz usw. müssen den Schülerinnen bekannt sein bzw. vor dem Einsatz der Übung geklärt werden. Haben einige Mitschülerinnen selbst Flüchtlingsstatus, werden sie in aller Regel ihr Wissen beisteuern können.
Den Fragebogen vor seinem Einsatz auf Aktualität überprüfen! Neueste Informationen und Statistiken können beim Bundesamt für Migration und Flüchtlinge unter www.bamf.de abgerufen werden.

Beschreibung: Es werden Arbeitsgruppen von vier bis fünf Schülerinnen gebildet. Die einzelnen Gruppen beantworten jeweils gemeinsam den Fragebogen. Jede Frage soll beantwortet werden, auch wenn die Schülerinnen oft nur Vermutungen anstellen können. Vorrangig geht es hier nicht um eine Wissensabfrage, also um „richtige" Antworten, sondern darum, die Schülerinnen durch die Fragestellungen auf die Lebensbedingungen von Flüchtlingen in Deutschland aufmerksam zu machen, die durch Verordnungen und Gesetze mit beeinflusst werden.

Für die Gruppenarbeit stehen etwa 20 Minuten zur Verfügung.

Im Anschluss daran werden im Klassenverband die einzelnen Gruppenantworten zusammengetragen und mit den tatsächlich richtigen Antworten verglichen. Die Folienvorlage mit der jeweils richtigen Antwort erst aufdecken, nachdem alle Gruppenantworten vorgestellt wurden.

Auswertung:
- Wie häufig trafen die Schülerinnen mit ihren Vermutungen tatsächlich die richtige Antwort?
- Welche „Aha-Erlebnisse" beeindruckten die Schülerinnen besonders?
- Könnten sich die Schülerinnen vorstellen, mit dem wenigen Taschengeld, das ein Asylbewerber erhält, auszukommen, zumal wenn sie davon auch Bücher, den Mitgliedsbeitrag fürs Fitnessstudio usw. bezahlen müssen?
- Sinnvoll ist auch eine Diskussion über mögliche Gründe für eine Überschätzung der verschiedenen Zahlen.

Spielidee nach: Dawit Mehari u. a., Xenos Nürnberg, 2004

Fragebogen zu Asylbewerbern in Deutschland (Stand: 2004)

1. Wie viel Prozent aller Menschen, die sich weltweit auf der Flucht befinden, sind als Flüchtige in Deutschland?
    a) 2,5 %   b) 22,5 %   c) 97 %

2. Wie viel Prozent der in Deutschland lebenden Menschen sind Flüchtlinge (Asylbewerber, Kontingentflüchtlinge, Bürgerkriegsflüchtlinge usw.)?
    a) weniger als 1 %   b) 5 %   c) 10 %

3. Nenne mindestens drei Hauptherkunftsländer, aus denen im Jahr 2003 die meisten Asylsuchenden nach Deutschland kamen:

    _____

    _____

4. Rechtliche Grundlagen:
    a) Wie definiert Art. 1 der Genfer Flüchtlingskonvention einen Flüchtling?

    _____

    _____

    _____

    _____

    b) Wer genießt aufgrund des Grundgesetzes in Deutschland Asyl? Kennst du den dazugehörenden Artikel?

    _____

    _____

    c) Was bedeutet die „Drittstaatenregelung"?

    _____

    _____

5. Du kommst als Flüchtling nach Deutschland und stellst einen Antrag auf Asyl. Du wirst nach ein paar Wochen in einer Gemeinschaftsunterkunft für Asylbewerber untergebracht. Was darfst du in den ersten Monaten deines Aufenthalts während des Asylverfahrens tun?

a) Freunde oder Verwandte aus deinem Heimatland besuchen, die in einem anderen Teil Deutschlands leben.

b) Dir eine Arbeit suchen, um nicht auf das Geld der deutschen Steuerzahler angewiesen zu sein.

c) Einen Deutschkurs besuchen.

d) Dir eine eigene Wohnung suchen.

6. Wer begeht in Deutschland einen „Verstoß gegen das Zuwanderungsgesetz" und somit eine Straftat?

a) Jemand, der Ausländer angreift oder ihnen auf sonstige Weise Schaden zufügt.

b) Ein Asylbewerber, der ohne Genehmigung die Grenzen seines Aufenthaltsortes (Stadt bzw. Landkreis) überschreitet.

c) Ein Ausländer, der bei roter Ampel über die Kreuzung fährt.

7. Wie viel Taschengeld erhält ein erwachsener Asylbewerber in Deutschland?

a) 40 Euro pro Woche   b) 40 Euro pro Monat   c) 40 Euro pro Quartal

8. Welche Arten des Flüchtlingsstatus' gibt es in Deutschland und was bedeuten sie?

_____

_____

9. Was bedeutet das neue Zuwanderungsgesetz für Flüchtlinge?

_____

_____

10. Bei wie viel Prozent liegt die Anerkennungsquote von Asylbewerbern?

a) 1,8 %   b) 8,8 %   c) 18,8 %

Richtige Antworten zum Fragebogen (Stand: 2004)

1. a)

2. a)

3. Türkei, Irak, russische Föderation, ehemaliges Jugoslawien, Afghanistan

4. a) Der Flüchtlingsbegriff ist hier weiter gefasst: Im Sinne dieses Abkommens findet der Ausdruck „Flüchtling" auf jede Person Anwendung, die infolge von Ereignissen, die vor dem 1. Januar 1951 eingetreten sind, und aus der begründeten Furcht vor Verfolgung wegen ihrer Rasse, Religion, Nationalität, Zugehörigkeit zu einer bestimmten sozialen Gruppe oder wegen ihrer politischen Überzeugung sich außerhalb des Landes befindet, dessen Staatsangehörigkeit sie besitzt, und den Schutz dieses Landes nicht in Anspruch nehmen kann oder wegen dieser Befürchtungen nicht in Anspruch nehmen will; oder die sich als Staatenlose infolge solcher Ereignisse außerhalb des Landes befindet, in welchem sie ihren gewöhnlichen Aufenthalt hatte, und nicht dorthin zurückkehren kann oder wegen der erwähnten Befürchtungen nicht dorthin zurückkehren will.

4. b) Artikel 16 a Grundgesetz (am 23.5.1949 eingeführt): Politisch Verfolgte genießen Asylrecht. Seit Inkrafttreten des neuen Zuwanderungsgesetzes (1.1.2005) kann der Flüchtlingsstatus auch bei nichtstaatlicher Verfolgung (§ 60 Abs. 1 AufenthG) erteilt werden.

4. c) „Sichere Drittstaaten" sind nach § 26a Asylverfahrensgesetz und den verfassungsrechtlichen Vorgaben die Mitgliedstaaten der Europäischen Gemeinschaften sowie weitere europäische Staaten, in denen die Einhaltung der Genfer Flüchtlingskonvention und der Europäischen Menschenrechtskonvention sichergestellt ist: Norwegen und die Schweiz.

   Wenn ein Ausländer bereits einen dieser Staaten erreicht hat, in dem er gleichfalls Schutz nach der Genfer Flüchtlingskonvention erhalten kann, ist ihm die Einreise in die Bundesrepublik Deutschland schon an der Grenze zu verweigern. Denn wer aus einem „sicheren Drittstaat" einreist, kann sich nicht mehr auf das Grundrecht auf Asyl berufen.

5. c)
   zu a): Nur in Ausnahmefällen kann auf Antrag eine Genehmigung erteilt werden, sonst besteht „Residenzpflicht".
   zu b): Erst nach der Entscheidung über das Bleiberecht in Deutschland darf Arbeit aufgenommen werden, während des Verfahrens also nicht.
   zu c): Ein Deutschkurs kann zwar besucht werden, die Kosten dafür müssen aber selbst getragen werden.

6. b)

7. b) (unter 14 Jahren nur 20,- Euro)

8. Kein Aufenthaltstitel: während das Asylverfahren läuft
   Duldung: Aussetzung der Abschiebung, auch im neuen Zuwanderungsgesetz wird dieser Titel als Instrument der Feinsteuerung beibehalten (§ 60a AufenthG).
   Asylberechtigung: als politisch oder wegen seiner Zugehörigkeit zu einer bestimmten sozialen Gruppe Verfolgter anerkannt
   Kontingentflüchtling: Flüchtlinge, die ohne Verfahren einreisen dürfen (z. B. russische Juden), aber jeweils nur in vorher festgelegter Zahl.

„Kontingentflüchtlinge sind Flüchtlinge aus Krisenregionen, die im Rahmen internationaler humanitärer Hilfsaktionen aufgenommen werden. Ihr Status richtet sich nach dem Gesetz über Maßnahmen für im Rahmen von humanitären Hilfsaktionen aufgenommene Flüchtlinge vom 22. Juli 1980 (BGBl. I S. 1057). Deutschland hat seit 1973 in großer Zahl u. a. Flüchtlinge aus Indochina (insbesondere Vietnam, so genannte „Boat people") und aus Chile aufgenommen. Die Aufnahme jüdischer Zuwanderer aus der ehemaligen Sowjetunion erfolgte aufgrund des Beschlusses der Regierungschefs des Bundes und der Länder vom 9. Januar 1991 in entsprechender Anwendung des Gesetzes. Bei den Einzelfallentscheidungen sollen Fälle der Familienzusammenführung und sonstige Härtefälle sowie Gesichtspunkte der Erhaltung der Lebensfähigkeit jüdischer Gemeinden in Deutschland im Vordergrund stehen. Jüdische Zuwanderer genießen die Rechtsstellung nach den Artikeln 2 - 34 der Genfer Konvention.
Sie erhalten Eingliederungshilfen und können Maßnahmen der Sprachförderung und der Hilfe bei der Ausbildung sowie Leistungen nach dem Bundessozialhilfegesetz in Anspruch nehmen."
De facto Flüchtling (§ 51) = „kleines Asyl" = Konventionsflüchtling: Das sind Personen, die Abschiebungsschutz genießen, weil im Heimatstaat ihr Leben oder ihre Freiheit wegen ihrer Rasse, Religion, Staatsangehörigkeit, Zugehörigkeit zu einer bestimmten sozialen Gruppe oder wegen ihrer politischen Überzeugung bedroht ist (§ 51 AuslG). Ihr Rechtsstatus ist im Abkommen über die Rechtsstellung der Flüchtlinge vom 28. Juli 1951 (sog. Genfer Flüchtlingskonvention) geregelt.

9. Konventionsflüchtlinge sind zukünftig Asylberechtigten gleichgestellt; geschlechtsspezifische Fluchtgründe sind explizit erwähnt, ebenso nichtstaatliche Verfolgung. Bei Abschiebehindernissen soll zukünftig eine befristete Aufenthaltserlaubnis erteilt werden.
Aber: Regelüberprüfung nach drei Jahren, ob noch Asylgrund vorliegt. Subjektive Fluchtgründe können nicht mehr geltend gemacht werden. Abschiebeinrichtungen sind vorgesehen. Wenn die Ausreise in ein Drittland möglich ist, darf keine Aufenthaltserlaubnis erteilt werden.

10. a)

29. Awodatschohalo – Eine Reise durch Afrika

Klassenstufe: 7–10
Ziele: Hintergrundwissen über den Kontinent erweitern; neugierig machen auf das Alltagsleben und Verständnis für andere Lebensgewohnheiten entwickeln; kritisch mit Themen wie „Mädchenbeschneidung, Apartheid" auseinander setzen
Arbeitsform: Projektarbeit, Theaterspiel
Material/Vorbereitung: Landkarte von Afrika; Literatur zum Thema (auch Bildbände oder andere Bildmaterialien); Stoffreste, Papier, Kartonagen und andere Materialien zum Basteln von Kulissen, Requisiten und Kostümen (Abfallmaterialien mit einbeziehen!); afrikanische Musik (Pop und traditionelle Musik); CD „Welthören" (enthält z. B. viele Geräuschkulissen – beim „Verlag 2001" erhältlich); Schminke; Musikanlage und eventuell Mikrofone für die Aufführung.
Zeit: mehrere Wochen oder z. B. für die Dauer einer Klassenreise oder Projektwoche
Hinweis: Folgende Unterrichtsfächer könnten in das Projekt mit einbezogen werden: Erdkunde (Geographie des Kontinents), Deutsch (Drehbuch schreiben), Geschichte ab Klasse 8 (Sklavenhandel, Apartheidgeschichte Südafrikas), Kunsterziehung (Kulissen, Requisiten, Kostüme), Ethik- und Religionsunterricht (Religionen, Geisterglaube), Sozialkunde (Familien und Gemeinwesen), Sportunterricht (Tänze einstudieren), Musik (Musikauswahl für die Vorführung) usw.

Beschreibung: Bei diesem Projekt werden die Schülerinnen angeregt, selbstständig in Gruppen- und Hausarbeit Hintergrundinformationen (Kultur, Geschichte, Lebensgewohnheiten usw.) über den Kontinent zu recherchieren und später in einem Theaterstück umzusetzen, das bei einem Elterntag oder einem Schulfest (z. B. Afrikafest) aufgeführt wird. Das Theaterstück entführt die Besucherinnen des Festes in Form einer „lebendigen Diaschau" zu einer Reise nach Afrika (die einzelnen Bilder werden als „lebendige Dias" von den Schülerinnen als kurze Szenen gespielt).

Das Projekt kann in folgenden Schritten erarbeitet werden, wobei einige dieser Schritte durchaus auch parallel stattfinden können und sich so immer wieder ergänzen (z. B. Schritt 4 und 5). Selbstverständlich sollte das hier vorgestellte Beispiel auf die individuelle Situation passend abgewandelt werden.

1. Spielphase: Brainstorming über Afrika (ca. 20 Minuten)
Eine große Landkarte Afrikas hängt an der Wand, vielleicht läuft im Hintergrund leise afrikanische Musik. Soweit vorhanden können bereits einige Dekormaterialien (Masken, Trommel, Kleidung) und Fotos (z. B. aus dem Internet oder von einem Unicef-Kalender) das Klassenzimmer schmücken und so die Fantasie der Schüler anregen. Vielleicht gibt es ja auch Klassenkameraden aus einem afrikanischen Staat, die solche Utensilien von zu Hause mitbringen können?

An der Tafel steht groß das Wort „Afrika" und die Schüler werden aufgefordert, alles, was ihnen zu diesem Stichwort einfällt, zu benennen. Die Angaben werden an der Tafel notiert.

Bestimmt fallen hier bereits Begriffe wie „Pyramiden in Ägypten, Nelson Mandela, Wüste, Trommeln, Kilimanjaro, deutsche Kolonien". Auf diese Weise wird das bereits vorhandene Wissen der Schülerinnen reaktiviert.

2. Spielphase: Recherche zu den einzelnen Staaten (je nach Intensität mehrere Unterrichtsstunden)
In einem zweiten Schritt werden die Schüler beauftragt, nach weiteren Informationsquellen zu suchen (Bibliothek, Internet, Gleichaltrige oder Nachbarn aus afrikanischen Staaten usw.) und Informationen zu einzelnen Staaten und Themen zusammenzutragen. Diese Informationsrecherche kann gut in die verschiedenen Unterrichtsfächer integriert werden (siehe oben), sollte jedoch auch dann von den Schülern weitgehend selbstständig in Gruppen- und Hausarbeit übernommen werden.

Es ist hilfreich für die Entwicklung späterer Umsetzungsideen, vor allem auch Bildmaterialien zur Verfügung zu stellen, um damit die Vorstellungsgabe der Schüler zu erhöhen. Recherchetexte sollten, vor allem für die jüngeren Schüler, möglichst kurz und kompakt sein. Gegebenenfalls muss hier die Lehrerin eine Vorauswahl treffen bzw. selbst Texte bereitstellen. Die so zusammengetragenen Informationen werden von den Schülerinnen nach Ländern und Themen sortiert und stichpunktartig aufgeschrieben. Abgestimmt auf die Klassenstufe, sollten auch Themen wie „Schule in Afrika", „traditionelle Kinderspiele", „Familie", „politische Gegenwart" berücksichtigt werden.

Folgende Informationsquellen waren uns für die Recherche nützlich:
* http://www.erdkunde-online.de/
* Bildbände mit Masken und Tanzbeschreibungen und solche, aus der die Symbolik afrikanischer Kunst hervorgeht
* SympathieMagazine des Studienkreises für Tourismus und Entwicklung e.V., Kapellenweg 3, 82541 Ammerland/Starnberger See oder www.studienkreis.org

3. Spielphase: Umsetzungsideen, Theaterstück entwickeln (mehrere Unterrichtsstunden)
Die sortierten Informationen liegen nun allen Schülern vor (eventuell auch als Overhead-Folie). Sicher sind sie noch zu umfangreich, um sie alle in ein

Theaterstück integrieren zu können. Bei der Auswahl, welche Informationen in eine Szene umgesetzt werden, sollten zwei Gedanken die Schüler leiten:

• Zu welchen Informationen fallen uns spontan Spielideen ein?
• Welche Informationen sind so wichtig, dass sie auf jeden Fall mit in das Theaterstück aufgenommen werden müssen?

Eine erste grobe Auswahl von umzusetzenden Informationen wird gemeinsam im Klassenverband getroffen nach einer eventuellen Vorbesprechung in Kleingruppen. Danach entwickeln Arbeitsgruppen von vier bis fünf Personen zu einem unterschiedlichen Thema bzw. Land Ideen für Spielszenen. Auch in dieser Phase sollte viel Bildmaterial und möglichst bereits Verkleidungsmaterial zur Verfügung stehen. Das erleichtert die Entwicklung von Szenen ungemein. Die Ergebnisse werden immer wieder an die Klasse bzw. die anderen Gruppen weitergegeben. Auf diese Weise wächst und verändert sich das „Drehbuch" ständig.

4. Spielphase: Auswahl der Szenen, Drehbuch, Spielen (ebenfalls mehrere Unterrichtsstunden)
Gemeinsam wird jetzt die Auswahl der Szenen für das endgültige Theaterstück getroffen und in Form eines Szenenplans bzw. Drehbuchs verschriftlicht. Letzteres kann gut wieder in Gruppenarbeit geschehen. Während die Szenen eingeübt werden, kann sich das Drehbuch durchaus noch verändern, da auch durch das Spiel neue Ideen entstehen. Ein oder mehrere „Drehbuchautoren" sollten also beauftragt werden, alle während des Spiels sich noch ergebenden Veränderungen im Szenenplan zu notieren (z. B. auf Overheadfolie, sodass die Mitschülerinnen immer die aktuellste Version vor Augen haben). Eine Szene kann dann von verschiedenen Akteuren gespielt werden, bevor die endgültige Entscheidung fällt, wer welche Rolle übernimmt. Alle Schüler sollten jedoch mit in das Spiel einbezogen sein.

Auch hier sind bereits Verkleidungsmaterialien und Requisiten hilfreich.

5. Spielphase: benötigte Kulissen malen, Kostüme nähen und Requisiten basteln (mehrere Unterrichtsstunden)
Aus Stoffresten, Papier, Kartonagen, Wolle usw. werden die benötigten Requisiten gebastelt. Alte Kleidung eignet sich vielleicht für Kostüme, aus Pappmaché können Masken hergestellt und farbig bemalt werden, aus mit Reis gefüllten leeren Küchentuchrollen entstehen Rasseln usw. Eine Schminkpalette verwandelt Weißgesichter z. B. in dunkelhäutige Menschen

mit Narben (ein Schönheitsideal mehrerer Stämme). Das ein oder andere nützliche Requisit findet sich bestimmt zu Hause. Auch hier dienen Bildvorlagen als Ideenspender, schließlich sollen die Kostüme ja weitgehend realitätsnah aussehen. Die Herstellung großformatiger Kulissen wird dadurch erleichtert, dass Bilder per Overheadprojektor an die Wand geworfen werden. Die Vorlage kann dann einfach auf dem dort befestigten Papierbogen nachgezeichnet werden.

Zu einer guten Aufführung gehören auch die richtigen Hintergrundgeräusche (z. B. Ruf eines Muezzins in einem marokkanischen Bazar – hier ist die CD „Welthören" vom Verlag 2001 sehr hilfreich) und die passende Musik. Es ist sinnvoll, die benötigten Geräusche und Musikstücke in der richtigen Reihenfolge auf Kassette aufzunehmen oder auf CD zu brennen. Dazwischen immer Leerpausen lassen, damit notfalls das nächste Musikstück sofort angewählt werden kann, wenn eine Szene vielleicht nicht ganz so lange dauert. Zuletzt erstellen die Techniker unter den Schülern einen Beleuchtungsplan für die Aufführung. Die Generalprobe kann stattfinden.

6. Spielphase: Aufführung/Afrikanisches Fest
Den Abschluss des Projekts bildet die Aufführung des Stücks. Besonders geeignet ist hier ein Elterntag oder ein Schulfest, das vielleicht unter dem Motto „Afrika" steht.
Grundsätzliches zum Ablauf des Theaterstücks:

• Ein „Reiseführer" (Erzähler) kommentiert die einzelnen „Dias" und vermittelt so dem Publikum einen tieferen Einblick in das Geschehen. Die Gegend oder das Land, das durch die Szene gerade dargestellt wird, wird auf der Landkarte gezeigt.

• Ein Regisseur gibt „backstage" die Anweisungen für die Reihenfolge und überwacht die Verkleidungen.

• Ein Trommler (oder eine Person mit Gong) kündigt jeweils das nächste Bild an und begleitet durchs Programm. Das Publikum soll zum Mittrommeln animiert werden (eventuell den eigenen Körper als Musikinstrument einsetzen).

• Wo möglich sollte das Publikum mit in den Ablauf einbezogen werden, z. B. das Land oder das gerade gezeigte Thema auf Zuruf raten lassen. Danach erst wird die Gegend auf der Landkarte gezeigt.

• Wechselnde Kulissen könnten an Pinnwände geheftet werden, das erleichtert den Szenenumbau. Die Kulissenträger können in das Spiel mit integriert werden.

- Während eines Bühnenbildwechsels verstellt die Kulisse auf der Pinnwand die Umbauaktivitäten auf der Bühne. Der „Reiseleiter" überbrückt die Zeit durch Vermitteln von Hintergrundinformationen, die z. B. in eine Erzählgeschichte eingebaut sind.

Ergänzend zur Aufführung, während der Pausen bzw. vorher oder nachher, könnten einige Selbstläufer-Spielstätten eingerichtet werden, die von den Schülerinnen betreut werden:

- Das „**Kalaha-Spiel**" wird erklärt und kann gespielt werden (ein in Afrika weit verbreitetes Brettspiel, das mit Steinen genauso gut im Sand gespielt werden kann).
- **Schminkstudio:** Hier können sich Besucherinnen entsprechend der traditionellen oder auch neuesten afrikanischen Mode schminken lassen.
- **Haardesign:** dünne Zöpfchen flechten
- **Wahrsagestudio:** Aus mit afrikanischen Symbolen bemalten Steinen, wie z. B. der Ashanti-Stamm sie verwendet, wird die Zukunft vorhergesagt.
- **Teehaus:** Eine marokkanische Teezeremonie (Tee aus frischer Pfefferminze) wird gezeigt und zum Teetrinken eingeladen.
- **Bazar:** Ein Flohmarkt wird im Stil eines afrikanischen Bazars eingerichtet.
- **Fotostudio:** Besucherinnen können sich in den für das Stück gefertigten Kostümen fotografieren lassen.

Darüber hinaus muss natürlich auch für das leibliche Wohl der Besucher gesorgt werden. Es könnte z. B. „Injera" angeboten werden, ein Pfannkuchen aus Sauerteig, das Grundnahrungsmittel in Äthiopien. Er wird mit einem Zwiebel-Hähnchen-Ei-Gericht gereicht (Rezepte findet man im Internet).

Anmerkung: „Awodatschohalo" ist eine Begrüßungsfloskel auf Amharisch, der Sprache, die hauptsächlich in Äthiopien gesprochen wird.

III. Spiele zur Selbst- und Fremdwahrnehmung

30. Positiv vorstellen

Klassenstufe: 5–10; gut für Klassen geeignet, die sich schon etwas kennen; z. B. auch, wenn jemand neu in die Klasse kommt
Ziele: Mitschülern positives Feedback geben, „Stimmungsheber", wenn die Klassenatmosphäre schlecht ist
Arbeitsform: Kreisgespräch
Material/Vorbereitung: keines
Zeitaufwand: 10–20 Minuten, je nach Klassengröße

Beschreibung: Die Schülerinnen sitzen im Kreis. Die Lehrerin stellt sich hinter den Stuhl einer Teilnehmerin und stellt diese der Klasse vor, und zwar mit dem Einleitungssatz: „Ich möchte euch (Name) vorstellen. An ihr schätze ich besonders …" Es dürfen nur positive Formulierungen verwendet werden, die den subjektiven Eindruck wiedergeben: „Sie wirkt auf mich wie …" ist besser als eine Festschreibung wie „Sie ist …". Dieser Unterschied muss den Schülerinnen zu Beginn deutlich gemacht werden, eventuell sind in jüngeren Klassen auch einige Beispiele wichtig.

Selbst wenn man jemanden noch nicht näher kennt, hat man aufgrund der Ausstrahlung doch schon Vorstellungen von der Person. Nachdem die Lehrerin ein oder zwei Sätze zu der Schülerin gesagt hat, stellt die so Vorgestellte sich hinter den Stuhl einer anderen Klassenkameradin und stellt diese vor. So geht es weiter, bis alle vorgestellt wurden. Dabei darf auch Bezug auf den jeweiligen kulturellen Hintergrund genommen werden.

Auswertung:
- Wie hast du dich dabei gefühlt, auf diese Weise vorgestellt zu werden?
- Würdest du dich selbst auch so charakterisieren?
- War es schwierig, nur Positives über andere sagen zu dürfen?
- Hast du etwas Neues über dich erfahren?
- Hast du deine Meinung über eine Mitschülerin verändert?

31. Lebensbaum

Klassenstufe: 5–10
Ziele: kennen lernen; mit der eigenen Identität, der Herkunft und den Wünschen für die Zukunft auseinander setzen
Arbeitsform: Einzelarbeit, Klassengespräch, Malübung
Material: Papierbögen, Farben und Stifte
Zeit: 45–60 Minuten (abhängig von der Klassenstärke)

Beschreibung: Jeder Schüler soll auf einen großen Papierbogen seinen Lebensbaum malen und beschriften. Dabei soll er diese Aspekte darstellen:
• Die *Wurzeln* sind meine Herkunft. Sie stehen für die Vergangenheit.
• Der *Stamm* ist meine Familie, vielleicht gehören auch wichtige Freunde dazu. Sie stehen für die Gegenwart.
• Die *Blätter* sind meine Pläne für die Zukunft.

Zunächst überlegen sich die Schüler genau, was für sie bisher in ihrem Leben wichtig war, was sie geprägt hat (z. B.: In Deutschland geboren oder nicht? Umzüge während der Kindheit, häufiger Schulwechsel? Schöne Erinnerungen an die Kleinkindzeit?). Die Art und der Grad der „Verwurzelung" kann durch die Form der Wurzeln ausgedrückt werden. Wer sehr schöne Erinnerungen an seine Kleinkindzeit hat, malt vielleicht viele lange Wurzeln, die fest in der Erde stecken, während ein Kind mit häufigem Schulwechsel und damit auch Wechsel des Freundeskreises eher kurze Wurzeln malt, die nur lose unter der Erde liegen und jederzeit frei geschwemmt werden könnten. Vielleicht reicht eine Wurzel sogar noch in eine andere Stadt oder in ein anderes Land, in dem der Schüler geboren wurde.
Wichtige Personen, die in der frühen Kindheit eine Rolle gespielt haben, können als Gesichter in einzelne Wurzeln gemalt werden oder diese werden mit Namen beschriftet.
Ähnliche Überlegungen werden auch für die Gegenwart und die Zukunft angestellt. Ist der Stamm dick und fest oder ist er vielleicht sogar gespalten (z. B. Eltern leben getrennt)? Wie nahe steht der Schüler seinen einzelnen Geschwistern? Auch das kann durch Symbole im Stamm des Baumes ausgedrückt werden. Berufliche, familiäre oder sonstige Zukunftswünsche werden mit Zeichnungen in den Blättern des Baums angedeutet. Vielleicht fallen einzelne Blätter mit Symbolen (z. B. der türkische Pass, ein schlechtes Schulzeugnis) auch bereits vom Baum. Damit könnte der Schüler ausdrücken, dass er sich davon in der Zukunft lieber trennen möchte. Die gezeichneten Symbole können in Stichpunkten schriftlich erläutert werden.

Der Fantasie der gestalterischen Umsetzung sind keine Grenzen gesetzt, auch wenn es nicht um das Entstehen besonders „schöner" Lebensbäume geht, sondern um seine Symbolik.

Für das Gestalten der Lebensbäume stehen ca. 15–20 Minuten zur Verfügung. Im Anschluss daran werden die einzelnen Werke der Klasse vorgestellt und erklärt. Nachfragen von Mitschülern sind dabei erlaubt, nicht jedoch Wertungen! Bei großen Klassen ist es vermutlich nicht möglich, alle Lebensbäume vorzustellen. Dann können einige Freiwillige dies tun oder alle Lebensbäume werden zum Abschluss als Galerie an die Wände geheftet und die Schüler bestimmen selbst, über welchen sie gerne noch mehr erfahren würden.

Auswertung:

- Ähneln sich die Lebensbäume aller Schüler? In welchen Bereichen gibt es Übereinstimmungen, wo Unterschiede? Gibt es Unterschiede zwischen den Lebensbäumen der Schüler, die hier in Deutschland aufgewachsen sind, und denen, die es nicht sind? Welche?
- War es schwierig, den eigenen Lebensbaum zu gestalten? Welcher Bereich fiel besonders schwer, welcher besonders leicht: die Vergangenheit, die Gegenwart oder die Zukunft?
- Wie war es, sich der eigenen Wurzeln bewusst zu werden?

Spielidee nach: www.xenos-nuernberg.de

32. Bilder lügen nicht

Klassenstufe: 5–10; es muss für eine ruhige Atmosphäre im Klassenzimmer gesorgt werden
Ziele: erkennen, dass die Wahrnehmung einer bestimmten Situation je nach individuellem Blickwinkel unterschiedlich ist; verdeutlichen, wie eingefahrene „Blicke" und damit Zuschreibungen entstehen; erkennen, wie groß die Interpretationsspielräume von Bildern und Situationen sind
Arbeitsform: Interpretation, Gruppendiskussion
Material/Vorbereitung: mehrfach interpretierbare Bilder (siehe Kopiervorlagen) kopieren; für die Auswertung eine Folienvorlage der Bilderreihen erstellen
Zeit: 30–45 Minuten inklusive Auswertung

Beschreibung: Die Klasse wird in Gruppen von je vier bis fünf Personen eingeteilt. Jede Gruppe erhält *eine* der vier Bilderreihen der Kopiervorlagen (also entweder die Reihe mit den Gesichtern, die mit den Tieren, die mit den Zahlen *oder* die mit den Buchstaben) für jedes Gruppenmitglied. Bei vier Arbeitsgruppen hat jede Gruppe eine andere Bilderreihe, bei mehr als vier Gruppen können zwei Gruppen auch die gleiche Bilderreihe bearbeiten. Es muss jedoch darauf geachtet werden, dass vergleichbare Bilderreihen (Gesichter und Tiere bzw. Zahlen- und Buchstabenreihe) eingesetzt werden.

Jeder hat seine Bilderreihe vor sich und sieht sie zunächst intensiv an. Dann tauschen sich alle in der Gruppe darüber aus, was sie auf ihrer Vorlage sehen. Jeder soll seine Bilder- oder Zahlen- bzw. Buchstabenreihe so beschreiben, dass deutlich wird, was darauf abgebildet ist. Ein Sprecher der Gruppe macht sich dazu ein paar Notizen, damit er später das Ergebnis der Klasse vorstellen kann.

Jetzt tauschen die Arbeitsgruppen ihre Bilderreihen: Die Gruppe, die zunächst die Reihe mit den Gesichtern hatte, bekommt die Vorlagen mit der Tierreihe und die Gruppe, die zunächst die Zahlenreihe hatte, bekommt die Buchstabenreihe und umgekehrt. Auch jetzt soll die Bilderreihe wieder von jedem einzelnen Gruppenmitglied genau betrachtet und beschrieben werden und der Sprecher fasst die Ergebnisse zusammen.

Zum Abschluss stellt der jeweilige Gruppensprecher die Ergebnisse der Klasse vor.

Für die Auswertung ist es sinnvoll, die jeweils vergleichbaren Bilderreihen (Tierreihe und Menschenköpfe bzw. Buchstaben- und Zahlenreihe) auf Overheadfolie gegenüberzustellen.

Auswertung:
* Wurde wirklich nur etwas beschrieben, was zu sehen ist, oder wurde auch viel interpretiert?

- Gab es eine Gruppe, in der die einzelnen Mitglieder etwas Unterschiedliches gesehen haben? (Hat z. B. jemand, der die Tierreihe hatte, dennoch im letzten Bild der Reihe einen alten Mann gesehen?)
- Bei zwei vergleichbaren Reihen (z. B. Tierreihe und Menschenköpfe) ist das letzte Bild der Reihe identisch. Warum sehen die Gruppen dennoch etwas Unterschiedliches darin (einmal eine Maus, einmal einen alten Mann)? Was könnte unser Denken und unsere Wahrnehmung beeinflussen?
- Hat sich die Wahrnehmung nach dem Bildertausch verändert und wurde jetzt z. B. der alte Mann auch als Maus gesehen bzw. das B auch als 13?
- Wie können wir die Erfahrungen mit den Wechselbildern auf unsere Wahrnehmung(en) im Alltag übertragen?
- Welche Rückschlüsse ziehen wir daraus auf unsere Wahrnehmung der uns umgebenden Menschen im Alltag? Ändert das unseren Umgang mit den Menschen?
- Was sagt das über den Umgang der Menschen untereinander aus?

10 11 12 13 14

A B C D E

33. Fisch ist Fisch

Klassenstufe: 5–6
Ziele: Empathie; erkennen, dass die Wahrnehmung von Dingen immer durch die eigene Sichtweise und das eigene Wissen geprägt ist
Arbeitsform: Gruppenarbeit und Klassengespräch, Malübung
Material/Vorbereitung: Bilderbuchgeschichte „Fisch ist Fisch" (von Leo Lionni, Beltz 2004) oder andere Geschichten; große Papierbögen, Farben und Stifte
Zeit: 60–90 Minuten
Hinweis: vor allem für jüngere Schüler gut als Einstieg in das Thema „kulturelle Wahrnehmungsunterschiede" geeignet

Beschreibung: Das Kinderbuch erzählt von einer kleinen Kaulquappe, die zum Frosch heranwächst und dann auf einen Landausflug geht, auf dem sie eine Menge erlebt. Der Lehrer liest (oder erzählt) die Geschichte bis zu der Stelle, wo der Frosch vom Landausflug zurückkommt und seinem Freund, dem Fisch, beschreibt, was er gesehen hat. Der Fisch hätte auch zu gern mal seinen Teich verlassen und die Umgebung erkundet. Staunend hört er von Menschen, die aufrecht laufen, von Kühen mit großen Eutern, die Gras fressen, von Vögeln, die in den Lüften schweben können usw.

Jetzt werden vier Arbeitsgruppen gebildet, die unterschiedliche Arbeitsaufträge haben:

- Arbeitsgruppe 1 malt, wie sich der Fisch die Menschen vorstellt.
- Arbeitsgruppe 2 malt, wie sich der Fisch die Vögel vorstellt.
- Arbeitsgruppe 3 malt, wie sich der Fisch die Kühe vorstellt.
- Arbeitsgruppe 4 erzählt die Geschichte weiter: „Da beschloss der Fisch eines Tages …"

Die Ergebnisse sollen als Gruppenarbeit entstehen. Sie werden auf große Papierbögen gemalt bzw. geschrieben. Die Gruppe muss sich also erst einmal darauf verständigen, welche Bilder wohl bei den Erzählungen seines Freundes im Kopf des Fisches, der die Welt außerhalb seines Teiches nie gesehen hat, entstehen. Wie mag er z. B. „Gras" sehen oder wie stellt er sich Flügel oder Beine vor?

Nach etwa 30 Minuten finden die Gruppen wieder zusammen und stellen ihre Arbeitsergebnisse vor. Zum Schluss liest der Lehrer die Geschichte zu Ende vor. Die entstandenen Bilder zieren später die Wände des Klassenzimmers.

Auswertung:

- Vergleicht zuerst eure Ergebnisse miteinander. Sind sie unterschiedlich oder gibt es Gemeinsamkeiten?
- Warum stellt sich der Fisch die Welt vermutlich völlig anders vor, als sie in Wirklichkeit ist?
- Kann der Frosch alles so genau beschreiben, dass der Fisch tatsächlich ein realistisches Bild über das Leben außerhalb des Froschteichs erhält?
- Wenn wir diese Geschichte auf unser menschliches Leben übertragen, was bedeutet das dann?
- Wie gut können wir die Menschen in unserer Umgebung wahrnehmen? Was glaubt ihr?
- Was bedeutet das für den Umgang der Menschen untereinander?

Spielidee nach: Seminar des Goethe-Instituts in München, 1999

34. Träumen bei Musik

Klassenstufe: 8–10, Schülerinnen sollten meditative Übungen schon kennen
Ziele: Empathie; erkennen, dass die Wahrnehmung von Dingen immer subjektiv geprägt ist; zur Ruhe kommen (auch in einer Anfangssituation spielbar)
Arbeitsform: meditative Partnerarbeit und Auswertung im Klassenverband
Material/Vorbereitung: vier passende Musikstücke mit etwa je dreiminütiger Dauer; Kassettenrekorder, Plakate und Plakatstifte; für bequeme und ruhige Raumatmosphäre ist zu sorgen
Zeit: 45 Minuten

Beschreibung:

1. Spielphase: Die Schüler bilden Spielpaare. Sie sitzen ruhig am Tisch. Zur Einstimmung schließen alle die Augen, sprechen nicht und hören ein entspannendes Musikstück. Dann folgt ein weiteres kurzes Musikstück. Jeweils eine Spielerin hört mit geschlossenen Augen zu und lässt vor ihrem inneren Auge Bilder entstehen. Die andere Spielerin schreibt mit, was die erste über ihre Bilder und Assoziationen mitteilt.

Dann wechseln die beiden die Rollen bei der nächsten Musik. Die ausgewählten Melodien sollten im Tempo und in der Stimmung möglichst unterschiedlich sein, aber nicht unbedingt die Lieblingshits der Klasse wiedergeben. Folgende Musiksequenzen haben sich bewährt:
• dramatisches Stück von Keith Jarrett
• romantische Melodien von Carlos Santana
• Musik von Beethoven
• indische Klänge von Ravi Shankar

2. Spielphase: Für jedes Musikstück wird an der Tafel ein Plakat aufgehängt. Mit Hilfe der Aufzeichnungen, die die Spielpartnerin von den Bildträumen der Mitschülerin gemacht hat, rekapituliert jede wieder ihre eigenen Bilder und schreibt die wichtigsten Gefühle und Assoziationen je Musikstück in Stichpunkten auf das entsprechende Plakat.

Auswertung:

• Sehen die Schülerinnen unterschiedliche oder eher ähnliche Bilder bei den einzelnen Musikstücken?
• Was haben die so entstandenen Bilder mit ihnen zu tun?
• Spielt der eigene kulturelle Hintergrund oder das Geschlecht bei den entstandenen Bildern eine Rolle?
• Welche Musik hat den meisten am besten gefallen? Warum?

Spielidee nach: Seminar des Goethe-Instituts München, 1999

35. Die interkulturelle Skala

Klassenstufe: 8–10; da die Übung anspruchsvoll ist, müssen die Schüler miteinander vertraut sein
Ziele: die Herkunft der anderen kennen lernen; die eigenen Zugehörigkeitsgefühle darstellen, verstehen und hinterfragen und sich der der Mitschüler bewusst werden; Auflockerung durch leichte körperliche Aktivität
Arbeitsform: soziometrische Aufstellübung im Klassenverband
Material/Vorbereitung: Eine große Rolle mit Zeitungspapier (bei Druckereien nachfragen), etwa in der Länge des Klassenzimmers, wird auf dem Fußboden der Klasse ausgerollt und mit Klebefilm befestigt. Felder und Zahlen entsprechend der Abbildung darauf zeichnen. Alternativ die Skala mit Kreide auf den Boden zeichnen oder mit Kreppband abkleben.
Zeit: ca. 30 Minuten

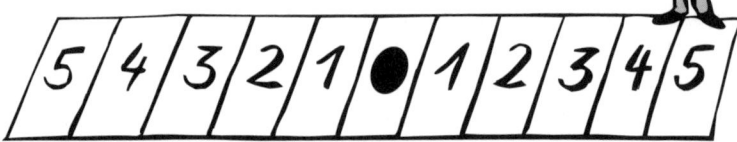

Beschreibung: Die Skala soll den Grad der Beziehung ausdrücken, den jeder Schüler zum Herkunftsland bzw. zu Deutschland hat (5 = sehr starke Beziehung, 1 = geringe Beziehung). Die Lehrerin beginnt, stellt sich auf den Punkt in der Mitte, erklärt das Spiel und bittet nacheinander jeden Schüler, sich auf das seiner Einschätzung nach richtige Feld zu stellen und dann der Klasse zu erklären, warum er sich dafür entschieden hat. Nachfragen (aber keine Wertungen!) der Mitschüler sind erwünscht.

Auswertung:

- War es schwierig, die eigene gefühlsmäßige Zugehörigkeit zum eigenen Land einzuschätzen?
- Gab es Widerstände sich festzulegen?
- Wann fällt es schwer, eine Zuordnung vorzunehmen? Wann fällt es leicht?
- Wie war das bei deutschen Schülerinnen? Welche Gründe wurden hier bei geringem Zugehörigkeitsgefühl genannt?
- Fühlten sich auch Schülerinnen aus anderen Kulturen Deutschland eher verbunden? Falls ja, was waren ihre Begründungen?
- Gibt es Gemeinsamkeiten zwischen allen Schülerinnen bei den Gründen dafür, sich mehr oben oder unten in der Skala einzuordnen?

Variante: Alle benennen lediglich ihren Zustimmungsgrad zu Deutschland.

36. Kulturbilder

Klassenstufe: 5–10
Ziele: sich eigener Vorlieben bewusst werden; eigene Werte und Normen hinterfragen; Empathie
Arbeitsform: Partnerarbeit und Auswertung im Klassenverband
Material/Vorbereitung: Karteikarten, Stifte
Zeitaufwand: 45 Minuten

Beschreibung: Die Schüler sollen sich zunächst zu folgender Frage Gedanken machen: „Wenn du an Deutschland denkst, was ist dir dabei ganz wichtig, was möchtest du hier auf gar keinen Fall missen oder was vermisst du, wenn du z. B. im Urlaub bist?"

Die Antworten, die so genannten „Kulturbilder", können Gegenstände sein (wie das Lieblingskuscheltier, das Fahrrad usw.), ein Lieblingsessen, aber auch Personen (die Freundin, die man zum Reden hat) oder – vor allem bei höheren Jahrgangsstufen – sogar bestimmte Verhaltensweisen oder „Lebensphilosophien" und Situationen (z. B. eine Schulter zum Anlehnen, wenn ich Probleme habe). Jeder Schüler muss sich dann für eine Sache entscheiden!

Es ist wichtig, hier der Klasse genügend Zeit zum Nachdenken zu geben. Eine ruhige Raumatmosphäre und geschlossene Augen beim Nachdenken sind sehr hilfreich.

Jeder Schüler (und eventuell auch die Lehrerin) schreibt oder malt dann sein „Kulturbild" auf ein Kärtchen. Es bilden sich Spielpaare, die sich über ihre „Kulturbilder" austauschen. Dabei betrachtet jeder zunächst die Karte des anderen, versucht zu interpretieren und zu deuten: Was ist das? Was bedeutet es für meinen Partner? Warum hat er wohl ausgerechnet diesen Gegenstand bzw. diese Situation ausgewählt? Wie finde ich diese Auswahl?

Dann erzählt jeder seinem Spielpartner seine Überlegungen. Dieser stellt gegebenenfalls richtig, beantwortet Fragen und erzählt dann selbst, was er sich zu der Karte seines Partners gedacht hat.

Im Plenum stellt anschließend jeder das „Kulturbild" des Partners vor. Es sei denn, jemand möchte das nicht, weil er z. B. etwas sehr Persönliches geschrieben hat. Nachfragen (aber keine Wertungen!) anderer Mitschüler sind erlaubt und erwünscht.

37. Fotogeschichten

Klassenstufe: 8–10
Ziele: sich in fremde Personen und Situationen einfühlen, Empathie und Fantasie entwickeln; sich über unterschiedliche Wahrnehmungen austauschen
Arbeitsform: Gruppenarbeit und Präsentation im Klassenverband, Interpretation
Material/Vorbereitung: aussagekräftige Fotos, Postkarten oder Bilder aus Illustrierten zum Thema „Migration/Zuwanderung" oder „interkulturelle Begegnung". Gutes Bildmaterial bieten auch Kalender wie der von Terres des hommes oder National Geographic sowie die Fotobox „Toleranzbilder" (Toleranzbilder – Fotobox für die politischen Bildung, von Andreas Schröer und Kirsten Nazarkiewicz, Verlag Bertelsmann-Stiftung, Gütersloh 1998).
Zeit: 45–90 Minuten (je nach Variante)

Beschreibung: Das Bildmaterial wird auf dem Fußboden oder einem großen Tisch ausgebreitet. Jede Schülerin hat etwa zehn Minuten Zeit, die Fotos zu betrachten. Danach wählt jede ein oder zwei Fotos aus, die sie besonders interessiert oder von denen sie sich angesprochen fühlt. Falls zwei Personen das gleiche Bild gewählt haben, finden sie sich in einer Kleingruppe zusammen. Die Klasse wird nun in Gruppen zu je sechs bis acht Personen eingeteilt. Jeder in der Kleingruppe erzählt zu seinem Bild eine frei erfundene Geschichte und erläutert, warum er das Foto ausgewählt hat, was er darauf sieht, wie er es interpretiert. Die Mitschüler dürfen sich anschließend dazu äußern: Können sie die Wahrnehmungen des anderen verstehen? Wie sehen sie selbst das Bild? Dann ist der nächste dran.

Zum Schluss werden die wichtigsten Themen der Kleingruppe im Plenum dargestellt und erläutert.

Variante 1: Die Lehrerin gibt zu Beginn der Übung ein Thema vor. Jede Schülerin sucht ein oder zwei Bilder aus, die für sie am besten dieses Thema ausdrücken. Mögliche Themen sind:

- Schwierigkeiten in der Begegnung zwischen Einheimischen und Migranten
- Das stört Migranten an unserer Gesellschaft
- Ist die Begegnung von Menschen aus unterschiedlichen Kulturen ein Gewinn?
- Vorurteile
- Multikulturelles Zusammenleben

Bei dieser Variante sind die Bilder eine Hilfe, um über das vorgegebene Thema ins Gespräch zu kommen. Jede zeigt ihr Bild und erklärt, warum es im Zusammenhang mit dem Thema ausgesucht wurde. Die markantesten Äußerungen werden von einem Protokollanten festgehalten und dann später gemeinsam besprochen.

Variante 2: Für diese Variante sollten besonders Personen (Porträts) und Situationen, die ein bisschen rätselhaft, unklar oder provokant wirken, Landschaften und Objekte, die neugierig machen, ausgewählt werden. Alle Bilder werden auf großen Tischen ausgestellt und zunächst sollen alle Schüler nur schauen, welche ihnen gefallen. In einer nächsten Phase darf sich jeder zwei bis drei Bilder aussuchen. In der Kleingruppe (maximal fünf Schüler) werden die Bilder dann in eine logische Ordnung gebracht, d. h., es wird überlegt, wie diese Bilder zusammenhängen könnten. Gemeinsam denkt sich die Gruppe nun eine Geschichte aus. Die dargestellten Personen bekommen Namen und werden Figuren in einer Handlung. In der Klasse wird die Geschichte erzählt oder vielleicht sogar gespielt.

Auswertung:

- Unterscheidet sich die Wahrnehmung der Schüler bei den Bildern sehr, d. h., sehen und interpretieren sie die Bilder sehr unterschiedlich? Woran liegt das?
- Welche Klischees tauchten bei der Interpretation der Bilder auf?
- Was hat die Geschichte des einzelnen Schülers mit seiner Interpretation der Bilder zu tun?
- Hat jemand seine Wahrnehmung verändert, nachdem er hörte, wie andere das Bild sehen?

38. Briefkasten als interkulturelles Feedback

Klassenstufe: 8–10
Ziele: Klassenkameradinnen konstruktives Feedback geben; das eigene und anderes Verhalten reflektieren
Arbeitsform: Kreisspiel im Klassenverband
Material/Vorbereitung: Briefumschläge in Klassenstärke; Moderationskarten bzw. Zettel
Zeitaufwand: 45 Minuten
Hinweis: Die Klasse muss sich bereits etwas kennen und miteinander vertraut sein. Die Übung nicht einsetzen, wenn mit Boykotteuren zu rechnen ist, die nicht konstruktiv mitarbeiten.

Beschreibung: Die Schüler sitzen im Stuhlkreis. Jeder bekommt einen Briefumschlag und schreibt seinen Namen darauf. Der Briefumschlag wird dann im Kreis nach links weitergeben. Jeder Schüler schreibt nun auf einen Zettel einen Satz (anonym oder auch mit Namen) zu dem Klassenkameraden, dessen Briefumschlag er vor sich liegen hat, und steckt ihn in den Umschlag. Der Satz sollte einen Bezug zu dessen interkultureller Kompetenz haben, also wie fair, aufgeschlossen, neugierig oder einfühlsam er z. B. mit „Neuen" in der Klasse umgeht. Es ist wichtig zu betonen, dass die Rückmeldungen an die einzelnen Mitschüler nur konstruktiv formuliert werden dürfen.

Der Umschlag wird dann wieder nach links weitergegeben, bis zum Schluss jeder von jedem Mitschüler „Post" in seinem Briefumschlag hat.

Wer möchte, kann seinen Briefumschlag dann gleich öffnen und seine Post lesen, schöner ist es aber, dies erst in einer ruhigen Minute zu Hause zu tun.

Auswertung:
- Ist es schwer gefallen, sich konstruktiv mit dem Verhalten anderer auseinander zu setzen?
- Haben sich die Schüler dabei mit dem jeweiligen „Briefpartner" verglichen? Welche Gefühle kamen dabei auf?
- Freiwillige dürfen ihre Lieblingssätze der Klasse vorlesen. Was empfinden sie dabei?

IV. Spiele zur Förderung der Empathie

39. Think outside your box

Klassenstufe: 8–10
Ziele: erkennen, dass die eigenen Verhaltensmuster immer innerhalb eines gelernten Schemas ablaufen („eigener Gartenzaun"); sich der eigenen Verhaltensmuster bewusst werden; kulturelle „Kodierungen" verdeutlichen
Arbeitsform: Einzelarbeit und Klassengespräch
Material/Vorbereitung: keine
Zeit: 10–15 Minuten

Beschreibung: Die Lehrerin liest als Einstieg folgende Geschichte vor; die Schülerinnen sollen sich dabei in die Rolle der Hauptperson dieser Geschichte versetzen:

Du bist in einer wilden, stürmischen und regnerischen Nacht mit deinem Auto unterwegs. Die Gegend ist einsam; dir begegnet kein anderes Auto. Du kommst an einer Bushaltestelle vorbei, an der du drei Menschen warten siehst:

- *eine alte Dame, die aussieht, als ob sie dringend ärztliche Hilfe bräuchte*
- *ein alter Freund, der dir mal das Leben gerettet hat*
- *dein absoluter Traummann/deine absolute Traumfrau*

Du weißt nicht, ob und wann der nächste Bus fährt. Du könntest eine Person in deinem Auto mitnehmen, mehr nicht! Wem von den dreien bietest du den Platz in deinem Auto an? Überlege es dir gut. Nimmst du die alte Dame mit, denn sie sieht wirklich sehr krank aus und du könntest ihr damit vielleicht das Leben retten? Oder entscheidest du dich für den Freund, weil er dir mal das Leben gerettet hat und du damit deine „Schuld" bei ihm begleichen könntest? Doch bedenke auch, dass du vielleicht nie wieder in deinem Leben dem Traummann/der Traumfrau begegnen wirst.
Wie entscheidest du dich?

Jeder Schüler soll nun für sich allein überlegen, ohne sich mit den Nachbarn auszutauschen, und eine eigene Antwort dafür finden, wie er in dieser Situation reagieren würde. Dann werden reihum alle Lösungen der Klasse vorgestellt.

Auswertung:
- Welche Lösungsvorschläge waren die häufigsten? (Eventuell Strichliste an der Tafel machen)
- Welche Begründungen hat es für die einzelnen Lösungen gegeben? Welche waren am wenigsten, welche am meisten überzeugend?
- Hat jemand seinen Lösungsvorschlag noch geändert, während andere Schüler ihre Lösungen vorstellten? Inwiefern?
- Ist jemand auf die Idee gekommen, sein Auto dem alten Freund zu leihen, damit dieser die alte Frau ins Krankenhaus bringt, während er/sie selbst mit dem Traummann/der Traumfrau zusammen sein kann? (Hat also jemand das erwartete, konventionelle System der Reaktion durchbrochen?)
- Warum denkt man in der Regel eher innerhalb der eigenen „box", innerhalb des eigenen bekannten Regelwerks?

Die Klasse kann zum Schluss eine gemeinsame Lösung für die Situation finden und dazu einen kurzen Sketch erarbeiten. Dabei sind auch skurrile oder fantastische Lösungsideen erlaubt.

Spielidee nach: www.xenos-nuernberg.de

40. Identitätswandel

Klassenstufe: 5–7
Ziele: sich in andere Kulturen einfühlen
Arbeitsform: Stationenspiel in der Schule oder in einem anderen Gebäude (günstig an einem Projekttag oder während einer Klassenfahrt)
Material/Vorbereitung: Schminke, alte Kleidungsstücke, ein Globus; die Lehrerin bereitet mit fünf Schülerinnen fünf verschiedene Stationen vor; jeweils eine Schülerin betreut eine Station.
Zeit: 75–100 Minuten

Beschreibung: Die Klasse wird in Kleingruppen zu maximal sechs Personen aufgeteilt. Diese durchlaufen im Abstand von fünfzehn bis zwanzig Minuten fünf verschiedene Stationen und erfüllen die dort angegebenen Aufgaben. Dadurch erhalten die Schülerinnen Stück für Stück eine neue Identität, und zwar jede Gruppe eine andere.

Die Stationen sind an verschiedenen Stellen in der Schule oder im Tagungshaus eingerichtet. Um von einer Station zur nächsten zu gelangen, muss die Gruppe zusätzlich zur Identitätswandlung noch weitere Aufgaben erledigen, die beliebig abgewandelt werden können:

• aus auf der Strecke verteilten Hinweisen die nächste Station erraten
• von einer Station zur nächsten blind geführt werden
• die Strecke zur nächsten Station rückwärts ablaufen
• auf dem Weg zur nächsten Station gemeinsam ein Lied singen

Zum Schluss treffen sich die Schülerinnen mit ihrer neuen Identität wieder im Klassenraum und spielen bei einem „Fest der Kulturen" noch einige Zeit ihre neue Rolle.

Es gibt folgende Stationen:

1. Station: Eine Wahrsagerin oder eine Hexe lässt eine Weltkugel kreisen, deutet dann auf ein Land und bestimmt die neue Identität: „Ihr seid jetzt Inder (oder Spanier oder Brasilianer)." Die fünf Länder werden vorher mit der „Wahrsagerin" abgesprochen. Bei der Auswahl Länder wählen, aus denen keine der Schülerinnen stammt, damit wirklich jede in eine fremde Identität schlüpfen muss. Alle in der Gruppe schauen sich auf dem Globus genau an, wo ihr neues Land liegt. Was wissen die Gruppenmitglieder über das Land? In einem gemeinsamen Gespräch werden die Informationen ausgetauscht.

2. Station: Hier kleiden sich die Schülerinnen gemäß den Sitten ihres neuen Landes ein. Dazu muss ein großer Fundus an Kleidungsstücken bereitliegen, vom Sari bis zur Pelzmütze, man kann auch viel mit großen und kleinen Tüchern improvisieren.

3. Station: Ein Sprachlehrer fragt die neue Sprache der Gruppe ab bzw. führt einen kleinen Sprachkurs mit ihnen durch. In der Vorbereitung echte oder ausgedachte Möglichkeiten dafür durchspielen.

4. Station: Hier müssen die Schüler eine für ihr neues Land typische Haltung oder Bewegung einüben. Die Gruppe überlegt und einigt sich dann auf eine Haltung, die alle einnehmen. Damit dies nicht beliebig wird, ist es sinnvoll, der Schülerin, die an dieser Station steht, Beispiele zu geben. Es könnte die Andeutung eines typischen Tanzes, eine Gebetshaltung oder die Nutzung eines bestimmten Verkehrsmittels (Fahrrad in China) in dem Land sein.

5. Station: Hier schminken sich die Schülerinnen gegenseitig entsprechend ihrer neuen Identität oder sie werden geschminkt. Es können die Farben der Landesfahne verwendet werden oder es werden berühmte Bauwerke aus dem Land angeschminkt (z. B. angedeuteter Eiffelturm).

Auswertung:
- War es schwierig, sich in eine völlig fremde Identität hineinzuversetzen und diese zu spielen?
- Welche Klischees tauchten bei den Darstellungen auf?

41. Glückstopf

Klassenstufe: 8–10
Ziele: mit Hilfe von Begriffen in ein (persönliches) Gespräch kommen und ggf. kulturelle Unterschiede erfahren; sich kennen lernen
Arbeitsform: Gruppenarbeit und Klassengespräch, Pantomime
Material/Vorbereitung: für jede Gruppe die Spielbegriffe von der Kopiervorlage (auseinander schneiden) verdeckt im Stapel bereitlegen; die Begriffe eventuell der jeweiligen Klasse anpassen
Zeit: ca. 45 Minuten
Hinweis: Das Spiel setzt voraus, dass die Schüler sich schon etwas kennen und miteinander vertraut sind und dass eine entsprechende Offenheit in der Klasse herrscht. Es sollte nicht im direkten Anschluss an eine konzentrierte Arbeitsphase gespielt werden. Zur Einstimmung eignen sich Aufwärmspiele gut. Das Spiel ist auch bei einem Schüleraustausch gut einsetzbar. Die Begriffe müssten entsprechend übersetzt werden.

Beschreibung: Die Klasse wird in Kleingruppen zu je acht Schülern aufgeteilt. Bei einer Schülerbegegnung werden immer gemischtnationale Gruppen gebildet. Für multikulturell zusammengesetzte Klassen gilt das Gleiche.

Die Kleingruppen verteilen sich im Raum, sodass jede ausreichend Platz hat. Am besten sitzt jede Gruppe im Sitzkreis um eine freie Fläche. Jede Teilnehmerin der Kleingruppe zieht einen Begriff und überlegt sich, wie sie ihn pantomimisch darstellen kann. Falls jemand gar keine Einfälle hat, darf die Karte verdeckt zurückgelegt und eine neue gezogen werden. Dann spielt jede reihum ihren gezogenen Begriff vor. Dabei dürfen Materialien aus dem Raum und Gruppenmitglieder mit in das Spiel einbezogen werden, ohne jedoch den Spielbegriff zu verraten, der nach dem Vorspielen von der Gruppe erraten werden soll.

Die Darstellerin versucht im Anschluss ihre persönliche Verbindung zu diesem Begriff zu erklären. Nachfragen der Mitspielerinnen sind erwünscht.

Am Ende der Gruppenarbeit wird die Übung noch kurz im Klassenverband ausgewertet:

- Wurden die Spielbegriffe richtig erkannt? Welche waren besonders leicht bzw. schwierig zu raten?
- Wie persönlich wurden die Begriffe interpretiert?
- Was haben die Schüler dabei Neues voneinander erfahren?
- Interpretierten deutsche und ausländische Schülerinnen die Begriffe ähnlich oder eher unterschiedlich?

Glückstopf

☺ Freunde · friends · amis	☺ Langeweile · boredom · ennui	☺ Angst · fear · peur
☺ Freizeit · leisure time · loisir	☺ Lieblingsspiel · favorite game · jeu préferé	☺ Reise · journey · voyage
☺ Ausländerin · foreigner · étrangère	☺ Heimat · homeland · patrie/pays	☺ Konflikt · conflict · conflit
☺ Sprachbarriere · language barrier · barrière linguistique	☺ Vorurteil · prejudice · préjugé	☺ Lehrer · teacher · professeur
☺ Mitschüler · school friend · camarade de classe	☺ Schule · school · école	☺ Arbeit · work · travail

42. Reise um die Welt mit Geräuschen

Klassenstufe: 5–10
Ziele: Empathie fördern; erkennen, dass die eigene Wahrnehmung von Dingen immer vom eigenen kulturellen Hintergrund, der eigenen Sichtweise, den eigenen „Schubladen" geprägt ist
Arbeitsform: Partnerarbeit, Klassengespräch, meditative Übung
Material/Vorbereitung: Aus der CD „Welthören" (erhältlich beim Verlag 2001) sind verschiedene Geräusche und kurze Liedsequenzen verschiedener Länder zu einem Stück zusammengeschnitten (Dauer ca. 10–15 Minuten); Kassettenrekorder
Zeit: ca. 30–45 Minuten

Beschreibung:

1. Spielrunde: Die Schüler sitzen bequem mit geschlossenen Augen auf Stühlen oder liegen auf Decken am Boden und hören den Ton-Zusammenschnitt an (das erste Stück sollte etwas länger und ruhig sein, damit die Schüler sich erst einmal einstimmen können). Bei jedem Geräusch bzw. jeder Liedsequenz sollen sich die Schüler nun auf die Bilder konzentrieren, die beim Hören in ihrem Kopf entstehen.

2. Spielrunde: Zu zweit tauschen sich die Schüler nun darüber aus, was sie gehört haben, welche Bilder aufgetaucht sind und welche Länder sich dahinter wohl verbergen könnten. Die Ergebnisse werden notiert. Die einzelnen Geräusch-/Liedsequenzen können evtl. noch einmal abgespielt werden.

3. Spielrunde: Zwei Paare erzählen sich gegenseitig, welche Bilder bei den einzelnen Sequenzen im Kopf entstanden sind und welche Länder sie dahinter vermuten. Welche kulturellen Vorstellungen werden dabei deutlich?

4. Spielrunde: Letztes Anhören und Auflösung der Zuordnung der Geräuschsequenzen zu den Ländern im Klassengespräch

Auswertung:

- Wie war der Eindruck beim ersten Hören? Was wurde verstanden?
- Was beeinflusste die eigene Wahrnehmung? Welche Überlegungen spielten bei der Zuordnung zu einem bestimmten Land eine Rolle?
- War man sich ziemlich sicher oder wurde vielmehr geraten?
- Was bedeutet das für das Zusammenleben von Menschen aus unterschiedlichen Kulturen?

Spielidee nach: Seminar des Goethe-Instituts München „Interkulturelle Kompetenz", 1999

43. Sprechende Gesichter

Klassenstufe: 5./6. und 10. Klasse; 7.–9. Klasse, je nach Bereitschaft, sich auf das Schminken einzulassen
Ziele: sensibel machen für die besonderen Probleme von Zuwanderern; Ausdruck schulen; in das Thema einsteigen
Arbeitsform: Gruppenarbeit (je drei bis vier Schülerinnen), Auswertung im Klassenverband, kreative Übung
Material/Vorbereitung: mehrere Schminkkästen je nach Anzahl der Kleingruppen, Watte und andere Schminkutensilien, Hautcreme
Zeit: 45–90 Minuten, je nach Intensität der Auswertung

Beschreibung: Jede Arbeitsgruppe schminkt einem Freiwilligen das Gesicht zu einem bestimmten, vorgegebenen Begriff, wobei jede Gruppe einen anderen Begriff hat. Mögliche Schminkthemen könnten sein: Leben in zwei Kulturen, Integration, Zuwanderungsgesetz, Schulschwierigkeiten, Sprachbarrieren, Flucht, neu in der Klasse, Liebeskummer usw. Diese Themen müssen zur jeweiligen Klasse passen.

Bevor das Gesicht geschminkt wird, einigt sich die Gruppe gemeinsam über die Bedeutung des Begriffs und dessen Darstellungsmöglichkeit.

Jede Gruppe hat für die Schminkaufgabe etwa 20–30 Minuten Zeit. Die fertigen Gesichter werden der Klasse präsentiert, die Vermutungen über das jeweilige Schminkthema anstellen kann. Vielleicht wird der Begriff sogar erraten (hier bei unserem Beispiel: Leben in zwei Kulturen). Die Gruppen erläutern, was ihnen zu dem jeweiligen Begriff eingefallen ist und warum sie sich für diese Darstellung entschieden haben.

Auswertung:
* Welche Begriffe konnten erraten werden?
* Wie wurden die einzelnen Begriffe dargestellt und welche Bedeutung haben sie für die Schüler?
* Gibt es nach der Besprechung neue Ideen für die Umsetzung der Begriffe?

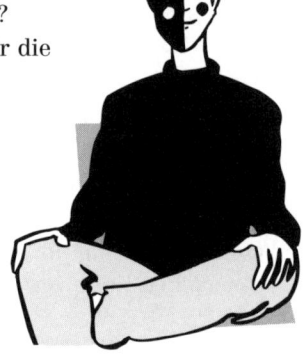

44. Assoziationenspiel

Klassenstufe: 8–10
Ziel: auf ein Thema einstimmen
Arbeitsform: Diskussion im Klassenverband
Material/Vorbereitung: keines
Zeit: 30–45 Minuten

Beschreibung: Alle Schülerinnen sitzen im Dreiviertelkreis, eine Spielerin sitzt an der offenen Stelle des Kreises auf einem Stuhl, rechts und links von ihr steht je ein weiterer freier Stuhl. Die Spielerin nennt einen Begriff zum vorgegebenen Thema: „Leben mit anderen Kulturen" (z. B. „Sprachprobleme" oder „Missverständnisse"). Zwei Freiwillige setzen sich nun auf die beiden freien Stühle und assoziieren je einen Begriff, der ihnen spontan zum zuerst genannten Wort einfällt. Die Spielerin in der Mitte entscheidet sich nun für einen der beiden genannten Begriffe und geht mit der Person, die diesen genannt hat, zurück in die Gruppe, in der beide unter Beteiligung der anderen über ihre jeweiligen Begriffe diskutieren.

Nach dieser Gesprächsrunde setzt sich die an der offenen Stelle des Kreises gebliebene Spielerin auf den mittleren Stuhl und nennt wieder einen Begriff zum vorgegebenen Thema, zu dem sich zwei Schülerinnen aus der Gruppe zuordnen und jeweils einen neuen Begriff assoziieren.

Es kommt bei diesem Spiel nicht darauf an, möglichst viele Begriffe zu nennen. Falls sich schon beim ersten Begriff eine intensive Diskussion ergibt, ist es möglich, dass nur noch eine zweite oder eine dritte Runde folgt. Das Spiel sollte dann beendet werden, wenn sich Begriffe oder Inhalte wiederholen.

45. Kulturstückchen

Klassenstufe: 5–10
Ziele: mehr voneinander erfahren; sich mit dem eigenen kulturellen Hintergrund auseinander setzen; sich eigener Vorlieben bewusst werden; sich in andere hineinversetzen
Arbeitsform: Kreisspiel im Klassenverband, Feedbackübung
Material/Vorbereitung: Die Schülerinnen sollen zur nächsten Stunde einen kleinen Gegenstand mitbringen, der etwas über ihre kulturelle Herkunft aussagt oder für ihr Leben eine besondere Bedeutung hat. Das kann eine Fahrkarte sein als Symbol für die jährlichen Familienreisen in die Heimat oder ein Bund Pfefferminze, die in keinem marokkanischen Haushalt fehlen darf, aber in Deutschland nicht überall zu bekommen ist. Außerdem braucht man eine große Decke.
Zeit: 45 Minuten

Beschreibung: Die Schüler sitzen möglichst in Kreisform. In der Mitte liegt eine Decke, unter die die Teilnehmerinnen ihre mitgebrachten Gegenstände legen, ohne dass die Mitschüler diese zunächst sehen. Wer seinen Gegenstand vergessen hat, zeichnet einen oder findet vielleicht etwas Aussagekräftiges in der Schultasche.

Sind alle bereit, wird die Decke gelüftet und jeder nimmt sich einen Gegenstand (nicht den eigenen!), von dem er zu wissen glaubt, wem er gehören könnte.

Einer beginnt und berichtet, warum er den Gegenstand genommen hat, wem er seiner Meinung nach gehört und was er wohl bedeutet. Erst danach dürfen auch die Mitschüler ihre Vermutungen darüber anstellen und schließlich kann der tatsächliche Besitzer des Gegenstandes das Ganze auflösen und seine Begründung mitteilen. Der Gegenstand wird an ihn zurückgegeben und er ist als Nächster an der Reihe.

Auswertung:
• War es schwer, den richtigen Besitzer eines Gegenstandes zu finden?
• Wurden die Gegenstände überwiegend der richtigen Person zugeordnet oder nicht? Waren dann auch gegebenenfalls die Vermutungen über das Warum zutreffend?
• Warum waren manche Gegenstände leicht zuzuordnen, andere aber ganz schwer?
• Haben dabei Einzelne Neues über andere Mitschüler erfahren? Falls ja, was?

46. Lebenskulturkuchen

Klassenstufe: 5–10
Ziele: sich mit dem eigenen Leben auseinander setzen und sich der eigenen Prioritäten bewusst werden; Vergleich der eigenen Lebensprioritäten mit denjenigen anderer Menschen; sich in die Lebenssituation fremder Kinder hineindenken
Arbeitsform: Einzel- und Gruppenarbeit, Auswertung im Klassengespräch
Material/Vorbereitung: Papier und Stifte
Zeit: 60–90 Minuten
Hinweis: Je nach Zielsetzung ist die multikulturelle Zusammensetzung der Klasse von Vorteil.

Beschreibung:

1. Spielphase:

Die Schülerinnen erhalten den Auftrag, einen „Verteilungskuchen" über ihr Leben anzufertigen. Auf ein Blatt Papier zeichnen sie dazu einen großen Kreis, der dann in verschieden starke Segmente eingeteilt wird, und zwar entsprechend der Zeit, die für die jeweiligen Aspekte des Lebens aufgewendet wird. Die Segmente werden entsprechend beschriftet. Das Tafelbild eines beispielhaften Verteilungskuchens dient zur Veranschaulichung.

Die Segmente können z. B. ausdrücken: Wie viel Zeit verbringe ich mit Freunden? Welchen Stellenwert hat meine Familie für mich? Wie viel verwende ich für Hobbys, Sport, die Schule usw.?

Hat jeder seinen eigenen „Lebenskultur-Verteilungskuchen" angefertigt, werden alle zu einer Galerie im Klassenzimmer aufgehängt, kurz erklärt und verglichen.

2. Spielphase:

Es werden Kleingruppen mit vier bis sechs Schülern gebildet. Die Aufgabe der Gruppe besteht nun darin, sich in die Lebenssituation eines fremden Kindes hineinzudenken: „Wie sieht wohl ein Lebenskulturkuchen eines gleichaltrigen Kindes bzw. Jugendlichen in einem Asylbewerberwohnheim, im Irak oder in einem Dorf in Afrika aus? Dabei kann jede Gruppe ein unterschiedliches Thema bearbeiten. Liegt der Fokus des später folgenden Auswertungsgespräches allerdings beim Vergleich, ist es sinnvoll, dass alle Gruppen sich in die Lebenssituation desselben Kindes bzw. Jugendlichen hineinversetzen.

Abschließend wird die Klassenzimmergalerie auch um diese Verteilungskuchen ergänzt und die Ergebnisse im Klassenverband besprochen.

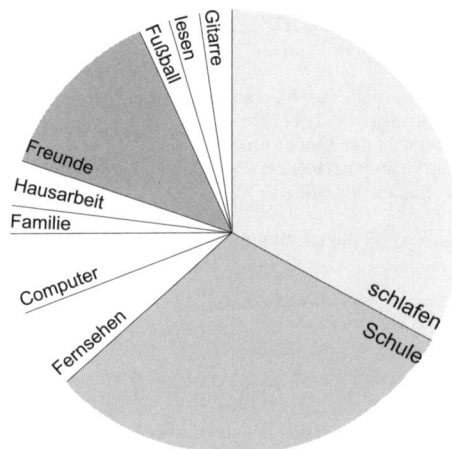

Auswertung:

1. Spielphase:

- Ähneln sich die Verteilungskuchen der Schüler in ihrer Gewichtung?
- Sind unterschiedliche „Kulturkuchen" bei ausländischen und deutschen Schülern entstanden?
- War jeder mit seiner Kulturkuchenverteilung zufrieden?
- Was würden die Einzelnen gerne verändern wollen (Wunschverteilung)?
- Bei ausländischen Schülern stellt sich die Frage: Wäre der Kulturkuchen anders ausgefallen, wenn sie noch in ihrer Heimat lebten?

2. Spielphase:

- Fällt es den Schülern schwer, sich in die Lebenssituation fremder Kinder hineinzuversetzen?
- Falls alle Gruppen das gleiche Thema hatten: Fallen die Gruppenergebnisse ähnlich oder doch sehr verschieden aus? Warum?
- Wie sieht wohl der Wunschverteilungskuchen des Kindes aus, dessen Verteilungskuchen die Schüler gemalt haben?

47. Personen erfinden

Klassenstufe: 9 + 10
Ziele: Empathie üben; sich in Menschen anderer nationaler Herkunft hineinversetzen; sich eigener Klischees bewusst werden
Arbeitsform: Gruppenarbeit und Klassengespräch, Rollenspiel
Material/Vorbereitung: eine größere Zahl Fotos, die Personen aus den Herkunftsländern der Schülerinnen zeigen, evtl. Verkleidungsmaterialien, Personenbogen (siehe Kopiervorlage), evtl. Videokamera. Je nach der zur Verfügung stehenden Zeit und den äußeren Möglichkeiten produziert oder wählt die Gruppe Personenbilder aus:

- Bei genügend Zeit fotografiert jede Kleingruppe für jeweils eine andere Gruppe verschiedene Menschen aus Herkunftsländern der Schüler nach unten stehenden Kriterien und lässt davon entsprechend große Abzüge herstellen. Oder:
- Die Fotos werden aus Zeitungen, Illustrierten, Werbeprospekten usw. ausgewählt. Oder:
- Die Lehrerin stellt den Gruppen Fotos zur Verfügung.

Bei der Auswahl der Bilder ist darauf zu achten, dass sie:

- mindestens Postkartenformat haben (damit sie auf größere Entfernung noch erkennbar sind)
- keine bekannten Personen (Filmstars, Politiker, Sportlerinnen, Mitschüler) darstellen
- keine reinen Porträt- oder Gesichtsaufnahmen sind, sondern die Person in einer Umgebung (z. B. Büro) oder bei einer Tätigkeit (z. B. Schreiben) zeigen.

Zeit: 4–5 Stunden (Projekttag)

Beschreibung: Zunächst wird die Klasse in Kleingruppen zu vier bis fünf Schülern aufgeteilt. Entsprechend ihrer Teilnehmerzahl sucht sich die Gruppe Fotos aus und schreibt zu jedem Foto *gemeinsam* eine fiktive *Kurzbiografie*, die die Persönlichkeit der abgebildeten Person charakterisiert. Als Anregung und Hilfestellung dazu dient die Kopiervorlage, die jeder Schüler erhält.

Die entworfenen Kurzbiografien dienen dann als Rollenvorgaben für ein *Rollenspiel*. Die Gruppe einigt sich zunächst darauf, wer welche Rolle spielt. Dann gibt die Lehrerin jeder Gruppe eine *Situation* vor, in der die darzustellenden Personen sich befinden und in der sie miteinander handeln sollen (z. B. Zwischenfall im Supermarkt, Streit im Jugendhaus, Verkehrsstau wegen einer Demonstration, Zwistigkeiten in einem türkischen Geschäft/Basar, U-Bahn-Zug steckt im Tunnel fest, im Warteraum eines Flughafens bei zehnstündiger Verspätung des Flugzeugs …).

Nach kurzer Vorbereitungszeit spielen die Gruppen nacheinander ihr Rollenspiel der Klasse vor. Verkleidungen können das Spiel intensivieren. Währenddessen sind alle Nicht-Darstellerinnen zuschauende Beobachterinnen. Jedes Spiel sollte nicht länger als 10–15 Minuten dauern.

Die Beobachter haben den Auftrag, während des Rollenspiels aufzuschreiben, was sie an Hinweisen, Daten, Eindrücken usw. von den Rollen

der Spielerinnen und der Art der Darstellung erhalten. Spielt die Gruppe
die selbst entwickelten Rollen, können die Zuschauer raten, wer welches
Foto spielt; sind die Rollen ausgetauscht worden, ist es vor allem für die
Erfinder-Gruppe interessant, was die andere Gruppe aus ihren Rollenvorgaben macht (siehe Variante 3).

Die Kleingruppen können je nach Zielrichtung des Spiels zusammengestellt
werden. Es sind zwei Konstellationen denkbar:
1) Aufteilung der Gruppen nur mit deutschen bzw. ausländischen Schülern,
   wenn es darum geht, mögliche nationale bzw. kulturelle Unterschiede
   herauszuarbeiten.
2) Nationalitätengemischte Gruppen, wenn es vorrangig darum geht, dass
   Deutsche und Zuwanderinnen miteinander spielen und es allgemein um
   die Einfühlung in andere Menschen mit fremdem kulturellen Hintergrund
   geht.

Zu 1) gibt es verschiedene Varianten, die am Beispiel der Gruppe mit nur
deutschen Teilnehmern beschrieben werden. Analoges gilt selbstverständlich ebenso für die Gruppe mit Teilnehmerinnen anderer nationaler Herkunft.

Variante 1: Die aus deutschen Teilnehmern bestehende Kleingruppe arbeitet mit Fotos von deutschen Personen, erstellt dazu jeweils Biografien und
präsentiert die Personen in einem Rollenspiel. Diese Aufgabe ist leichter als
die, einen Menschen mit fremdem kulturellem Hintergrund zu spielen. Hier
steht die Auseinandersetzung mit der eigenen Kultur und Identität im Vordergrund.

Variante 2: Die deutsche Gruppe arbeitet mit Fotos beispielsweise von Menschen aus der Türkei, aus Russland, aus dem Irak (je nachdem, aus welchem Kulturkreis die Schüler der anderen Gruppe stammen) und erfindet
dazu Biografien. Diese werden dann ebenfalls vorgeführt. Hierbei ist das
Hineinversetzen in eine andere Kultur am wichtigsten.

Variante 3: Wie Variante 2 mit der Ausweitung, dass anschließend ein
Rollentausch stattfindet, d. h., die Gruppe der ausländische Schüler spielt
die Biografien, die die deutsche Gruppe ausgearbeitet hat, und gibt dann
der deutschen Gruppe die Rückmeldung, ob sie die Biografien realistisch

findet und welche Klischees sich evtl. darin wiederfinden. Günstig ist es, wenn die Rollenspiele auf Video aufgezeichnet werden, dann ist ein späterer Vergleich leichter möglich.

Variante 4: Die deutsche und die Gruppe der ausländischen Schüler erhalten die gleichen Bilder, d. h. entweder deutscher oder ausländischer Menschen, und schreiben beide dazu Biografien. Diese werden dann gespielt. Interessant ist hier der Vergleich: Wie unterschiedlich oder gleich sehen die Gruppen einzelne Personen? Welche kulturellen Unterschiede drücken sich darin aus?

Variante 5: Wenn die selbstständige Arbeit in Untergruppen möglich ist, dann ist diese Variante denkbar. Bei einer Gruppengröße von max. 12 Schülern stellt jede Kleingruppe (4 Personen) vor den Rollenspielen ihre Biografien den anderen vor. Die dazugehörigen Fotos sind für alle sichtbar ausgelegt. Die zuhörenden Gruppen müssen raten, welche Biografie zu welchem Foto passt.

Auswertung: In die Auswertung im Plenum sollte auch die Kleingruppenarbeit einfließen. Eine intensive Bearbeitung und Auswertung von zu Tage getretenen Klischees sollte in gemischtnationalen Kleingruppen bzw. an einem oder zwei ausgewählten Beispielen im Plenum erfolgen. Folgende Fragen sollten behandelt werden:
* Auf welche Weise wurde von der Physiognomie bzw. von der äußeren Erscheinung eines Menschen auf dessen Persönlichkeit, sozialen Hintergrund und kulturelle Herkunft geschlossen?
* Welche Klischees wurden besonders häufig genannt?
* Wie entstehen solche Klischees und warum können sie sich oft so hartnäckig halten?
* Welchen Lerneffekt hatte die Übung für jeden einzelnen Schüler?

Spielidee nach: Ulrich Baer, in: Hajo Bücken (Hg.), Bilder und was man damit machen kann, Offenbach 1985

„Personen erfinden":

Typ A:	Typ B:
Vorname, Name:	Vorname, Name:
Alter:	Alter:
Schulbildung, Ausbildung:	Beruf:
Beruf:	Familienstand:
Familienstand:	Verhältnis zu den Eltern: oder der Familie:
Weltanschauung:	
Religion:	Was bedeutet für die Person Religion?
Politische Einstellung:	Möchte die Person Kinder oder nicht?
Lebensperspektive:	Was bedeutet für die Person Weihnachten oder Şeker Bayrami?
Hoffnungen, Wünsche für die Zukunft:	Wie verhält sich die Person beim Finden einer Geldbörse mit 80,- € ?
Drei treffende Eigenschaften:	Wie verhält sich die Person, wenn in der U-Bahn ein Schwarzer beschimpft wird?
	Wie verhält sich die Person, wenn sie auf der Straße an zwei sich prügelnden Jungen vorbeikommt?
	Das nächste wichtige Ziel/Ereignis im Leben der Person?
	Wie verhält sie sich gegenüber einer behinderten Bekannten/Kollegin oder einem Kollegen?
	Würde die Person gerne eine Führungsrolle übernehmen?
	Ist sie autoritär?

48. Begegnungsempfindungen

Klassenstufe: 8–10
Ziele: sich eigener Werte und Normen bewusst werden, diese hinterfragen; Empathie entwickeln; erkennen, dass die eigene Wahrnehmung von Dingen immer vom eigenen Hintergrund, der eigenen Sichtweise und den eigenen „Schubladen" geprägt ist; Auseinandersetzung mit schwierigen Situationen schulen
Arbeitsform: Einzel-, Partner- und Gruppenarbeit, Diskussion
Material/Vorbereitung: Karteikarten, Stifte; Kopiervorlage mit den Satzanfängen „Begegnungsempfindungen"
Zeit: ca. 45 Minuten

Beschreibung:

1. Spielphase: Jede Schülerin schreibt ein wichtiges persönliches Erlebnis, das sie in der Begegnung mit Menschen einer anderen Kultur erlebt hat, und ihre damaligen Empfindungen auf. Es sollte wirklich ein nachhaltiges Erlebnis gewesen sein!

Dabei wird immer beginnend mit einem der Satzanfänge der Kopiervorlage geschrieben, z. B.: *„Ich war verletzt, als ich feststellte, dass ... in Indien meine Tränen nicht erlaubt waren."*

Diese Satzanfänge sollten für alle Spielerinnen gut sichtbar als Plakat im Raum hängen oder mit dem Overhead-Projektor gezeigt oder als Kopie verteilt werden – aber nur die Satzanfänge 1! Es soll nur ein Erlebnis in dieser Form als Satz aufgeschrieben werden!

Jetzt tauscht man sich in Paargruppen über das Geschriebene aus:
• Was war der Hintergrund des Erlebnisses?
• Hat man sich zugestanden, auch negative Erlebnisse zu formulieren? Wie ging die Sache weiter?

2. Spielphase: Die Schülerinnen überprüfen zunächst wieder jede für sich allein, ob etwas Negatives auch so hinterfragt werden kann, dass man es positiv versteht. Dies wird nun positiv umformuliert, und zwar beginnend mit einem der Satzanfänge 2 von der nächsten Seite (Achtung: Die Satzanfänge 2 erst jetzt verteilen!!), z. B.: *„Aber Tatsache ist, dass ... ich mit meinen Tränen auch bei meinen Freunden dort negative Gefühle ausgelöst habe."*

Jetzt finden sich zwei Paare zusammen und kommentieren die Ergebnisse.
• Wie verändert sich die Bedeutung der Aussage?
• Kann ich mit dieser veränderten Aussage leben?

Spielidee nach: Seminar des Goethe-Instituts in München, 1999

„Begegnungsempfindungen", Satzanfänge 1

- „Ich war überrascht, dass …"
- „Ich war irritiert, dass …"
- „Ich war wütend, als …"
- „Ich war verwirrt, dass …"
- „Ich war frustriert, als …"
- „Ich konnte nicht glauben, dass … "
- „Ich war verletzt, als … "
- „Ich hatte Angst, weil …"
- „Ich habe nicht verstanden, dass …"
- „Ich habe mich gefragt, ob …"

„Begegnungsempfindungen", Satzanfänge 2

- „Aber Tatsache ist, dass …"
- „Wenn man bedenkt, dass …"
- „Trotz allem …"
- „Freilich …"
- „Man darf nicht vergessen, dass …"
- „Um fair zu bleiben, …"
- „Um ehrlich zu sein, …"
- „Das Gute daran war, …"
- „Wenn ich noch mal darüber nachdenke, …"
- „Ich verstehe aber, dass …"

© Cornelsen Verlag Scriptor, Berlin • Rademacher/Wilhelm, Interkulturelle Spiele

V. Spiele gegen Vorurteile und kulturelle Missverständnisse

49. Hund und Katze

Klassenstufe: 5–10
Ziele: erkennen, dass die Verständigung mit anderen durch die eigene „kulturelle Brille"
geprägt ist und dass dies auch zu Missverständnissen führen kann
Arbeitsform: Klassengespräch
Material/Vorbereitung: eventuell Darstellungen von Hund (schwanzwedelnd) und Katze
(um die Beine streichend) auf einer Overheadfolie
Zeit: 30 Minuten
Hinweis: gut geeignet als Einstieg in das Thema „Kulturelle Missverständnisse"; die unten
genannten Fragestellungen müssen auf die jeweilige Klassenstufe angepasst werden

Beschreibung: Zur Einstimmung fragt die Lehrerin die Klasse, wie sich eine Katze und ein Hund verhalten, wenn sie jemanden freudig begrüßen. Sie zeigt entsprechende Abbildungen mit dem Overheadprojektor.
Dann beginnt die Lehrerin mit folgender Geschichte:

Ein Hund trifft eine Katze und sieht, dass sie mit dem Schwanz wedelt. Freudig erwidert er den vermeintlichen Gruß …

Fragen an die Klasse:
* Wie versteht der Hund das Schwanzwedeln der Katze und was meint die Katze damit?
* Was passiert jetzt wohl? Wie wird die Katze jetzt reagieren, wie der Hund?

Fortsetzung der Geschichte:
Freudig erwidert der Hund den vermeintlichen Gruß, nicht wissend, dass die Katze dieses Signal als Warnung versteht: „Stopp, nicht weiter, sonst zeig' ich dir die Krallen!"

Das Ende der Geschichte kennt jeder: Die Katze kratzt, der Hund beißt und die alte Feindschaft nimmt ihren Lauf.

Auswertung:

- Warum kommt es in der Geschichte zum Streit zwischen Hund und Katze?
- Warum missverstehen sich die beiden?
- Kennst du selbst Situationen, in denen du dein Gegenüber völlig missverstanden hast?
- Warum missverstehen sich Menschen, auch wenn sie die gleiche Sprache sprechen?

Spielidee nach: Geschichte von Sylvia Schroll-Machl und Ivan Novy, „Perfekt geplant oder genial improvisiert?", in: Kulturunterschiede in der deutsch-tschechischen Zusammenarbeit 2003, Hamp, Mering

50. Der Hamburger ist verbrannt

Klassenstufe: 7–10
Ziele: erkennen, dass alltägliche Reaktionsformen kulturell bedingt sind und oft zu Missverständnissen führen; direkte und indirekte Verhaltensgewohnheiten wahrnehmen
Arbeitsform: Klassengespräch
Material/Vorbereitung: keines
Zeit: 15–30 Minuten

Beschreibung: Die Lehrerin liest folgende kurze Geschichte vor:
Drei Freunde, ein Amerikaner, ein Japaner und ein Deutscher, gehen in ein Fastfood-Restaurant und bestellen jeweils einen Hamburger. Die Hamburger sind allesamt verbrannt. Als die Bedienung fragt, wie es geschmeckt hätte, antworten sie unterschiedlich:
1. Person: Der Hamburger war verbrannt.
2. Person: Das Lokal ist sehr schön und der Salat war sehr gut.
3. Person: Das Lokal ist sehr schön, der Salat war sehr gut, aber der Hamburger war verbrannt.

Auswertung:
- Wer hat welche Antwort gegeben? Warum?
- Wie versteht die Bedienung die Antworten, wenn sie Japanerin, Amerikanerin oder Deutsche ist?
- Welche Antwort zeigt eurer Meinung nach eher direktes, welcher indirektes Verhalten? Satz 1 ist ein Beispiel für „direkte" Kultur, Satz 2 für „indirekte" Kultur („das Gesicht nicht verlieren") und Satz 3 steht für sehr höfliche, aber trotzdem „direkte" Kultur (deutsch? – japanisch? – amerikanisch?).
- In welchen Kulturen gehen die Menschen eurer Meinung nach üblicherweise eher indirekt, in welcher eher direkt miteinander um?
- Wie schätzt ihr euer eigenes Verhalten ein: Wer hält sich für jemanden, der eher direkt reagiert, wer meint, er reagiere eher indirekt?
- Frage an die Schülerinnen, die sich eher mit „direktem" Verhalten identifizieren: Wie fühlen sich Menschen, die selbst eher „indirekt" sind, bei direkter Kritik?
- Und umgekehrt: Wie fühlen sich Menschen, die es lieber „direkt" haben, bei „indirekten" Aussagen bzw. bei indirekter Kritik?
- Gibt es Situationen, in denen eher „direktes", oder solche, in denen eher „indirektes" Verhalten angebracht ist? Welche?

Spielidee nach: www.xenos-nuernberg.de (Marina Khanide)

51. Interkulturelle Arithmetik

Klassenstufe: 5–10
Ziele: Fremdheitserfahrungen machen; eigene Reaktionen erleben, wenn bisher bekannte Regeln nicht mehr greifen; interkulturelle Codierung deutlich machen
Arbeitsform: Einzelarbeit und Klassengespräch, Rechenspiel
Material/Vorbereitung: Arbeitsbogen „Interkulturelle Arithmetik" für jede Schülerin kopieren
Zeit: 10–15 Minuten für die Einzelarbeit, 15–20 Minuten Klassengespräch
Hinweis: Eine gewisse Abstraktionsfähigkeit ist erforderlich; die unten genannten Fragestellungen müssen auf die jeweilige Klassenstufe angepasst werden.

Beschreibung: Jede Schülerin bekommt einen Arbeitsbogen und soll versuchen, so schnell wie möglich die Aufgaben zu lösen, bei denen die Bedeutung der mathematischen Zeichen verändert wurde. Danach werden die Lösungen verglichen und die Arbeit ausgewertet.

Auswertung:

- Wer hat die Aufgabe sofort zu lösen versucht, ohne die Anweisung vorher zu lesen (die ja erst die veränderte Bedeutung der mathematischen Zeichen erklärt)? Warum?
- War es schwierig, beim Rechnen die veränderten mathematischen Symbole zu nutzen? Welche Gefühle löste das aus?
- Was bedeuten diese Erfahrungen übertragen auf andere Fremdheitserfahrungen?
- Was hat das wiederum mit interkulturellem Lernen und den in anderen Ländern vorherrschenden Regeln und Codierungen zu tun?

Spielidee nach: www.xenos-nuernberg.de (George Simon, Global Competences: 50 training activities for succeeding in international business 2000 (HRD Press), Myers and Lambert eds.)

„Interkulturelle Arithmetik"

Die Rechenaufgaben auf dieser Seite sehen auf den ersten Blick sehr einfach aus. Du solltest sie daher ohne Probleme lösen können. Du befindest dich jedoch im Ausland und die Symbole für Multiplikation, Addition, Subtraktion und Division folgen einer anderen Logik:

-   ist das Zeichen für **Multiplikation**
- :   ist das Zeichen für **Addition**
- +   ist das Zeichen für **Division**
- x   ist das Zeichen für **Subtraktion**

Anleitung:

- Löse die unten stehenden Aufgaben und berücksichtige den Hinweis oben.
- Überschreibe keines der Zeichen auf dem Papier.
- Notiere die Ergebnisse.
- Gib ein Handzeichen, damit ich weiß, dass du fertig bist.
- Beeile dich! Du arbeitest auf Zeit.

Aufgaben:

8 − 2 = _____	8 + 4 = _____	12 − 2 = _____
12 + 4 = _____	12 x 2 = _____	6 − 6 = _____
4 x 3 = _____	20 + 10 = _____	8 − 5 = _____
6 : 2 = _____	9 + 1 = _____	6 : 6 = _____
9 + 3 = _____	5 − 6 = _____	17 x 2 = _____
7 x 4 = _____	2 x 1 = _____	14 − 7 = _____
4 − 2 = _____	10 + 5 = _____	8 x 2 = _____

52. Kulturelle Missverständnisse

Klassenstufe: 8–10
Ziele: eigene Wahrnehmungen sowie eigene Werte und Normen hinterfragen; Empathie entwickeln; erkennen, dass Mitmenschen Dinge anders wahrnehmen als man selbst; Fremdheitserfahrungen artikulieren; eigene Reaktionen reflektieren, wenn bisher bekannte Regeln nicht mehr greifen; interkulturelle Codierung deutlich machen
Arbeitsform: Einzelarbeit, Gruppenarbeit, Klassengespräch
Material/Vorbereitung: keines
Zeit: 20–30 Minuten; wenn alle Situationen in der Klasse vorgestellt werden, auch länger

Beschreibung: Die Schüler tun sich zu Kleingruppen mit vier Personen zusammen, dabei eventuell kulturell mischen. Jede Schülerin überlegt sich kurz (etwa fünf Minuten) ein „kulturelles Missverständnis", das sie einmal in einer Begegnung mit einem Menschen mit anderem kulturellen Hintergrund erlebt hat, also eine Situation, in der sie sich aufgrund unterschiedlicher „kultureller Regeln" missverstanden fühlte. Das können Gesten sein, die in unterschiedlichen Ländern unterschiedlich interpretiert werden, aber auch Gespräche, lustige Episoden ebenso wie ernste Vorkommnisse.

Dann erzählt sie ihrer Gruppe davon, vor allem auch über ihre Gefühle in der Situation.

Die interessanteste Episode einer Kleingruppe wird dann im Anschluss der Klasse vorgestellt bzw. vorgespielt.

Auswertung:

- War dir sofort in der Situation bewusst, dass hier ein Missverständnis aufgrund eines anderen kulturellen „Regelwerks" stattfand bzw. stattfindet?
- Wie hast du in der Situation reagiert?
- Welche Gefühle hattest du dabei?
- Wie hat der andere in der Situation dabei reagiert? Hat er deine Verunsicherung gemerkt?
- Hat sich dein Verhalten aufgrund dieses Erlebnisses in ähnlichen Situationen verändert? Wie würdest du heute reagieren?
- Wie weit geht deine Akzeptanz bzw. Toleranz, wenn du dir fremdes Verhalten erlebst? Was kannst du akzeptieren, was willst du auf keinen Fall akzeptieren, auch wenn das vielleicht in einer anderen Kultur adäquatem Verhalten entspricht?

Spielidee nach: www.xenos-nuernberg.de

54. Wir Deutschen, wir Fremden

Klassenstufe: 5–10
Ziele: sich über den Umgang mit anderen Kulturen Gedanken machen; Einschätzungen sammeln, die die eigene Kultur beschreiben und diese hinterfragen; sich eigener Vorurteile bewusst werden
Arbeitsform: Gruppenarbeit und Auswertung im Klassenverband
Material/Vorbereitung: pro Gruppe zwei Folien für den Overheadprojektor, auf denen jeweils senkrecht das Alphabet aufgelistet ist
Zeit: 45 Minuten
Hinweis: nur in Klassen einsetzbar, die multikulturell zusammengesetzt sind

Beschreibung: Die Schüler werden in mehrere Kleingruppen nach kultureller Zugehörigkeit aufgeteilt. Dabei können auch „Bündelungen" (z. B. asiatischer Raum; arabischer Kulturkreis) vorgenommen werden. Jede Kleingruppe bekommt eine Folie. Die Aufgabe besteht nun darin, möglichst zu jedem Buchstaben Eigenschaften aufzuschreiben, die der eigenen kulturellen Gruppe zugeordnet werden (z. B. P = pünktlich, für Deutsche). Nach ca. 15–20 Minuten bekommt jede Kleingruppe eine zweite Folie und nennt hier nun die Eigenschaften, die sie einer anderen kulturellen Gruppe zuschreibt. Sind mehr als zwei Kulturen in der Klasse vertreten, vorher festlegen, wer für welche Gruppe Eigenschaften aufschreibt.

Anschließend werden alle Folien bei einem Klassengespräch verglichen und analysiert.

Auswertung:

• Welche kulturspezifischen Verhaltensweisen bzw. Eigenschaften wurden bei der Übung der eigenen bzw. der fremden Gruppe zugeschrieben? Stimmten sie bei den unterschiedlichen Gruppen mehr oder weniger überein?

• Wie groß war die Diskrepanz zwischen der eigenen Beschreibung und der der anderen?

• Sind diese Aussagen alle „richtig"?

• Was hat diese Übung mit „Vorurteilen" zu tun?

Spielidee nach: www.xenos-nuernberg.de

55. Was der Körper sagt

Klassenstufe: 8–10
Ziele: für die Deutung von Körpersprache sensibilisieren; erkennen, dass Körpersprache in unterschiedlichen Kulturen eine völlig verschiedene Bedeutung haben kann.
Arbeitsform: Partnerarbeit, Übung in der Klasse und Klassengespräch
Material/Vorbereitung: fünf DIN-A3-Blätter, auf denen jeweils eine Bezeichnung für eine innere Haltung steht
Zeit: 45–60 Minuten

Beschreibung:

1. Spielphase: Die Schüler sitzen einander zu Paaren gegenüber. Die Partnerin A wählt frei eine bestimmte innere Haltung aus, die sie in Gestik und Mimik ausdrücken möchte. Das kann sein: Zustimmung, Unentschlossenheit, Freude, Tatkraft, Abwehr, Skepsis, Angst usw.

Partnerin B soll nun erraten, was die Mitschülerin ausdrücken wollte. Sie tut dies, indem sie eine innere Haltung vermutet und dazu passend selbst einen Satz sagt, ihn sozusagen A in den Mund legt.

Wenn sie z. B. vermutet, Partnerin A will Zustimmung ausdrücken, sagt sie: *„Ich freue mich, dass du dich meiner Meinung anschließt!"* Wenn die vermutete Haltung Tatkraft ist, könnte sie diesen Satz sagen: *„Jetzt räume ich mit all meinen alten Konflikten auf."* Bei Skepsis könnte er lauten: *„Ob meine Partnerin diese Übung bis zum Schluss mitmacht?"*

A verrät, ob dieser Satz die richtige innere Haltung trifft, falls nicht, sagt sie selbst einen zu ihrer Haltung passenden Satz. Dann führt B vor, wie sie diesen Satz körperlich ausdrücken würde. A und B vergleichen die Unterschiede in ihrer Körperhaltung und diskutieren die Unterschiede im Ausdruck. Auf diese Weise spielen sie abwechselnd fünf Beispiele durch.

Mit dieser Übung können auch interkulturelle Aspekte gezielt bearbeitet werden. Dann ist es sinnvoll, Körperhaltungen zu finden, die in verschiedenen Kulturen unterschiedlich interpretiert werden. In der Türkei wird die Verneinung z. B. nicht durch Kopfschütteln wie im Deutschen, sondern durch ein Nicken mit einem kleinen Schnalzen der Zunge ausgedrückt. Insofern sollten Schüler aus unterschiedlichen Kulturen ein Paar bilden.

2. Spielphase: Vor einer Wand werden fünf Stühle aufgestellt. Auf jedem Stuhl liegt ein Blatt mit der Bezeichnung für eine innere Haltung. Fünf Freiwillige setzen sich auf diese Stühle und drücken jeweils mit ihrer Körperhaltung die entsprechende Haltung aus. Die übrigen Teilnehmerinnen schauen genau zu.

Dann werden die Blätter über den Stühlen an die Wand gepinnt, aber in falscher Zuordnung, die Haltung der Sitzenden passt nicht mehr zu dem Begriff, der an der Wand über ihnen steht. Die Sitzenden müssen nun einerseits ihre bisherige Körperhaltung beibehalten, aber andererseits etwas sagen, das zu der Haltung passt, die über ihnen auf dem Blatt steht. Es wird also vielleicht jemand, der unter einem Schild „Langeweile" sitzt, mit seiner Körperhaltung „Angst" ausdrücken müssen, während er fortwährend sagt: „Ich bin ja sooo gelangweilt."

Es folgt ein Gespräch darüber, wie stark die Körperhaltung einer verbalen Aussage widersprechen kann bzw. umgekehrt.

Auswertung:
- Welches Gefühl hat man, wenn die eigene Körperhaltung und die Aussage nicht zueinander passen?
- Welches Gefühl löst dies bei den Zuschauern aus?
- Welche Bedeutungen haben Körperhaltungen, Gestik, Mimik in verschiedenen Kulturen? Wie drückst du z. B. Trauer, Freude, Überraschung üblicherweise gestisch und mimisch aus?
- Kann man sich besser über Körpersprache oder mit Worten ausdrücken?
- Welche Rolle spielt bei Streit und Versöhnung eine stimmige oder unstimmige Körperhaltung?

Spielidee nach: K. Faller u. a., Konflikte selber lösen, S. 78

56. Die Deutschen sind komisch

Klassenstufe: 5–10 (je nach Auswahl des Textes)
Ziele: erkennen, dass die Wahrnehmung immer von der eigenen Sichtweise, dem eigenen Wissen bzw. den eigenen Schubladen geprägt ist; erkennen, wie Missverständnisse entstehen können; Empathie entwickeln
Arbeitsform: Gruppenarbeit und Klassengespräch, Textanalyse
Material/Vorbereitung: passende Texte aussuchen und für die Arbeitsgruppen kopieren, z. B.: Joao Ubaldo Ribeiro, „Ein Brasilianer in Berlin", Suhrkamp 1994; Erich Scheurmann, „Der Papalagi. Ein Südseehäuptling erlebt unsere Zivilisation", Klett 2003; Herbert Rosendorfer, „Briefe in die chinesische Vergangenheit", dtv 2000, oder Karikaturen bzw. Comicfiguren mit Aussagen über Deutsche
Zeit: 60–90 Minuten

Beschreibung: Der Lehrer wählt einen passenden Text oder eine passende Karikatur aus, entweder für alle das Gleiche oder für jede Arbeitsgruppe etwas anderes. In Vierergruppen wird der Text reflektiert und die Gedanken darüber ausgetauscht. Dabei können folgende Arbeitsaufträge erteilt werden:

- Was empfindet ihr in der Geschichte als besonders „komisch"? Warum?
- Stellt die verschiedenen Typen aus der Geschichte dar (mittels Rollenspiel oder Pantomime).
- Erarbeitet Strategien für Menschen, denen die deutsche Kultur fremd ist und die sich hier orientieren müssen, z. B. einen „Kulturknigge" für Neuankömmlinge in Deutschland (z. B. „Bloß nicht unpünktlich kommen!").
- Vergleicht euren Kulturknigge mit dem von ausländischen Mitschülerinnen. Welche Unterschiede gibt es? Die Ergebnisse werden anschließend der Klasse vorgestellt und ausgewertet.

Auswertung:

- Warum wirken die in den Texten formulierten Interpretationen über Deutschland auf uns so komisch?
- Wie kommt es zu solchen für uns ungewohnten, vielleicht auch unverständlichen Interpretationen?
- Was bedeutet das für uns, wenn wir selbst Unbekanntes einschätzen?

57. Stereotypen

Klassenstufe: 9–10
Ziele: den Einfluss von Stereotypen auf den eigenen Meinungsbildungsprozess deutlich machen; verstehen, dass Stereotypen äußerst negativ sind, aber gleichzeitig bei jedem Menschen zum Leben mit dazugehören
Arbeitsform: Einzelarbeit, Gruppenarbeit und Klassengespräch
Material/Vorbereitung: Papier und Bleistift
Zeit: 45–60 Minuten

Beschreibung: Jede Schülerin unterteilt ein Blatt Papier in vier Felder (eventuell ein Tafelbild zur Veranschaulichung erstellen):

Feld A: Stereotypen (typische Verhaltensweisen oder klischeehafte Bilder) über die Deutschen
Feld B: Stereotypen über Minderheiten oder Migranten, die in Deutschland leben
Feld C: eine Situation, in der sich die Schülerin in der Minderheit fühlte und andere sie dies auch spüren ließen
Feld D: eine Situation, in der sie sich gegenüber Minderheiten als Vertreter der Mehrheit fühlte

Jede Schülerin sollte genügend Zeit haben, um das Blatt in Ruhe auszufüllen.

Nach der Einzelarbeit werden Kleingruppen von drei bis vier Personen gebildet. Jede bringt dort das ein, was sie auf ihrem Blatt notiert hat, und tauscht sich mit den anderen über die Ergebnisse aus. Die Gruppe kann gemeinsam weitere Beispiele finden, in denen sich die Schüler in der Mehrheits- oder Minderheitsrolle gefühlt haben.

Im anschließenden Klassengespräch werden folgende Fragen diskutiert:
• Wie entstehen Stereotypen?
• Welche Funktion haben sie?
• Welche Folgen können daraus entstehen?
• Wie fühlt man sich als Minderheit oder Mehrheit?
• Wie ist der Einfluss von Stereotypen für die Sicht der Mehrheit auf die Minderheit und umgekehrt?

Anmerkung: Die Lehrerin sollte darauf achten, dass die Diskussion nicht wertend wird. Es ist normal, dass jeder Stereotypen im Kopf hat. Sie haben eine Funktion, nämlich eine komplexe Wirklichkeit zu reduzieren und dabei auch nationale Eigenheiten zu beschreiben. Wichtig ist, ein Bewusstsein darüber zu erlangen und Stereotypen in Frage stellen zu können. Durch ihre Relativierung wird die eigene Sichtweise erweitert und der Umgang mit Minderheiten und Mehrheiten konstruktiv gestaltet. Dies dient dazu, die negativen Folgen von Stereotypen, nämlich einseitige und damit oft extrem geschlossene und verzerrte Bilder, die zu Vorurteilen führen, zu verhindern.

Spielidee nach: K. Faller u. a., Konflikte selber lösen, S. 74

58. Hast du Vorurteile?

Klassenstufe: 9–10
Ziel: Vorurteile bearbeiten
Arbeitsform: Einzelarbeit und Diskussion im Klassenverband
Material/Vorbereitung: für jeden Schüler eine Liste mit 10 bis 15 Nationalitäten (siehe Kopiervorlage). Die Auswahl kann je nach Bekanntheitsgrad (z. B. aus Medien, persönliche Kontakte) bzw. Beliebtheit (z. B. politische oder persönliche Sympathien) dieser Nationalitäten bei den Schülerinnen variiert werden. Die Nationalitäten aller in der Klasse vertretenen Schüler sollten mit aufgeführt sein.
Hinweis: Vor der Übung sollte sich der Lehrer selbst mit den verschiedenen Gründen für die Entstehung von Vorurteilen auseinander setzen.
Zeit: 45–90 Minuten

Beschreibung: Jeder Schüler erhält eine Kopiervorlage und den Auftrag, die Nationalitäten in eine Rangfolge der persönlichen Beliebtheit zu bringen. Das beliebteste Land erhält die 1, das nächste die 2 usw. Diese Aufgabe kann zunächst auf Widerstand stoßen. Mögliche Einwände sind: „Nach welchen Kriterien soll ich urteilen?", „Solch eine Einteilung ist viel zu undifferenziert!"

Der Lehrer bittet die Schüler, trotz ihrer Bedenken die Liste auszufüllen. Er selbst schreibt alle Nationalitäten an die Tafel oder auf Overheadfolie. Dann sollen die Schüler jeweils die drei beliebtesten und die drei unbeliebtesten Nationalitäten nennen, die Zählung an der Tafel erfolgt in zwei verschiedenen Farben. Dadurch erhält die Klasse eine Übersicht über die Klassenmeinung.

Nach einer ersten längeren Diskussionsrunde schließt sich eine zweite Rangeinteilung an zu der Frage: „In welchem Land möchtest du am liebsten leben?". Dann wird verglichen, ob es signifikante Unterschiede zwischen der ersten und der zweiten Rangliste gibt, und wenn ja, warum.

Es geht bei dieser Übung nicht vorrangig darum, tatsächlich eine durchgehende Rangskala zu erarbeiten, sondern im Gespräch soll den Schülern deutlich werden, dass sie bewusste und unbewusste Vorlieben bezüglich anderer Nationalitäten haben, die sonst selten offen geäußert werden.

Die Übung kann nur mit einer intensiven Auswertung eingesetzt werden.

Variante:

Statt eine allgemeine Sympathierangfolge erstellen zu lassen, sollen die Schüler auf folgende Frage antworten: „Mit Menschen aus welchen Nationalitäten kannst du dir am ehesten vorstellen, in einer Wohnung zusammenzuleben oder gemeinsam den Urlaub zu verbringen?" Möglich ist auch:

„Über welche dieser Nationalitäten möchtest du mehr erfahren? Aus welchen Ländern möchtest du Menschen näher kennen lernen?"

Auswertung:
- Sperrten sich die Schüler gegen eine solche Beurteilung? Mit welchen Begründungen? Wie gehen wir mit solchen Einteilungen um, die dermaßen vereinfachen?
- An welcher Stelle steht für die meisten ausländischen Schüler die deutsche Nationalität? Welche positiven/negativen Erlebnisse haben diese Wahl beeinflusst?
- An welcher Stelle steht die eigene Nationalität?
- Gibt es eindeutige Spitzenreiter oder Schlusslichter bei der Bewertung? Falls ja, wie ist dies zu begründen?
- Stehen europäische Nationalitäten an deutlich oberen Stellen als andere Länder?
- Gibt es signifikante Unterschiede in der Bewertung durch deutsche und ausländische Schüler?
- In welchem Verhältnis steht die Auswahl der Rangliste zur sozialen Zusammensetzung der Gruppe?
- Wie gehen die Schüler mit dem Wissen um eigene Vorurteile um?
- Welche Vorstellungen über die Entstehung von Vorurteilen werden geäußert?

Hast du Vorurteile?

Sympathieskala Nationalitäten

Bringe die folgenden Nationalitäten in eine Sympathierangfolge von 1 für die dir sympathischste Nationalität bis 18 für die dir unsympathischste. Du solltest dir bei den Vertretern der jeweiligen Nationalität entsprechend deinem eigenen Geschlecht Frauen bzw. Männer vorstellen.

☐ Amerikaner	☐ Américains (Etats-Unis)	☐ Americans
☐ Araber	☐ Arabes	☐ Arabians
☐ Deutsche	☐ Allemands	☐ Germans
☐ Engländer	☐ Anglais	☐ Englishmen
☐ Franzosen	☐ Français	☐ Frenchmen
☐ Griechen	☐ Grecs	☐ Greeks
☐ Inder	☐ Indien	☐ Indian
☐ Italiener	☐ Italiens	☐ Italians
☐ Iraner	☐ Iraniens	☐ Iranians
☐ Japaner	☐ Japonais	☐ Japanese
☐ Kurden	☐ Kurdes	☐ Kurdish
☐ Libyer	☐ Libyens	☐ Libyans
☐ Nicaraguaner	☐ Nicaraguayens	☐ Nicaraguans
☐ Nordafrikaner	☐ Maghrébins	☐ North-Africans
☐ Österreicher	☐ Autrichiens	☐ Austrians
☐ Russen	☐ Russes	☐ Russians
☐ Spanier	☐ Espagnols	☐ Spaniards
☐ Türken	☐ Turcs	☐ Turks

59. Stolz und Ehre

Klassenstufe: 9–10
Ziele: sich über die Begriffe „Stolz" und „Ehre" bewusst werden und sich damit kritisch auseinandersetzen; erkennen, dass diese Begriffe in unterschiedlichen Kulturen oft unterschiedliche Wertigkeiten besitzen
Arbeitsform: Einzelarbeit und Klassengespräch
Material/Vorbereitung: Moderationskarten in vier verschiedenen Farben; zwei Pinnwände
Zeit: 45 Minuten
Hinweis: Mit der Zielsetzung, die unterschiedliche Wertigkeit dieser Begriffe in verschiedenen Kulturen zu erfassen, ist diese Übung nur in Klassen mit relativ hohem Anteil von Mitschülern anderer kultureller Herkunft einzusetzen. Besonders aufmerksam und vorsichtig sollte man bei solchen Klassen sein, in denen es Sympathisanten rechtsextremen Gedankenguts gibt.

Beschreibung: Alle Schüler erhalten Moderationskarten in vier unterschiedlichen Farben, auf die sie ihre Assoziationen zum Thema „Stolz" und „Ehre" kurz notieren sollen. Um die spätere Zuordnung zu erleichtern, verwenden alle für ein Thema die gleiche Farbe (Tafelanschrift!):

- Blaue Karte = eine Situation, in der du dich stolz fühlst/gefühlt hast
- Rote Karte = Wann bedeutet für dich der Begriff „Stolz" eher etwas Negatives?
- Grüne Karte = Wann bedeutet für dich der Begriff „Ehre" eher etwas Positives?
- Gelbe Karte = eine Situation, in der du dich in deiner Ehre verletzt gefühlt hast oder fühlen würdest

Zur Präsentation werden zwei Pinnwände (oder Tafelseiten), für jeden der zwei Begriffe eine, vorbereitet. Auf jeder Pinnwand gibt es vier Felder, denen die Karten zugeordnet werden sollen: jeweils für die zwei Fragen zu dem betreffenden Begriff und getrennt nach Antworten von deutschen und ausländischen Schülern.

Haben die Schüler ihre Karten beschrieben, kleben sie sie an die Pinnwände. Wer zu einer Frage keine Antwort weiß, klebt eine leere Karte an. Nachfragen zu einzelnen Karten sind erlaubt, aber die Anonymität des Schreibers muss auf Wunsch gewahrt bleiben.

Anmerkung: Diese Übung ist selbstverständlich auch mit anderen Begriffen durchführbar, bei denen man signifikant unterschiedliche Wertigkeiten bei ausländischen und deutschen Mitschülerinnen vermutet.

Als leichtere Variante eventuell nur einen zu bearbeitenden Begriff auswählen.

Auswertung:

- Was fällt beim Vergleich der Karten von ausländischen und deutschen Schülern auf?
- Hat sich tatsächlich eine signifikant unterschiedliche Wertigkeit dieser Begriffe bei deutschen und ausländischen Schülern gezeigt?
- Gab es bei den deutschen Schülern viele leere Karten, z. B. bei der positiven Bewertung des Begriffs „Ehre"? Warum?
- Sind die auf den blauen Karten genannten Situationen nach Meinung der Schüler alle solche, in denen man stolz sein „darf"?
- Welche „Aha-Erlebnisse", welche Unverständnisse tauchen eventuell beim Betrachten der Kärtchen der jeweils anderen Nationalität auf?

VI. Spiele über Fremdheitserfahrung und Ausgrenzung

60. Hände schütteln

Klassenstufe: 5–10; das zuletzt genannte Ziel und die entsprechenden Arbeitsaufträge gelten nur für die Klassenstufen 9 und 10
Ziele: aufwärmen; Fremdheit erfahren; erkennen, wie wichtig der Austausch von Regeln (z. B. Begrüßungsrituale) ist; differenzieren zwischen nationalen Regeln und solchen von Subgruppen wie Hip-Hoppern, Rappern, Jugendcliquen usw.
Arbeitsform: Bewegungsspiel, Gruppenarbeit
Material/Vorbereitung: Anweisungskärtchen in jeweils gleicher Anzahl mit der Beschriftung „1-mal", „2-mal" bzw. „3-mal" für jeden Schüler der Klasse herstellen; Hintergrundmusik
Zeit: 15–30 Minuten (je nach Länge der Auswertung)

Beschreibung: Jeder Schüler erhält ein Anweisungskärtchen, das er niemandem zeigen darf. Während Hintergrundmusik gespielt wird, sollen dann alle Schüler locker durch den Raum laufen und sich gegenseitig die Hand schütteln. Dabei richten sie sich nach der Anweisung auf ihrer Karte und schütteln gemäß der Angabe einmal, zweimal oder mehrmals die Hand des anderen, jedes Mal wenn der Ruf „Stopp!" ertönt.

Das löst zunächst Irritation aus. Wer setzt sich mit seiner Art zu grüßen durch? Nach mehreren Durchgängen soll jeder sein „Volk" finden (die „1x-Handschüttler", die „2x-Handschüttler" usw.), aber möglichst ohne Zuhilfenahme der Anweisungskärtchen. In den so entstandenen Gruppen (gegebenenfalls noch mal teilen) werden zunächst folgende Auswertungsfragen bearbeitet:

Auswertung:
- Wer hat sich mit seiner Anzahl des Händeschüttelns am besten durchgesetzt?
- Wie hast du reagiert, als dein Gegenüber öfter bzw. weniger oft die Hände schütteln wollte als du?

- Wie hast du dein „Volk" gefunden? Hat jeder sein „Volk" finden können?
- Wie hast du dich dabei gefühlt, nicht auf die erwartete Art begrüßt zu werden? Was war daran irritierend?
- Hast du schon einmal ähnliche Fremdheitserfahrungen gemacht? Welche?

Dann bekommt jede Gruppe die folgenden Arbeitsaufträge und stellt die Ergebnisse nach einer angemessenen Zeit der Klasse vor:
- Welche Begrüßungs- und Umgangsformen gibt es in anderen Ländern?
- Wie unterscheiden sie sich von Begrüßungsformen bzw. Erkennungssymbolen in kulturellen Subgruppen wie Rappern, Hipp-Hoppern bzw. bestimmten Jugendcliquen?
- Welche Bedeutung haben diese Begrüßungsformen bzw. unterschiedlichen Verhaltensregeln für die beteiligten Menschen?

Variante: Es werden statt unterschiedlichen Händeschüttelns verschiedene „echte" Begrüßungsformen auf die Kärtchen geschrieben, z. B. Hände schütteln, Namaste-Gruß, Wangenkuss, Handkuss usw. Den Schülerinnen müssen diese Begrüßungsarten dann allerdings bekannt sein.

Spielidee nach: A.R.T. München:
www.bayern.gew.de/gew/Landesverband/DDS/DDS0103/13.htm

61. Drei-Kulturen-Spiel

Klassenstufe: 5–10 (bei jüngeren Schülern jedoch mit der Altersstufe angepassten Auswertungsfragen)

Ziele: unterschiedliche Nähe-Distanz-Rituale spürbar machen; erkennen, dass fremde Verhaltensweisen und Gewohnheiten oftmals missverstanden werden; verstehen, dass eine andere Kultur mit der eigenen „kulturellen Brille" und auf der Grundlage stillschweigender Annahmen betrachtet wird;

Arbeitsform: Bewegungsspiel im Klassenverband

Material/Vorbereitung: Die Kopiervorlage „Regeln der Kulturen" wird so oft kopiert und jeweils in drei Teile geschnitten, dass jeder Schüler eine Kulturangabe bekommt; evtl. Hintergrundmusik

Zeit: 10–15 Minuten, mit der Ergänzung jedoch mindestens 20–30 Minuten

Hinweis: Das Spiel ist auch in einer Anfangssituation spielbar und gut zur Gruppeneinteilung für eine weiter gehende Übung geeignet. Je nach Anzahl der gewünschten Gruppen müssten Regeln für weitere Kulturen formuliert werden. Es sollten aber nicht zu viele werden, sonst wird das Erkennen der eigenen Gruppe zu schwierig.

Beschreibung: Jeder Schüler bekommt ein Anweisungsblatt mit den Begrüßungsregeln seiner neuen, imaginären Kultur. Es sind drei (eventuell auch mehr) verschiedene Kulturen vertreten. Jeder prägt sich seine Regeln ein und steckt das Blatt gleich weg, ohne es anderen zu zeigen. Während eventuell leise Hintergrundmusik spielt, bewegen sich die Schülerinnen im Raum und verhalten sich entsprechend ihrer vorgegebenen Regeln. Dabei darf auch gesprochen werden. Von Zeit zu Zeit wird als besonderes Zeichen die Musik gestoppt (oder ein anderes Zeichen ertönt) und die Schülerinnen verhalten sich so, wie es für diesen Fall auf ihrem Anweisungsblatt steht.

Es werden mehrere Durchgänge gespielt. Beim letzten Musikstopp sollen sich alle Spielerinnen derselben Kulturgruppe zusammenfinden, jedoch ohne Zuhilfenahme des Anweisungsblatts.

Jede Gruppe findet zum Abschluss einen passenden „Kultur-Namen" für sich.

Auswertung:

- War es schwer, die eigene Kulturgruppe zu identifizieren?
- Was habt ihr gefühlt, gedacht, erwartet, als ihr so ungewohnt aufeinander gestoßen seid?
- Fandet ihr die Reaktion der anderen auf euer Verhalten jeweils „passend"?
- Wie seid ihr mit dem unterschiedlichen Bedürfnis nach Nähe und Distanz umgegangen?

- Hängt das Nähe-Distanz-Bedürfnis von bestimmten Faktoren ab, wenn ja, von welchen?
- Welche Kulturen würdet ihr eher als „Nähe-Kultur", welche eher als „Distanz-Kultur" bezeichnen? Warum?

Anmerkung: In höheren Klassenstufen könnte mit folgender Ergänzung das eigene Nähe-Distanz-Bedürfnis ausgetestet werden. Die Schülerinnen stehen sich dabei in zwei Reihen gegenüber und sollen nun so nah aufeinander zugehen, dass sie sich dabei noch wohl fühlen.

Anschließend wird darüber gesprochen:

- Wer kann mit nicht bekannten Personen eher sehr nah umgehen, wer kann zu viel Körpernähe nicht so gut aushalten?
- Wer schätzt sich selbst eher als „Distanz"-Mensch ein, möchte aber lieber einer sein, der Nähe zeigen kann?

„Regeln der Kulturen"

Regeln der Kultur 1: _____

- Zur Begrüßung klopfst du anderen freundschaftlich auf die Schulter, aber du siehst sie oder ihn dabei nicht wirklich an.
- Wenn jemand dich anspricht, reagierst du nur mit deiner Körpersprache und mit Gestik, selbst aber sprichst du gerne andere Menschen an.
- Wenn ein besonderes Zeichen kommt, suchst du Blickkontakt zu jemandem und gehst auf diese Person zu.

Regeln der Kultur 2: _____

- Auf die Frage „Wie geht es dir?" antwortest du, indem du deine Hände vor deine Augen hältst.
- Du sprichst immer sehr ruhig und leise, aber viel und mit jedem Menschen. Aber dabei hältst du Distanz von einem Meter zu der Person, mit der du sprichst.
- Wenn ein besonderes Zeichen kommt, verbeugst du dich tief.

Regeln der Kultur 3: _____

- Sobald du jemanden triffst, gehst du ganz nah an sein bzw. ihr Gesicht heran und fragst: „Wie geht es dir?"
- Wenn du mit einer stillen und ruhigen Person redest, wirst du laut, um den Kontakt herzustellen.
- Wenn ein besonderes Zeichen kommt, grüßt du die Sonne, indem du nach oben schaust und lächelst.

© Cornelsen Verlag Scriptor, Berlin • Rademacher/Wilhelm, Interkulturelle Spiele

62. Der ängstliche Fritz

Klassenstufe: 8–10
Ziele: Befürchtungen und Hoffnungen in Bezug auf Fremdes artikulieren
Arbeitsform: Gruppenarbeit, Klassengespräch
Material/Vorbereitung: große Papierbögen, Filzstifte, Pinnwände oder Tafel
Zeit: 45–60 Minuten

Beschreibung: Die Klasse wird in Kleingruppen zu sechs bis acht Schülern aufgeteilt. Jede Gruppe malt auf einen großen Papierbogen den ängstlichen Fritz. Der Bogen bekommt vier Kummerecken, in die die Ängste notiert werden, die die Schüler in Bezug auf Fremdes nennen. Jeder nennt nicht mehr als fünf Ängste oder Befürchtungen. Anschließend formuliert die Gruppe die Befürchtungen positiv um und schreibt sie in den Fritz hinein. Fritz nimmt nur Positives auf! Es kann z. B. zu der Befürchtung „Nicht richtig verstanden zu werden" aufgeschrieben werden: „Darauf vertrauen, dass man sich auch mit Händen und Füßen verständigen kann" oder „Ich lerne vor dem Treffen mit Fremden deren Sprache".

Die Papierbögen mit den „ängstlichen Fritzen" werden nun aufgehängt und die Kleingruppen stellen ihre Ergebnisse der Klasse vor.

Auswertung:

- Wurden in den Gruppen ähnliche Ängste und Befürchtungen geäußert?
- War es schwierig, die Ängste positiv umzuformulieren?
- Welche Schlussfolgerungen können aus den positiven Formulierungen gezogen werden?

Spielidee nach:
Dirk Achterwinter

63. Meine Reise nach Deutschland

Klassenstufe: 8–10
Ziele: Migrationserfahrungen bei Zuwanderern und Flüchtlingen aufarbeiten; die eigene Identität und Herkunft reflektieren
Arbeitsform: Gruppenarbeit und Klassengespräch, Collage
Material/Vorbereitung: Weltkarte, große Bögen Papier, Stifte, eventuell Collagenmaterial aus Zeitschriften, Klebstoff
Zeit: 45–60 Minuten
Hinweis: nur in Klassen mit einem Anteil von relativ neu zugewanderten Schülern spielbar

Beschreibung: Es werden Kleingruppen gebildet, in denen mindestens ein Schüler mit Migrationserfahrung ist. Zunächst zeichnet die Gruppe auf einen Papierbogen den Umriss des Heimatlandes des ausländischen Gruppenmitglieds. Weitere Länder des Migrationweges, also Durchgangsstationen, die es eventuell gab, werden angefügt. Dabei dient eine Weltkarte, die im Klassenzimmer hängt, als Vorlage.

Auf der so entstandenen Landkarte wird dargestellt, wie und auf welchen Wegen der Schüler nach Deutschland gekommen ist und wie er sich an den verschiedenen Stationen der Migration oder der Flucht gefühlt hat. So könnte z. B. zunächst die Binnenwanderung aus einem Dorf im Irak in die nächste Stadt mit dem Bus gezeichnet werden; Tränengesichter könnten anzeigen, wie schwer der Abschied von der Verwandtschaft und den Freunden gefallen ist. Zerstörte Häuser im Dorf zeigen die Kriegssituation; später folgt der schwere Weg über die Berge, zu Fuß in die Türkei. Diese bildliche Darstellung und Beschreibung wird fortgesetzt, bis man schließlich, vielleicht sogar erst nach Jahren, in Deutschland z. B. in einem Asylbewerberwohnheim gelandet ist.

Die Mitschüler in der Gruppe fragen nach und helfen beim Gestalten der Karte. Neben Zeichnungen können auch Bilder aus Zeitschriften, Smily-Aufkleber usw. zum Anfertigen der Collage verwendet werden.

Die so entstandenen Reisewegkarten werden später der Klasse vorgestellt, und zwar von der Gruppe gemeinsam. Es sollte nach Möglichkeit nicht dem Schüler allein überlassen werden, dessen Weg hier dargestellt wurde.

Anmerkung: Vorsicht bei Mitschülern mit Fluchttraumata. Gegebenenfalls liegt der Akzent mehr auf der Beschreibung des Reiseverlaufs als auf der emotionalen Seite.

Spielidee nach: www.xenos-nuernberg.de

64. Fieberkurve der Fremdheitserfahrung

Klassenstufe: 8–10
Ziele: bewusst machen, welche Bedeutung die Begegnung mit Fremdem bzw. Fremden für die eigene Biografie hat
Arbeitsform: Einzelarbeit, Gruppenarbeit und Klassengespräch
Material/Vorbereitung: je Schüler ein großer Bogen Papier (DIN-A3), Stifte, Farben, eventuell Vorlage mit Gesichtern, die verschiedene Emotionen ausdrücken; Klebstoff, Scheren; für die Variante pro Schüler ein Arbeitsblatt (siehe Kopiervorlage)
Zeit: 45–90 Minuten, je nach Intensität der Auswertung

Beschreibung: Die Schüler malen, jeder für sich, mit Buntstiften, Farben, Kreiden ihren bisherigen Lebensweg in einer Art Fieberkurve (siehe Abbildung) unter dem Aspekt „Fremdheitserfahrung" auf Papier. Wichtig ist dabei, dass sie einen Bezug zu Begegnungen mit der Fremde oder mit Fremden herstellen und sich Situationen vergegenwärtigen, die bei ihnen Fremdheitsgefühle ausgelöst haben. Das kann der erste Schultag gewesen sein, eine Situation, in der sich Klassenkameraden in einer fremden Sprache unterhielten, oder eine Situation im Urlaub.

Es geht nicht um „schönes" Malen dabei; grobe Skizzen reichen aus. Schüler, die nicht gerne malen, dürfen Vorlagen mit Gesichtern, die verschiedene Emotionen ausdrücken, oder andere Zeitschriftenbilder verwenden.

Nach einer Erarbeitungsphase von etwa ca. 20 Minuten finden sich die Schüler zu Kleingruppen zusammen – dabei möglichst nationalitätengemischte Gruppen bilden – und erklären sich gegenseitig ihre „Fieberkurven der Fremdheitserfahrung". Eine Präsentation aller „Werke" im Klassenverband würde zu lange dauern und die Aufmerksamkeit und Intensität der Auswertung schmälern.

Zum Schluss werden die Bilder an die Wand geheftet, sodass die Schüler auch die Werke anderer noch betrachten können. Nachfragen zu einzelnen Fieberkurven sind erlaubt und erwünscht!

Variante „interkulturelle Erlebnisse": Hier geht es darum, sich über wichtige Erlebnisse im Kontakt mit Menschen anderer kultureller Herkunft auszutauschen. Die Schülerinnen überlegen sich anhand des Arbeitsblatts „Fieberkurve", welche fünf Erlebnisse im Zusammenhang mit Auslandsreisen oder Begegnungen mit Personen aus anderen Ländern für sie besonders beeindruckend, wichtig oder interessant waren.

Jeder nimmt dabei eine Bewertung in einer Skala von +5 bis −5 vor. In einer Kleingruppe stellen sie ihre „Fieberkurve" vor. Durch die Diskussion in der Kleingruppe findet oftmals eine Umwertung statt, d. h., negativ Bewertetes wird plötzlich in einem anderen Licht gesehen.

Auswertung:

- Gibt es auffällige Parallelen in den Kurven der Schüler?
- Wie war das bei den aus anderen Ländern zugewanderten Schülern? War der Umzug nach Deutschland für sie eine einschneidende Fremdheitserfahrung? Wurde sie eher positiv oder eher negativ bewertet?
- Haben Fremdheitsgefühle immer etwas mit Kontakt zu Menschen mit anderem kulturellen Hintergrund zu tun?
- Wird das „Sich-fremd-Fühlen" in den Kurven immer negativ bewertet oder auch positiv?
- Gab es auch auffallend einschneidende Erlebnisse? Welche?
- Haben manche Fremdheitserfahrungen sogar etwas Positives bewirkt (z. B. einen festen Willen, etwas zu lernen; die Steigerung des Selbstbewusstseins, weil man die fremde Situation gemeistert hat)?
- Welche Auswirkungen haben diese Fremdheitserfahrungen auf die eigene Biografie?
- Wurden negativ gesehene Ereignisse im Gespräch positiv umbewertet?

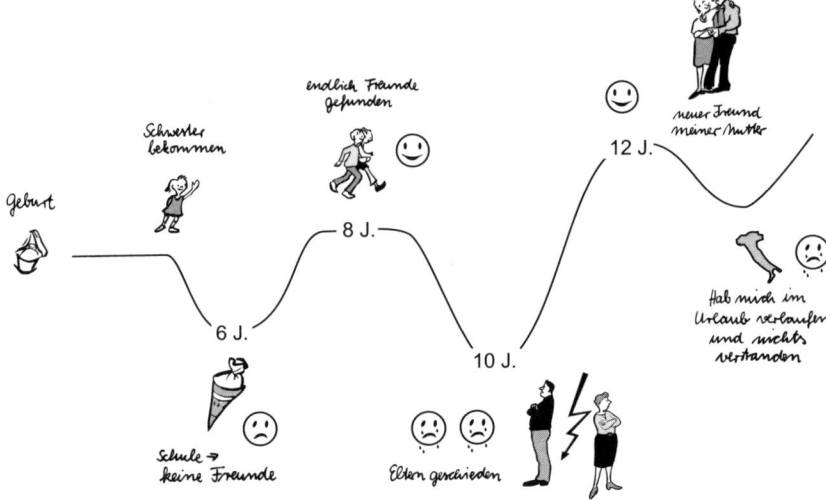

„Fieberkurve der Fremdheitserfahrungen"

heute

+5

+4

+3

+2

+1

Geburtsjahr

-1

-2

-3

-4

-5

Welche Erlebnisse haben mich positiv (+) bzw. negativ (-) geprägt, geformt, weitergebracht? In welchem Ausmaß, von sehr stark (= 5) bis sehr wenig (=1)? Die Einschätzung bleibt jedem selbst überlassen.

65. Fremde Gesellschaft

Klassenstufe: 9 + 10
Ziele: erkennen, dass fremde Verhaltensweisen und Gewohnheiten oftmals missverstanden werden; verstehen, dass eine andere Kultur mit der eigenen „kulturellen Brille" betrachtet wird; sich selbst in die Rolle eines „Fremden" hineinfühlen
Arbeitsform: Planspiel im Klassenverband
Material/Vorbereitung: Regeln der Kulturen „Bunte" und „Einfarbige" (siehe Kopiervorlagen)
Zeit: 60–90 Minuten

Beschreibung: Die Klasse wird, ohne dass die Schüler die Kriterien wissen, in eine fiktive Gesellschaft mit zwei Gruppen eingeteilt. Das Kriterium für die Einteilung ist die Kleidung: Es wird in einfarbige oder bunte/gemusterte Oberteile unterschieden. (Kleidung wird deshalb für die Einteilung genutzt, da dieses Kriterium erstens nicht sofort ins Auge fällt und zweitens in der Gesellschaft, vor allem in der Erfahrungswelt der Jugendlichen, eine bedeutende Rolle spielt: Kleidung ist Ausdruck von Persönlichkeit und kann auch die Zugehörigkeit zu einer Gruppe demonstrieren.)

Die im Folgenden beschriebenen Spielregeln werden von mindestens vier Darstellerinnen, die vorher in die Regeln eingewiesen wurden, der Klasse vorgespielt. Der Rest der Klasse kennt die Regeln nicht! Das Repertoire an Verhaltensregeln wird zwei- oder mehrmals vorgespielt, um den Zuschauern die Möglichkeit zu geben, Strukturen und Regeln erkennen zu können.

Für das Spiel stehen alle Schüler locker im Kreis um eine größere freie Fläche. Die Eingeweihten spielen diese Szenen vor: Zwei Einfarbige treffen sich und begrüßen einander. Anschließend erfolgt eine Unterhaltung. Ein Bunter kommt hinzu und stellt sich abwartend neben die beiden Einfarbigen, die daraufhin ihre Unterhaltung kurz unterbrechen und herablassend grüßen.

Die Einfarbigen unterhalten sich weiter, während der Bunte davonschlendert und bald darauf eine weitere Bunte trifft und diese begrüßt. Die beiden Bunten unterhalten sich und schlendern dabei durch den Raum. Bei ihrer lebhaften Unterhaltung rempelt einer von ihnen versehentlich die Einfarbigen an, worauf es zu einer deutlichen Ablehnungsgeste auf beiden Seiten kommt, da das Gebot des Nichtberührens gegenüber den Einfarbigen verletzt wurde.

Ab diesem Zeitpunkt werden nach und nach ahnungslose Zuschauerinnen gemäß ihrer Kleidung (buntes oder unifarbenes Oberteil) in das Spiel integriert. Dabei dürfen die Einfarbigen nur einfarbig gekleidete Zuschauer und Bunte nur bunt gekleidete Schüler in das Spiel hereinholen. Die Bunten fordern die Zuschauer in der Weise auf, indem sie sie am Arm fassen und mit sich auf das Spielfeld führen.

Die Einfarbigen zeigen mit dem Finger auf die betreffende Person und winken sie zu sich her. Den Zuschauenden ist ihre Gruppenzugehörigkeit nicht ersichtlich!

Anfangs wird den mitspielenden Zuschauern die Integration erleichtert, indem man sie begrüßt und sich mit ihnen unterhält. Doch schließlich lässt man die Mitspielenden alleine ihren Weg in dieser Gesellschaft finden. Es kommt nun ganz auf das Verhalten der Schüler an, wie das Spiel weiter verläuft.

Es dürfen insgesamt aber nicht zu viele Zuschauer hereingeholt werden, damit die Eingeweihten noch den Überblick behalten. Um trotzdem nach und nach alle in das Spiel einzubinden, führen sie die neu ins Spiel Gekommenen nach einer gewissen Zeit wieder an ihren Platz und holen dafür jemand anderen auf die Spielfläche.

Die Anfangsgruppe der Eingeweihten agiert nun untereinander und mit den hinzugekommenen Mitspielerinnen. Sie beenden das Spiel, indem sie nach und nach alle Mitspielerinnen wieder an ihre Plätze führen.

Auswertung: Für die Auswertung sollte viel Zeit eingeplant werden, damit sich alle Mitspielerinnen und Eingeweihte ausführlich über das Erlebte austauschen können. Es geht in erster Linie nicht um einen Wettstreit, wer nun die Regeln herausbekommen und richtig oder falsch definiert hat. Vielmehr sollte im Mittelpunkt des Gesprächs die Bearbeitung der persönlichen Gefühle stehen:

• Welche Verhaltensregel hast du erkannt?
• Wie hast du dich gefühlt, als du dich plötzlich allein in dieser Gesellschaft zurechtfinden musstest?
• Wie hast du dich innerhalb deiner Gruppe gefühlt, als du merktest, dass du dich anscheinend richtig verhalten hast?
• Hast du versucht, das Verhalten der anderen zunächst zu „interpretieren" und dich dann vielleicht anzupassen?
• Wie hast du Ablehnungsreaktionen erlebt?
• Wie hast du deinen sozialen Status und den der anderen empfunden?
• Kannst du dich an Situationen erinnern, in denen du dich ähnlich gefühlt hast?
• Welche Erfahrungen ziehst du aus dem im Spiel Erlebten?

2. Spielphase:

Jeder Schüler erhält ein Arbeitsblatt mit den Regeln und dem Aufbau der fiktiven Gesellschaft und liest es durch. Es schließt sich ein Gespräch darüber an. Danach kann das Spiel ein zweites Mal gespielt werden. Diese Phase wird vor allem dadurch interessant, dass nun alle ein Gefühl der Sicherheit haben (sie kennen die Verhaltensregeln und stoßen kaum noch auf Ablehnung, weil sie das vermeintlich ablehnende Verhalten richtig interpretieren können). So erleben sie die Situation anders als im ersten Durchgang. Daran anschließend sollte Zeit zur Reflexion sein.

Spielidee nach: Jan Dräger, Nicole Kühn, Sabine Vestner, Heike Weber

„Spielregeln":
Gesellschaftsordnung dieser fiktiven Gesellschaft

Bunte: Die Gruppe der Bunten ist gefühlsbetont. Die Bunten sind lebhaft und berühren sich locker und unverkrampft. Diese Gruppe ist der Gruppe der Einfarbigen sozialhierarchisch untergeordnet.

Einfarbige: Diese Gruppe verhält sich distanziert und steif. Gegenüber der anderen Gruppe verfügt sie über ein ausgeprägtes Elitebewusstsein.

Die Zugehörigkeit zu den Gruppen erfolgt in dieser Gesellschaft durch Geburt (im Spiel durch die Kleidung). Es ist nicht möglich, von einer Hierarchiestufe in die andere zu wechseln.

In der vorgestellten Gesellschaft kommunizieren die Gruppen jeweils nach ihren eigenen nonverbalen Strukturen. Es existieren jedoch Zischlaute (= Ablehnung) und ein sonores Summen (= Zustimmung, Wohlbefinden). Unterhaltungen zwischen den Gruppen gibt es nicht: Die einzigen Kontakte bestehen darin, dass die Bunten zurückhaltend die Begrüßung durch Einfarbige abwarten und diese als sehr angenehm empfinden. Bunte dürfen jedoch nie Einfarbige berühren oder von sich aus grüßen. Dies gilt als grobes Fehlverhalten und wird von beiden Gruppen mit deutlichen Ablehnungsreaktionen zum Ausdruck gebracht.

Verhaltensregeln der Bunten:
Mimik: Entspannter Gesichtsausdruck, Lächeln bei Unterhaltungen und Begrüßungen, erschreckter Ausdruck bei Ablehnung durch die Einfarbigen.
Gestik: Entspannte Körperhaltung; schlendernder Gang, lebhafte Bewegungen.
Begrüßung: Treffen sich zwei Bunte, so lächeln sie sich an und legen sich gegenseitig die Hände auf die Schultern. Danach kann eine „Unterhaltung" erfolgen. Den Bunten ist es standesgemäß nicht erlaubt, von sich aus Einfarbige zu grüßen.
Kommunikation: Die Bunten stehen sich gegenüber oder auch im Kreis. Sie gestikulieren sehr lebhaft, indem sie z. B. die Arme auf Brusthöhe angewinkelt halten und die Hände schnell umeinander drehen. Bei dieser lebhaften Unterhaltung schubsen sie sich mit den Händen auch ab und zu an der Schulter. Dabei kann es vorkommen, dass man ins Wanken gerät.
Zustimmung/Wohlbefinden: Behagliches Summen („mmmh").
Ablehnung: Abwehrende Armhaltung und Zischgeräusche.

Verhaltensregel der Einfarbigen:
Mimik: Das Gesicht bleibt völlig unbewegt, spiegelt keinerlei Emotionen wider.
Gestik: Sehr aufrechte, steife und beherrschte Körperhaltung.
Begrüßung: Treffen zwei Einfarbige aufeinander, stellen sie sich gegenüber, verschränken die Arme vor der Brust und stampfen einmal kräftig mit einem Fuß auf. Danach kann eine „Unterhaltung" folgen. Grüßen Einfarbige einen Bunten, erfolgt ein erhabenes Kopfnicken.
Kommunikation: Die Einfarbigen stellen sich gegenüber oder stehen auch im Kreis. Sie bewegen die Handflächen mit etwas Abstand frontal gegen die des anderen Einfarbigen (spiegelbildlich). Die Bewegungen können mal schneller, mal langsamer sein. Die Hände der sich Unterhaltenden versuchen einander zu folgen.
Zustimmung/Wohlbefinden: Summen („mmmh") und ein Kopfnicken.
Ablehnung: Einmal schroff in die Hände klatschen, während man gleichzeitig mit einem Fuß aufstampft und sich anschließend abwendet.

66. Außenseiterballspiel

Klassenstufe: 7–10
Ziele: Fremdheitserfahrungen und Ausgrenzung nachvollziehbar machen; Dynamik bei Entscheidungsprozessen transparent machen; erkennen, welche Regeln gelten; erkennen, dass Gruppen sich oft ausgrenzend verhalten und einen „Geheimcode" an Verhaltensweisen besitzen; Metapher für „Migration"
Arbeitsform: Bewegungsspiel im Klassenverband
Material/Vorbereitung: 1–3 leichte Bälle
Zeit: ca. 45–60 Minuten

Beschreibung: Drei Schülerinnen werden ohne weitere Anweisungen aus dem Raum geschickt. Die übrigen einigen sich auf die Regeln eines gemeinsamen Ballspiels, z. B. „Begrüßen mit Bällen": Es wird im Kreis gespielt, die Tische werden an den Rand des Klassenzimmers gerückt. Die Lehrerin wirft einer Schülerin einen Ball zu und nennt deren Namen: „Hallo Birgit". Diese erwidert den Gruß mit dem Namen der Lehrerin und wirft dann ihrerseits den Ball mit einem Gruß einem weiteren Mitschüler zu. Auch dieser begrüßt wiederum eine weitere Schülerin, bis alle den Ball in der Hand hatten bzw. jeder Name einmal genannt wurde.

Die nächste Runde beginnt, es wird immer in derselben Reihenfolge gespielt. Jetzt nimmt der Werfer aber auch den Platz des Schülers ein, dem er den Ball zugeworfen hat, damit Bewegung in das Spiel kommt. (Die Lehrerin wechselt also z. B. auf Birgits Platz, Birgit dann auf den Platz dessen, dem sie den Ball zuwirft.) Es ist auch möglich, einen zweiten oder dritten Ball hinzuzunehmen oder den Ball in der Reihenfolge rückwärts zu werfen. Wichtigste Regeln: Immer dem Gleichen zuwerfen und dann auf dessen Platz wechseln. Immer auf Tempo spielen!

Die erste der Freiwilligen, die den Raum verlassen hatte, wird schon ziemlich zu Beginn wieder in den Raum geholt. Sie wird zur „Moderatorin" und erhält die Anweisung, dass sie auf ein Zeichen der Lehrerin jeweils eine der draußen stehenden Freiwilligen in den Raum holen soll. Mehr wird ihr nicht erklärt.

Nachdem die Regeln für alle Schüler klar und das Spiel so richtig am Laufen ist und mit Spaß gespielt wird, wird einer der vor der Tür wartenden Spieler wieder in den Raum geholt, ohne jedoch eine weitere Anweisung zu bekommen. Wie reagiert er? Versucht er sich am Spiel zu beteiligen oder wartet er ab, was passiert? Nach einiger Zeit wird auch der nächste noch verbliebene Schüler in die Klasse geholt. Was passiert jetzt? Verbünden sich die beiden „Neulinge" bzw. „Außenseiter"?

Anmerkung: Es ist sinnvoll, nicht gerade den Sensibelsten der Klasse die „Außenseiterrollen" zu übertragen.

Auswertung:

- Wie fühlt sich der neu zur Gruppe gestoßene Spieler? Versucht er sich am Spiel zu beteiligen oder wartet er ab, was passiert?
- Welche Verhaltensmechanismen entwickelt der „Außenseiter" (aktiv werden / sich aufdrängen / aggressiv werden / Spielregel erfragen / resignieren)?
- Verbünden sich die Außenseiter?
- Wer hat bei sich Widerstand gespürt, als „der Fremde" zum Spiel stieß?
- Wer hat überhaupt gemerkt, dass jemand neu zum Spiel stieß?
- Wird von der „Moderatorin" erwartet, dass sie diejenige ist, die den „Fremden" aufklärt und ins Spiel einbezieht? Hat sie denn die Regeln des Spiels herausfinden können? Wie hat sie sich als Zuschauerin gefühlt?
- Gibt es Bedenken dagegen, die Verantwortung an die Moderatorin abgeben zu wollen?
- Wer schafft es, die Regeln zu brechen, um die Neuen mit ins Spiel aufzunehmen?
- Was hat das alles mit einer Metapher für „Migration" zu tun?

Spielidee nach: www.xenos-nuernberg.de

67. Sich als Moslem verkleiden

Klassenstufe: 5 und 8–10
Ziele: ggf. Vorurteile erfahren; sich in die Lebenssituation von Migranten einfühlen; Meinungen über Migranten in der Öffentlichkeit erfragen
Arbeitsform: Recherche im Stadtteil, Auswertung im Klassenverband, Rollenspiel
Material/Vorbereitung: Verkleidungsmaterial, Schminke; Kassettenrekorder mit Mikrofon
Zeit: ein Vormittag und 45–90 Minuten für die Auswertung

Beschreibung: Einige deutsche Schüler und Schülerinnen der Klasse, die sich freiwillig dazu bereit erklären, verkleiden sich als traditionell-religiöse Moslems (Mädchen mit Kopftuch und bedeckten Armen, Jungen in weißen, weiten Gewändern) und gehen so in die Fußgängerzone und in Kaufhäusern oder anderen Läden einkaufen.

Die übrigen Schüler gehen in gemischtnationalen Kleingruppen auf die Straße, um Passanten mit Kassettenrekordern zu ihrer Meinung über Migranten in Deutschland zu befragen. Beide Gruppen bewegen sich unabhängig voneinander.

Es ist sinnvoll, bereits im Unterricht gemeinsam mögliche Interviewfragen zu erarbeiten. Im Anschluss an die Interviews in den Einkaufszentren haben die Kleingruppen den Auftrag, ihre Ergebnisse stichpunktartig schriftlich zusammenzufassen, ebenso die Schüler, die sich verkleidet hatten.

Am nächsten Tag kommen die Schüler wieder in der Schule zusammen und berichten in der Klasse von ihren Erfahrungen. Die Kleingruppen, die Aufnahmen gemacht haben, spielen ausgewählte Interviewpassagen vor und die Schüler, die als Moslems verkleidet waren, berichten von ihren Erlebnissen beim Einkauf.

Auswertung:

- Welche Erfahrungen machten die verkleideten Deutschen in ihrer neuen Rolle?
- Wie fühlten sie sich in dieser Rolle?
- Haben ihre Erlebnisse auch Einfluss auf die eigene Meinung über Migranten?
- Welche Erfahrungen machten die Gruppen, die Passanten auf der Straße interviewt haben? Wie fanden sie die Antworten, die sie bekamen?

68. Deutschland als fremde Kultur

Klassenstufe: 8–10, aber für jüngere Schüler anspruchsvoll. Die Klasse sollte bereits miteinander vertraut sein
Ziele: nonverbale und verbale Ausdrucksmöglichkeiten miteinander verbinden; Empathie entwickeln; über schwierige Situationen reflektieren; Konfliktbewältigungsstrategien entwickeln
Arbeitsform: Gruppenarbeit, Klassengespräch, Skulpturarbeit
Material/Vorbereitung: keines
Zeit: 45 Minuten

Beschreibung: Zunächst macht sich jede ausländische Schülerin der Klasse kurz Gedanken zu folgenden Fragen:

- Wie empfinde ich das Leben in Deutschland? Welche Aspekte dieses Lebens sind für mich positiv, welche eher negativ?
- Welche Wirkungen haben bestimmte Erfahrungen in dieser fremden Kultur auf mich gehabt?
- Wie könnte ich diese Erfahrungen als „Skulptur", also als „sprechendes Bild" darstellen?

Die ausländischen Schülerinnen suchen sich je drei bis vier Mitspielerinnen. Jede Kleingruppe erhält folgende Arbeitsaufträge (ca. 20 Min.):
- Tauscht eure Gedanken aus der ersten Spielphase miteinander aus!
- Einigt euch auf die Wirkung, die eure Skulptur auf die Betrachter haben soll (es soll nur eine Skulptur pro Gruppe geben, in der aber beliebig viele Gruppenmitglieder mitspielen können).
- Klärt untereinander, wie eure Skulptur geformt werden muss, damit die von euch beabsichtigte Wirkung erzielt werden kann! Auch Details wie Stirnrunzeln können dabei bedeutungsvoll sein.
- Einer von euch ist dann „Bildhauer" und übernimmt das Formen der Figuren, bis das Gesamtbild den Vorstellungen der Gruppe entspricht.
- Der „Bildhauer" stellt die Skulptur der Klasse vor.

Auswertung:
- Wie fühlten sich die einzelnen Spieler als Teil der Skulptur?
- Wer war selbst schon mal in einer ähnlichen Situation wie der hier dargestellten? Wie hast du dich da gefühlt und wie reagiert?
- Welche Empfindungen lösen die Aussagen bei den deutschen Schülern aus?
- Was haben die agierenden Spieler und die Zuschauer bei der Übung über sich selbst erfahren?

69. Mein Schicksal?

Klassenstufe: 8–10 (bei entsprechender Umformulierung der Personenrollen auch von jüngeren Schülern spielbar)
Ziele: erfahrbar machen, was es heißt, zu einem nicht privilegierten bzw. diskriminierten Personenkreis unserer Gesellschaft zu gehören; Empathie entwickeln
Arbeitsform: Rollenspiel im Klassenverband
Material/Vorbereitung: Fragen für den Spielleiter (die Lehrerin); Regieblätter für die Personenrollen (acht Beispiele siehe Kopiervorlagen; ggf. noch weitere dazuerfinden); DIN-A4-Blätter, entsprechend der Anzahl der Fragen von eins bis zwanzig durchnummeriert (je Blatt eine Zahl), Schale mit Bonbons o. Ä.
Zeit: 45 Minuten

Beschreibung: Auf dem Boden eines großen Raumes (Turnhalle oder im Klassenzimmer alle Tische an den Rand stellen) wird mit den vorbereiteten Zahlenblättern ein Parcours gelegt (siehe Abbildung auf Seite 174 als Beispiel). Er steht für den Lebensweg von Menschen, der durch bestimmte Ereignisse (siehe Fragen für den Spielleiter und Regieanweisungen zu den Fragen ab Seite 175) beeinflusst wird. Am Zielpunkt des Weges wartet vielleicht eine Belohnung (Bonbons oder dem Spiel angepasst z. B. der „deutsche Pass").

Die Klasse wird in acht Spielpaare (bzw. Dreiergruppen, bei nur acht Rollenvorgaben) aufgeteilt. Bei größeren Klassen müssen weitere Rollenkarten angefertigt werden. Einer von beiden bzw. den Dreien übernimmt die Rolle des Regisseurs. Er bleibt während des Spiels außerhalb des Parcours stehen, während sein bzw. seine Spielpartner sich auf dessen Anweisung auf den durchnummerierten Zahlenblättern, beginnend bei Nummer eins, jeweils um ein Feld vorwärts bewegen oder auch stehen bleiben müssen. Sind diese Rollen verteilt, erhält der Regisseur seine Regieanweisungen, für jedes Spielpaar eine andere. Die beschriebene Personenrolle, auf die sich diese Regieanweisungen beziehen, bleibt aber auch für den Regisseur vorerst geheim. Ebenso wenig kennen seine Spielpartner ihre Personenrolle, denn zum Abschluss des Spiels sollen die Spieler gemeinsam ihre Rolle erraten.

Die Lehrerin stellt nun die erste Frage (siehe „Fragen für den Spielleiter") und alle Regisseure geben nun gleichzeitig ihren jeweiligen Partnerinnen die auf ihrem Regieblatt vermerkte Verhaltensanweisung zu dieser Frage. Die Handzeichen für „vorrücken" und „stehen bleiben" müssen vorher verabredet werden. Falls eine Begründung vermerkt ist, liest der Regisseur sie seinem Spielpartner vor. Die Lehrerin weist darauf hin, dass die Spieler bei den Begründungen gut zuhören sollen, damit sie später ihre Rolle erraten können. Die Schüler können sich zur Gedächtnisstütze auch Notizen machen.

Die Fragen beziehen sich auf Handlungen des Alltagslebens. Manche Spielerinnen können bei jeder Frage vorwärts gehen, andere bleiben bei einigen Fragen stehen und dürfen nicht weiter. (Der/die Spieler mit der Asylbewerberrolle bleibt Schlusslicht bis zum Spielende.) Sind alle Fragen vorgelesen, dürfen sich alle ein Bonbon aus dem Glas nehmen. Dann gesellt sich jeder Regisseur zu seinem Spielpartner bzw. seinen Spielpartnern. Gemeinsam überlegen sie, welche Personensituation sich wohl hinter ihrer Rolle verbirgt. Erst nachdem alle Paare bzw. Spielgruppen ihre Vermutungen zu ihrer Personenrolle geäußert haben, erfolgt die Auflösung der Rollen (siehe Rollenbeschreibung)!

Varianten:

1. Jeder Spieler bekommt zu Beginn seine Rollenbeschreibung und schätzt nach dem Vorlesen der jeweiligen Frage selbst ein, ob er vorwärts laufen darf oder nicht. Die Spielpartner ergänzen, beraten und berichtigen.
2. Bei internationaler Klassenzusammensetzung könnten die Spieler nach ihrem realen Aufenthaltsstatus entscheiden, ob sie vorwärts gehen dürfen oder nicht. Die Fragen müssten dann der Altersstruktur und der Zusammensetzung der Klasse angepasst werden. Diese Variante sollte nur in einer Klasse eingesetzt werden, in der die Schüler bereits großes Vertrauen zueinander haben.

Anmerkung: Die Rollenvorgaben sind Beispiele und sollten der Klassenzusammensetzung angepasst und ggf. im Hinblick auf neue rechtliche Bestimmungen überarbeitet werden.

Auswertung:

- Fragen an die Spielpaare bzw. Dreiergruppen: Wer oder was, denkt ihr, ist eure Rolle? Ist eure Rolle weiblich oder männlich? Wie alt ist die Person wohl? Welchen Beruf hat sie? Welchen Aufenthaltsstatus könnte sie haben? Denkt dabei an die beantworteten Fragen.
- Wie hast du dich gefühlt, wenn du vorrücken durftest oder umgekehrt, wenn du immer wieder stehen bleiben musstest und andere an dir vorbeiziehen sahst?
- Gab es Fragen, die besondere Empfindungen (Ärger, Wut usw.) in dir ausgelöst haben?

Erst nach diesen Fragen sollte das Rollenspiel enden, die Schüler wieder aus ihren Rollen schlüpfen und die tatsächliche Rollenbeschreibung bekannt gegeben werden! Es schließt sich der allgemeine Teil der Auswertung an:

• Hat die im Spiel gemachte Erfahrung etwas mit der gesellschaftlichen Realität in Deutschland zu tun?

• Gab es dabei für die Schüler neue Erfahrungen?

Spielidee nach: www.xenos-nuernberg.de und „Car Park" von Kurt Faller u. a., Konflikte selber lösen, S. 71

Fragen, die der Spielleiter (Lehrer) laut stellt: Kannst du …
1. einen Urlaub in deinem Heimatland verbringen?
2. den Führerschein machen?
3. dich scheiden lassen, ohne Angst um deine Aufenthaltserlaubnis haben zu müssen?
4. dir ein Motorrad kaufen und damit fahren?
5. deinen Geburtstag mit deiner ganzen Familie feiern?
6. dich nach Einbruch der Dunkelheit auf der Straße sicher fühlen?
7. Unterstützung von deiner Familie erwarten?
8. zwanzig Jahre im Voraus planen?
9. freitagabends mit Freunden in die Kneipe gehen?
10. ohne Probleme in ein anderes Bundesland umziehen, wenn du das willst?
11. am Nachmittag Freunde besuchen?
12. einer Arbeit nachgehen, die dir Spaß macht?
13. bei den nächsten Kommunalwahlen wählen?
14. ein Bankdarlehen zur Renovierung deiner Wohnung bekommen?
15. dich selbstständig machen und ein eigenes kleines Geschäft eröffnen?
16. eine Lebensversicherung abschließen?
17. am Wochenende Verwandte in der nächsten Stadt besuchen?
18. im örtlichen Schwimmverein Mitglied werden?
19. zahnärztliche Hilfe bekommen, wenn du sie brauchst?
20. ein Haustier halten?

Regieblätter für die Personenrollen (die Anweisungen für jede Person auf ein Blatt kopieren)

Rolle 1:
Du bist Inge, eine 35-jährige Krankenschwester, die vor zehn Jahren von Hannover hierher zugezogen ist. Du bist hierher gekommen, weil du deinem Freund damals gefolgt bist. Inzwischen habt ihr euch aber getrennt und dein damaliger Freund lebt auch nicht mehr hier. Trotzdem lebst du hier gerne, obwohl du alleine bist. Aber dein Beruf macht dir ja auch Spaß.

Rolle 1 – Regieanweisungen zu den Fragen:
1. vorrücken. Begründung: Ja, aber du würdest lieber fremde Länder bereisen.
2. vorrücken
3. vorrücken. Begründung: Ja, aber du brauchst gar keine Aufenthaltsgenehmigung.
4. vorrücken
5. vorrücken
6. stehen bleiben. Begründung: Manchmal fürchtest du dich.
7. vorrücken
8. vorrücken
9. vorrücken
10. vorrücken. Begründung: Das hast du ja bereits einmal getan.
11. vorrücken. Begründung: Wenn du nicht gerade arbeiten musst, dann schon.
12. vorrücken
13. vorrücken
14. vorrücken
15. vorrücken. Begründung: Aber das willst du nicht, du bist zufrieden mit deinem Beruf.
16. vorrücken
17. vorrücken
18. vorrücken
19. vorrücken. Natürlich, wofür bist du denn versichert!
20. vorrücken

Rolle 2:

Du bist Frank, 40 Jahre alt. Du hast die Hauptschule besucht und eine Ausbildung zum Schuhmacher absolviert. Jetzt arbeitest du als Angestellter in einem kleinen Laden im Stadtteil, in dem du auch geboren bist. Du bist verheiratet und hast ein kleines Kind. Deine Frau arbeitet als Fabrikarbeiterin im Schichtdienst einer großen Firma. Manchmal ist das Geld bei euch ganz schön knapp, aber ihr kommt damit zurecht, weil ihr bescheiden lebt. Ab und zu bekommst du auch Hilfe von deinen Eltern, die im selben Stadtteil leben.

Rolle 2 – Regieanweisungen zu den Fragen:

1. vorrücken
2. vorrücken. Begründung: Den hast du schon. Deine Eltern haben ihn dir bezahlt.
3. vorrücken
4. stehen bleiben. Begründung: Das kannst du dir nicht leisten.
5. vorrücken
6. vorrücken
7. vorrücken. Begründung: Deine Eltern haben dir schon öfter geholfen.
8. vorrücken
9. stehen bleiben. Begründung: Du musst auf dein Kind aufpassen.
10. stehen bleiben. Begründung: Deine Familie musst du dabei berücksichtigen.
11. stehen bleiben. Begründung: Da musst du leider arbeiten.
12. vorrücken
13. vorrücken
14. vorrücken
15. vorrücken
16. vorrücken
17. vorrücken. Begründung: Aber oft macht ihr das nicht.
18. vorrücken
19. vorrücken
20. vorrücken

Rolle 3:

Du heißt Maria und bist noch keine 16 Jahre alt. Du bist mit deinen Eltern vor zehn Jahren aus Polen gekommen. Damals warst du ein Einzelkind, aber inzwischen hast du zwei weitere Geschwister, auf die du nach der Schule aufpassen musst, während deine Eltern arbeiten.

Rolle 3 – Regieanweisungen zu den Fragen:

1. vorrücken. Begründung: Vielleicht nicht jedes Jahr, aber ihr fahrt öfter nach Polen.
2. stehen bleiben. Begründung: Du bist zu jung dafür.
3. vorrücken. Begründung: Theoretisch schon, aber du denkst ja noch nicht einmal an Heiraten.
4. stehen bleiben. Begründung: Du bist zu jung dafür.
5. stehen bleiben. Begründung: Deine Familie lebt viel zu verstreut.
6. stehen bleiben. Begründung: Da würdest du dich fürchten.
7. vorrücken
8. vorrücken
9. stehen bleiben. Begründung: Das würden deine Eltern nie erlauben! Na ja, und das Jugendschutzgesetz gibt es ja auch noch.
10. stehen bleiben. Begründung: Nicht ohne deine Eltern!
11. stehen bleiben. Begründung: Da musst du auf deine Geschwister aufpassen.
12. stehen bleiben. Begründung: Du gehst ja noch zur Schule.
13. stehen bleiben
14. stehen bleiben. Begründung: Dafür bist du noch zu jung.
15. stehen bleiben. Begründung: Dafür bist du noch zu jung.

16. stehen bleiben
17. vorrücken. Begründung: Du tust das aber nur mit deinen Eltern.
18. vorrücken
19. vorrücken
20. vorrücken

Rolle 4:
Du bist Hansi und lebst seit deiner Geburt hier in dieser Stadt. Du bist 32 Jahre alt und arbeitest als Programmierer in einer mittelständischen Firma. Du bist sehr sportlich und obgleich du gerne flirtest, ziehst du es vor, nicht zu heiraten.

Rolle 4 – Regieanweisungen zu den Fragen:
1. vorrücken. Begründung: Du lebst ja sowieso in deinem Heimatland.
2. vorrücken. Begründung: Den hast du schon.
3. vorrücken. Begründung: Ja, aber du willst erst gar nicht heiraten.
4. vorrücken. Begründung: Ja, du liebst es sowieso sportlich.
5. vorrücken
6. vorrücken
7. vorrücken
8. vorrücken
9. vorrücken
10. vorrücken
11. vorrücken
12. vorrücken
13. vorrücken
14. vorrücken
15. vorrücken. Begründung: Ja, aber du bist bei deiner Firma zufrieden.
16. vorrücken
17. vorrücken
18. vorrücken. Begründung: Das bist du schon längst.
19. vorrücken
20. vorrücken

Rolle 5:
Du bist Semra, eine 19-jährige Abiturientin, die hier in dieser Stadt geboren ist und deren Eltern aus der Türkei stammen. Deine Eltern haben ihre religiöse Überzeugung beibehalten und auch du bist mit diesem traditionellen muslimischen Hintergrund einverstanden und lebst nach dieser Überzeugung. Dein sehnlichster Wunsch ist es, einmal Lehrerin zu werden.

Rolle 5 – Regieanweisungen zu den Fragen:
1. vorrücken. Begründung: Ja, und das machst du auch sehr gern mit deinen Eltern.
2. vorrücken
3. vorrücken. Begründung: Ja, aber bevor du überhaupt heiratest, willst du erst noch studieren.
4. stehen bleiben. Begründung: Deine Eltern wären wohl kaum damit einverstanden.
5. vorrücken
6. stehen bleiben. Begründung: Manchmal fürchtest du dich.
7. vorrücken
8. vorrücken
9. stehen bleiben. Begründung: Deine Familie und du selbst auch finden das unschicklich.
10. stehen bleiben. Begründung: Nicht ohne deine Familie.

11. stehen bleiben. Begründung: Du darfst nicht alleine gehen.
12. stehen bleiben. Begründung: In manchen Bundesländern darfst du als Lehrerin kein Kopftuch tragen.
13. stehen bleiben. Begründung: rechtlich nicht möglich, du hast keinen deutschen Pass.
14. stehen bleiben. Begründung: Keine Bank würde dir als Schülerin einen Kredit geben.
15. vorrücken
16. vorrücken
17. vorrücken
18. stehen bleiben. Begründung: Du darfst nicht in Anwesenheit von Männern schwimmen.
19. vorrücken
20. vorrücken

Rolle 6:

Du bist Danny, ein 30-jähriger Asylbewerber aus Ghana in Afrika. Du hattest dich in der Gewerkschaft engagiert und bist dann von mächtigen Menschen verfolgt worden. Du bist vor dieser Situation geflohen, hast alles hinter dir gelassen und lebst jetzt seit kurzem in einem Asylbewerberwohnheim in einer Stadt in Bayern. Du bekommst 40 € im Monat Taschengeld und ansonsten Lebensmittel.

Rolle 6 – Regieanweisungen zu den Fragen:

1. stehen bleiben. Begründung: Das wäre viel zu gefährlich und du könntest dann auch nicht mehr nach Deutschland zurück.
2. stehen bleiben. Begründung: Den kannst du dir nicht leisten.
3. stehen bleiben. Begründung: Du hast ja noch nicht mal eine Aufenthaltsgenehmigung.
4. stehen bleiben. Begründung: Das ist viel zu teuer.
5. stehen bleiben. Begründung: Deine Familie lebt viel zu weit entfernt.
6. stehen bleiben. Begründung: Manchmal hast du Angst. Es gibt immer wieder mal Übergriffe.
7. stehen bleiben. Begründung: Deine Familie lebt viel zu weit entfernt.
8. stehen bleiben
9. vorrücken. Begründung: Ja, auch wenn du dir das selten leisten kannst.
10. stehen bleiben. Begründung: Die freie Wahl deines Wohnortes ist dir nicht erlaubt.
11. vorrücken
12. stehen bleiben. Begründung: Du bekommst keine Arbeitserlaubnis.
13. stehen bleiben. Begründung: Daran ist überhaupt nicht zu denken.
14. stehen bleiben
15. stehen bleiben. Begründung: Du darfst ja noch nicht einmal arbeiten.
16. stehen bleiben. Begründung: Bei deiner unsicheren Zukunft?
17. stehen bleiben. Begründung: Du darfst die Stadt nicht ohne behördliche Erlaubnis verlassen.
18. stehen bleiben. Begründung: Das kannst du dir nicht leisten.
19. stehen bleiben. Begründung: Jedenfalls nicht jede.
20. stehen bleiben

Rolle 7:

Du bist Susi, eine 20-jährige aidskranke Frau, die in einem Dorf in der Nähe aufgewachsen ist. Seitdem du mit der Schule fertig bist, lebst du in dieser Stadt. Der Kontakt zu deinen Eltern ist abgebrochen, die dich wegen der „Schande" nicht mehr sehen wollen. Du beziehst Sozialhilfe, weil du wegen deiner Krankheit nicht arbeiten kannst.

Rolle 7 – Regieanweisungen zu den Fragen:

1. stehen bleiben. Begründung: Deine Eltern würden das nicht wollen.
2. stehen bleiben. Begründung: Den kannst du dir nicht leisten.
3. vorrücken

4. stehen bleiben. Begründung: Das ist viel zu teuer und erlaubt auch deine Gesundheit nicht.
5. stehen bleiben. Begründung: Der Kontakt zu deiner Familie ist abgebrochen.
6. stehen bleiben. Begründung: Nein, nicht wirklich.
7. stehen bleiben
8. stehen bleiben. Begründung: Ob du dann noch lebst?
9. vorrücken. Begründung: Wenn das deine gesundheitliche Verfassung zulässt.
10. vorrücken
11. vorrücken
12. stehen bleiben. Begründung: Das lässt deine gesundheitliche Verfassung nicht zu.
13. vorrücken
14. stehen bleiben. Begründung: Keine Bank würde dir einen Kredit gewähren.
15. vorrücken. Begründung: Rechtlich ja.
16. stehen bleiben. Begründung: Du würdest die Bedingungen nicht erfüllen.
17. vorrücken
18. stehen bleiben. Begründung: Deine Gesundheit lässt das nicht zu.
19. stehen bleiben. Begründung: Jedenfalls nicht jede.
20. vorrücken

Rolle 8:
Du bist Andriko. Deine Eltern sind vor vielen Jahren aus Kasachstan hierher gekommen und seitdem arbeiten sie hier. Du bist teilweise bei deinen Großeltern in Kasachstan und teilweise hier in Deutschland aufgewachsen. Du bist jetzt 26 Jahre alt und möchtest gerne eine eigene Tankstelle betreiben. Als Mechaniker könntest du von den Aufträgen sicher ganz gut leben. Du bist seit kurzem mit einer deutschen Frau verheiratet.

Rolle 8 – Regieanweisungen zu den Fragen:
1. vorrücken. Begründung: Aber selbstverständlich, es ist ja auch gar nicht so weit.
2. vorrücken
3. stehen bleiben. Begründung: In den ersten zwei Jahren nach der Eheschließung darfst du dich nicht von deiner deutschen Frau trennen.
4. vorrücken
5. stehen bleiben. Begründung: Deine Familie lebt so verstreut, dass sie nicht alle auf einmal zusammenkommen können.
6. vorrücken
7. vorrücken
8. vorrücken
9. vorrücken
10. stehen bleiben. Begründung: Du musst eine eheliche Lebensgemeinschaft mit deiner Frau führen. Du kannst nur umziehen, wenn sie mitkommt.
11. vorrücken
12. stehen bleiben. Begründung: Du kannst dich noch nicht selbstständig machen.
13. stehen bleiben. Begründung: Als Nichtdeutscher darfst du nicht wählen.
14. vorrücken
15. stehen bleiben. Begründung: Du hast noch nicht den gesicherten Aufenthaltsstatus, der dir eine selbstständige Tätigkeit erlauben würde.
16. vorrücken
17. vorrücken
18. vorrücken
19. vorrücken
20. vorrücken

VII. Spiele zur Kommunikation und Konfliktbearbeitung

70. Stühle kippen

Klassenstufe: 5–10
Ziele: Kommunikationsmuster von Gruppen verdeutlichen; achtsames Umgehen miteinander spüren und gemeinsam einüben
Arbeitsform: Stuhlkreis in der Klasse, Bewegungsspiel
Material/Vorbereitung: keines
Zeit: 15–20 Minuten

Beschreibung: Die Schülerinnen stellen ihre Stühle mit der Lehne nach außen zu einem Kreis und begeben sich außerhalb des Kreises hinter ihren Stuhl. Eine Hand wird auf den Rücken gelegt und die andere greift jetzt die Stuhllehne so, dass der Stuhl leicht nach innen gekippt wird. Die Aufgabe besteht nun darin, von einem Stuhl zum anderen zu wandern, also mit der Hand immer zur nächsten Stuhllehne zu greifen, sodass keiner der Stühle dabei umkippt. Nur wenn die Spieler achtsam miteinander umgehen, kann diese Aufgabe gelingen. Sie müssen ganz genau beobachten, was der Nachbar tut, um genau im richtigen Augenblick die eigene Stuhllehne loszulassen und zum nächsten Stuhl zu greifen, sodass dieser nicht umkippt. Falls die Lehrerin mitspielt, kann sie das Startzeichen geben, sollte aber keine „Kommando-Rolle" übernehmen.

Variante: Das Spiel in einem zweiten Durchgang spielen, ohne dabei zu sprechen. Oft führt die nonverbale Variante zu einem besseren Ergebnis.

Auswertung:
- Hat jemand automatisch begonnen, die Kommandos zu geben, oder wurde es jemandem zugewiesen? Inwieweit spielt dabei auch die Beliebtheit dieser Schülerin in der Klasse eine Rolle?

- Wurde auch kontrolliert, ob die Anweisungen eingehalten wurden?
- Falls die Lehrerin mitgespielt hat, wurde von ihr erwartet, dass sie die Kommandos übernimmt?
- Wurde geschummelt (z. B. die andere Hand zu Hilfe genommen)?
- Bei wem ist der Stuhl mal umgekippt, woran lag das und wie hat der Schüler sich da gefühlt?
- Funktioniert das Spiel nur mit „Anführer" oder auch nonverbal?
- Was hat das Spiel mit Kommunikation zu tun? Welche „Kommunikationsmuster" in der Klasse hat das Spiel gezeigt?

71. Gesagt – gehört – gemalt

Klassenstufe: 5–10
Ziele: Schwierigkeiten in der Kommunikation erkennen; aktives Zuhören und genaues Erklären üben; Perspektivenwechsel vornehmen, Wahrnehmung schulen
Arbeitsform: Malübung in Partnerarbeit, Klassengespräch
Material/Vorbereitung: Postkarten mit Kunstdrucken, Kalenderbilder o. Ä., mindestens in Klassenstärke; Malstifte, Papier
Zeit: 60–90 Minuten

Beschreibung: Unterschiedliche Postkarten (je abstrakter, desto schwieriger!) werden auf zwei Tischen verteilt. Alle Schüler wählen je eine Postkarte, ohne das Bild den anderen zu zeigen. Jeder sucht sich dann einen Partner. Die Spielpaare setzen sich Rücken an Rücken, sodass die Bilder sowie die Gestik oder Mimik des Partners nicht gesehen werden können.

Jeder wählt nun passende Malstifte für seinen Spielpartner aus. Dann beginnt einer der beiden seine Postkarte zu beschreiben, während der Partner nach dieser Beschreibung malt. Der malende Schüler darf keine Fragen stellen bzw. überhaupt nicht sprechen. Wenn die Postkarte gemalt ist, werden die Rollen gewechselt. Sind beide fertig, werden die Vorlagen und die nach Anweisung gemalten Bilder miteinander verglichen. Danach erfolgt die Auswertung im Klassenverband.

Auswertung:

- Wie ähnlich sind Postkartenvorlage und gezeichnetes Bild? Ist das Hauptmotiv zu erkennen?
- Wer hat trotz gegenteiliger Anweisung gesprochen?
- Wer hat lieber gemalt, wer lieber erklärt? Was war leichter?
- Wer hat nach den ersten erklärenden Worten sofort begonnen zu malen und wer hat erst mal weitere Erklärungen abgewartet?
- Welche Anweisungen der Partnerin haben gefehlt?
- Wurden die Perspektiven jeweils verstanden (z. B. „rechts" = vom Zeichner aus gesehen oder vom Bild selbst)?
- Wie weit haben eigene Bilder im Kopf beim Malen geholfen oder behindert?
- Was hat diese Übung mit „Kommunikation" zu tun?

Spielidee nach: www.cap.uni-muenchen.de/publikationen/toleranz/achtung_toleranz.htm

72. Wertepyramide

Klassenstufe: 5–10
Ziele: sich der eigenen Werte und Normen bewusst werden; die eigenen Werteprioritäten mit denen von Mitschülern vergleichen; Werte der deutschen Schüler mit denen der ausländischen Mitschülerinnen vergleichen
Arbeitsform: Einzelarbeit, Gruppenarbeit und Klassengespräch
Material/Vorbereitung: Arbeitsblatt (siehe Kopiervorlage)
Zeit: 45 Minuten
Hinweis: je nach Zielsetzung ist die multikulturelle Zusammensetzung der Klasse vorteilhaft

Beschreibung: Zum Einstieg ins Thema sollen die Schüler zunächst darüber nachdenken, was für sie in ihrem Leben wichtig ist (vor allem bei unteren Klassen wichtig). Im Brainstorming-Verfahren werden die unterschiedlichen Wertebegriffe gesammelt und an der Tafel notiert.

Jetzt erhält jeder ein Arbeitsblatt „Wertepyramide", wählt für sich die zehn wichtigsten Begriffe aus und sortiert sie pyramidenförmig, der wichtigste Begriff steht an der Spitze.

Danach werden Arbeitsgruppen von vier bis sechs Schülern gebildet. Wenn die Wertvorstellungen der deutschen Schüler mit denen ihrer ausländischen Mitschülerinnen verglichen werden sollen, sind Kleingruppen getrennt nach kultureller Herkunft sinnvoll.

In der Gruppe wird darüber gesprochen, was für jeden Einzelnen am wichtigsten ist und warum. Sie diskutieren den Stellenwert der einzelnen Werte, z. B.: An welcher Stelle steht für dich „Freundin", „Familie" oder „reich sein"? Als Ergebnis der Diskussion soll eine gemeinsame Gruppenpyramide entstehen, mit der sich alle auch identifizieren können.

Anschließend werden im Klassenverband die Gruppenpyramiden (oder auch Einzelpyramiden) verglichen. Eventuell kann im Anschluss auch noch eine gemeinsame Klassenpyramide erstellt werden.

Auswertungsfragen an die Schüler:

- Was ist dir bei der Übung deutlich geworden? Welche Werte sind wichtig für dich, welche sind nicht so wichtig?
- Weichst du in deiner persönlichen Wertepyramide stark von der Gruppenpyramide ab? Hast du einige wichtige Werte einfach „vergessen"? Hast du nach der Diskussion deine Einordnung noch mal geändert?
- Stehen bei ausländischen Schülerinnen signifikant andere Werte an der Spitze (z. B. Familie, Religion) bzw. tauchen manche gar nicht auf?

„Wertepyramide"

73. Vier-Ecken-Spiel

Klassenstufe: 7–10
Ziele: Standpunkte diskutieren; Meinungsbildung zu interkulturellen Themen fördern; Argumentation schulen
Arbeitsform: Gruppendiskussion und Klassengespräch
Material/Vorbereitung: Die Lehrerin bereitet zu verschiedenen Fragestellungen Statements vor und schreibt diese groß auf einzelne Papierbögen, für jedes Statement also ein eigenes Blatt Papier.
Zeit: 45–90 Minuten, je nach Anzahl der Statements
Hinweis: Das Spiel eignet sich gut zum Einstieg in ein Thema. Die einzelnen Fragestellungen müssen der Klassenstufe und Situation angepasst werden. Bei großen Klassen sollten mehr als vier Statements formuliert werden, um die Diskussionsgruppen zu verkleinern, dabei sollten möglichst gegensätzliche Standpunkte formuliert werden.

Beschreibung: Die auf Bögen geschriebenen Statements zu einem Thema werden in den vier Ecken des Klassenzimmers aufgehängt. Die Lehrerin nennt nun die dazugehörige Fragestellung bzw. das Thema und die Schüler entscheiden sich für die Raumecke, in der das Statement hängt, dem sie am ehesten zustimmen können und das sie für das wichtigste halten.

So findet sich in jeder Ecke eine Kleingruppe zusammen, die jeweils 10–15 Minuten lang über dieses Statement diskutiert und weitere Argumente sammelt, die dieses untermauern. Dabei sollen möglichst persönliche Erfahrungen ausgetauscht werden.

Dann startet die nächste Runde mit den neuen Statements zu einem anderen Thema. Dabei entstehen immer wieder neue Kleingruppen zum Erfahrungs-, Meinungs- und Gedankenaustausch.

Falls die Ergebnisse in einem späteren Klassenplenum besprochen werden sollen, erhält jede Gruppe den Auftrag, auf zuvor vorbereiteten Plakaten ihre Ergebnisse stichwortartig festzuhalten. Diese Plakate bilden dann die Grundlage für Nachfragen in der Klasse.

Beispiele für Themen und Statements für die Klasse 7:
Thema: Das muss ich für ein gutes Auskommen mit Menschen anderer kultureller Herkunft tun:
- Ich muss regelmäßig Kontakte und Freundschaften mit ihnen pflegen.
- Ich muss das „Anders-Sein" akzeptieren.
- Wir sollten eine gemeinsame „Sprache" sprechen.
- Noch wichtiger ist …

Thema: Man kann Menschen anderer kultureller Herkunft besser verstehen, wenn man …
• Hintergrundwissen über ihre Herkunftsländer hat
• keine Vorurteile hat
• neugierig und offen ist

Thema: Was Politiker tun sollten:
• alle Grenzen abschaffen, dann gibt es nirgends mehr „Ausländer"
• die Herkunftsstaaten finanziell unterstützen, dann braucht niemand mehr nach Deutschland kommen
• den Zuzug von Migranten steuern

Themen und Statements für die Klassenstufen 8–10:
Thema: Ein friedliches Zusammenleben zwischen Deutschen und Zuwanderern setzt voraus bzw. ist nur möglich, wenn …
• es eine rechtliche Gleichstellung von Migranten und Deutschen gibt
• es eine Quotenregelung bei der Zuwanderung von Ausländern gibt
• alle Grenzen abgeschafft werden, dann ist niemand „Ausländer"

Thema: Deutschland bzw. Europa muss Flüchtlinge aufnehmen, weil …
• es eine moralische Verpflichtung aufgrund unserer Vergangenheit gibt
• es keine „Wirtschaftsflüchtlinge" gibt. Auch Hunger ist ein berechtigter Grund zur Flucht
• reiche Industrieländer eine Mitschuld an der Armut anderer Länder tragen

Thema: Ursachen von Fremdenfeindlichkeit und Rassismus sind …
• eine gestiegene Zahl von Migranten und Flüchtlingen in Deutschland
• die Medien mit ihrer einseitigen (oder verzerrten) Berichterstattung
• soziale Unsicherheit (Arbeitslosigkeit usw.)

Auswertung:
• Ergaben die Diskussionen in den „Vier-Ecken-Gruppen" neue Denkanstöße bzw. wurde das Meinungsspektrum, die Einsicht erweitert?
• Wie ehrlich wagten es die Schüler, ihre Meinung auszudrücken?
• Haben ausländische Mitschüler sich bei bestimmten Fragestellungen (z. B. bezüglich rechtlicher Stellung) signifikant anders zugeordnet als ihre deutschen Mitschüler?

74. Was wäre, wenn ...?

Klassenstufe: 8–10
Ziele: Meinungsbildung zum Thema „Kulturelle und politische Aspekte des Zusammenlebens mit Menschen aus anderen Kulturen"
Arbeitsform: Kleingruppenarbeit und Klassendiskussion
Material/Vorbereitung: Was-wäre-wenn-Zettel und ein Feedback-Bogen (DIN A3) für jede Kleingruppe (siehe Kopiervorlagen); die Fragen müssen ggf. entsprechend der Situation in der Klasse abgewandelt werden
Zeit: 45–60 Minuten

Beschreibung: Die Klasse wird in Kleingruppen mit maximal sechs Schülern eingeteilt. Die Was-wäre-wenn-Zettel liegen verdeckt auf dem vorgezeichneten Feld auf dem Feedback-Bogen. In jeder Kleingruppe wird eine Spielleiterin bestimmt oder die jüngste Mitschülerin nimmt einen Zettel auf, liest ihn laut allen Mitspielerinnen vor und gibt ihn dann einer Mitspielerin ihrer Wahl zur Beantwortung weiter.

Die Schülerin, die den Zettel bekommen hat, soll nun Einfälle zu der beschriebenen Was-wäre-wenn-Situation erzählen. Das können ernste oder lustige Einfälle sein, aber auf jeden Fall sollten sie möglichst persönlich sein, also die eigenen Ansichten zur Situation wiedergeben. Zwischen- und Nachfragen der Mitspielerinnen sind erwünscht.

Danach äußert jede reihum ihre Meinung zu dem eben Gehörten (Feedback). Die Meinungsäußerung muss mit einem der vorgeschlagenen Satzanfänge beginnen. Es kann sich auch darüber hinaus ein Gespräch zum Kärtchenthema entwickeln.

Dann nimmt die Spielerin, die als erste ihre Einfälle geäußert hat, den nächsten Zettel vom Stapel, liest ihn laut vor und gibt ihn an jemanden weiter, von dem sie die Einfälle zur Situation hören möchte.

Das Spiel ist entweder nach einer zuvor vereinbarten Zeit oder wenn alle Zettel vorgelesen sind, zu Ende. Wenn alle Kleingruppen das Spiel beendet haben, werden besonders interessante Äußerungen mit der ganzen Klasse diskutiert.

Spielidee nach: Ulrich Baer, in: Remscheider Diskussionsspiele

Was wäre, wenn ...?

Ich fand deine Schilderung interessant, weil …
Ich hatte das Gefühl bei deiner Schilderung, dass …
Ich möchte kritisieren, dass …
Mir fehlt bei deinen Einfällen …
Als Erstes fällt mir zu deiner Schilderung ein: …
Mir gefiel nicht so ganz, dass …
Mich persönlich hat vor allem angesprochen …
Sehr wichtig fand ich, dass du …

Sehr wichtig fand ich, dass du …
Mich persönlich hat vor allem angesprochen …
Mir gefiel nicht so ganz, dass …
Als Erstes fällt mir zu deiner Schilderung ein: …
Mir fehlt bei deinen Einfällen …
Ich möchte kritisieren, dass …
Ich hatte das Gefühl bei deiner Schilderung, dass …
Ich fand deine Schilderung interessant, weil …

© Cornelsen Verlag Scriptor, Berlin • Rademacher/Wilhelm, Interkulturelle Spiele

„Was-wäre-wenn-Zettel"

Was wäre, wenn ... *... von heute auf morgen alle Migranten Deutschland verlassen müssten?*	*Was wäre, wenn ...* *... du von deinen Eltern für ein Jahr auf eine Schule nach Großbritannien geschickt würdest?*
Was wäre, wenn ... *... alle Migranten ab morgen bei uns auch das volle Wahlrecht hätten?*	*Was wäre, wenn ...* *... du plötzlich auf einer einsamen Insel notlanden müsstest, wo dir die Sprache und das Verhalten der dort lebenden Menschen völlig fremd und unverständlich wären?*
Was wäre, wenn ... *... alle Menschen der Welt nur noch eine Sprache sprächen?*	*Was wäre, wenn ...* *... du noch einmal zur Welt kämst, dann aber als Russe oder Türke bzw. Deutscher?*
Was wäre, wenn ... *... aus arbeitsmarktpolitischen Gründen in Deutschland das Beantragen einer Arbeitserlaubnis auch für Deutsche zur Pflicht würde?*	

Was wäre, wenn ...

... du mit jemandem, dessen Sprache du nicht sprichst, deine Wohnung teilen müsstest?

Was wäre, wenn ...

... das Reisen in andere Länder so eingeschränkt würde, dass dies nur alle drei Jahre geschehen könnte?

Was wäre, wenn ...

... du plötzlich merken würdest, dass deine Umgebung sich abweisend und ablehnend dir gegenüber verhält (z. B. wegen deines Aussehens)?

Was wäre, wenn ...

... alle Asylsuchenden in Deutschland völlig unproblematisch Aufnahme fänden?

Was wäre, wenn ...

... der Euro wieder abgeschafft würde?

Was wäre, wenn ...

... morgen alle Staatsgrenzen abgeschafft würden?

Was wäre, wenn ...

... du Ausländerbeauftragte der Bundesregierung wärst?

75. Meinungsspektrum

Klassenstufe: 8–10 (bei entsprechend umformulierten Meinungskarten auch mit jüngeren Schülern spielbar)
Ziele: Meinungen über das Zusammenleben mit Migranten diskutieren und ein Meinungsbild in der Gruppe darüber herstellen
Arbeitsform: Kleingruppenarbeit und Klassengespräch; Variante: Diskussionsspiel in der Klasse
Material/Vorbereitung: Meinungskarten, die entweder aus den vorliegenden ausgesucht oder neu entworfen werden, Abstimmzettel und Wettkarten (siehe Kopiervorlagen) für jede Kleingruppe vorbereiten
Zeit: ca. 60–90 Minuten

Beschreibung: Die Klasse wird in Kleingruppen zu sechs bis acht Schülern aufgeteilt. Die vorbereiteten Meinungskarten werden verdeckt auf einen Stapel in die Mitte der Runde gelegt. Jede Schülerin hat einen Satz Abstimmzettel und einen Satz Wettkarten ebenfalls umgedreht vor sich liegen. Die jüngste Spielerin beginnt. Sie nimmt eine Meinungskarte vom Stapel und liest sie laut vor, legt sie dann offen neben den Stapel, damit jeder, falls gewünscht, noch einmal nachlesen kann.

Jede Mitspielerin – auch die Vorleserin – überlegt sich nun eine Stellungnahme zu der vorgelesenen Meinung. Alle überlegen also, ob sie eher oder voll zustimmen oder eher oder gänzlich ablehnen oder sich der Stimme enthalten wollen. Dann wählt jede den ihrer Stellungnahme entsprechenden Abstimmzettel (mit den Ziffern 0 bis 4) aus und legt diesen umgedreht vor sich hin, sodass die persönliche Abstimmung noch nicht sichtbar ist.

Jetzt wettet jeder, ob die Mehrheit der Spielgruppe wohl eher zustimmt, eher ablehnt oder größtenteils sich enthalten wird. Dazu wählt jetzt jede die ihrer Einschätzung nach zutreffende Wettkarte aus (Karten mit E, A und Z). Diese legen die Schüler ebenfalls verdeckt vor sich hin.

Wenn die Spieler so weit sind, drehen alle gleichzeitig ihre Abstimmzettel und Wettkarten um. Über das Ergebnis und die vertretenen Meinungen wird nun ausführlich diskutiert, z. B. indem einzelne spontan oder reihum ihre Stimmabgabe begründen.

Dann ist der nächste Spieler an der Reihe (z. B. der Nachbar zur Linken der ersten Spielerin). Er liest eine neue Meinungskarte vor und das Spiel wird in der oben beschriebenen Weise fortgesetzt. Das Spiel endet mit der letzten Meinungskarte oder nach einer vorher festgelegten Zeit.

Wichtige Ergebnisse der Kleingruppen werden abschließend in der Klasse vorgestellt und diskutiert.

Variante für die ganze Klasse: Statt mit einzelnen vor sich liegenden Abstimmzetteln abzustimmen, könnten vergrößerte Zettel in jeweils einfacher Ausfertigung im Raum verteilt liegen. Bei der Abstimmung ordnen sich die Schüler dann dem jeweiligen Zettel (Enthaltung, Zustimmung, Ablehnung) zu. In diesem Fall ist es auch sinnvoll, die Meinungskarten als Wandplakat für alle sichtbar nacheinander aufzuhängen oder als Folie auf einen Overhead-Projektor zu legen. Das Wetten bzw. Einschätzen des Abstimmungsverhaltens der anderen Schüler entfällt bei dieser Variante.

Variante für jüngere Schüler: Wird das Spiel mit jüngeren Schülern gespielt, könnten die Abstimmzettel jeweils an einen Stuhl geheftet sein. Die Schülerinnen setzen sich dann bei der Abstimmung auf den betreffenden Stuhl, um noch zusätzlich Action ins Spiel einzubauen. Für das Spiel mit jüngeren Kindern müssten die Meinungskarten allerdings neu formuliert werden.

Spielidee nach: Ulrich Baer, aus: Remscheider Diskussionsspiele

Meinungskarten

Ich habe keine Vorurteile gegen Ausländer, aber stellt euch mal vor, wenn es keine Beschränkungen für die Zureise von Migranten oder Asylbewerbern gäbe, dann wären die Deutschen in diesem Land ja bald selbst in der Minderheit!

Ich finde es schon wichtig, dass Menschen, die in ihrer Heimat verfolgt werden und Angst um ihr Leben haben müssen, in Deutschland ein Recht auf Asyl haben. Bei Hitler damals mussten ja auch viele Deutsche das Land verlassen und waren froh, dass sie anderswo aufgenommen wurden.

Ich glaube, die meisten Asylbewerber, die nach Deutschland oder Europa kommen, sind doch nur Wirtschaftsflüchtlinge, sonst würden sie doch sicher lieber in einen ihrer Nachbarstaaten fliehen, wo die kulturellen Unterschiede nicht so groß sind.

Ich denke, dass viele Deutsche, die Vorbehalte und Ängste gegenüber Zuwanderern aus anderen Ländern haben, selbst noch überhaupt keinen persönlichen Kontakt zu ihnen hatten. Durch ein gegenseitiges Kennenlernen und den Kontakt zueinander vermindern sich auch die Vorbehalte, die man gegeneinander hat.

Ich finde, mit Schlagworten wie „Überfremdung", „Zeitbombe" oder „ungezügelter Zustrom von Ausländern" machen Politiker und Medien bewusst Stimmung gegen Zuwanderer und schüren Ängste bei den Menschen.

Ich habe gern zu Menschen mit unterschiedlichem kulturellem Hintergrund Kontakt, fast lieber als zu Deutschen, weil ich bei ihnen oft noch ein sehr viel mitmenschlicheres, offeneres und wärmeres Verhalten entdecke als bei den verbohrten Deutschen.

Auch wenn ich mir über Religion keine großen Gedanken mache und selbst auch einige Freunde habe, die ursprünglich aus anderen Ländern kommen, würde ich allen davon abraten, eine feste Beziehung mit einem Partner anderen Glaubens einzugehen. Unsere Religionen sind doch so unterschiedlich, da ist das Scheitern der Beziehung vorprogrammiert.

Ich finde es gut, dass Menschen aus anderen Ländern hier in Deutschland leben. Denn jeder Kontakt mit anders denkenden, vielleicht auch anders fühlenden und handelnden Menschen zwingt mich immer wieder aufs Neue, mich kritisch mit meinem eigenen Verhalten und Denken auseinander zu setzen. Letztendlich, finde ich, können Deutsche und Zuwanderer unheimlich viel voneinander lernen.

Damit Deutsche Migranten besser verstehen können, finde ich es wichtig, dass beide mehr voneinander erfahren, d. h., Deutsche könnten z. B. türkische Tänze lernen und sich in der griechischen Küche üben. Das wäre sicher ein ganz guter Schritt in Richtung mehr Verständigung.

Ich finde, der unterschiedliche kulturelle Hintergrund von Migranten und Deutschen ist nicht Grund für etwaige Probleme des Zusammenlebens. Die Hauptursache ist doch, dass wir, Ausländer wie Deutsche, nie gelernt haben, anders denkende oder anders handelnde Menschen zu akzeptieren. Keine der unterschiedlichen Kulturen erzieht zu Toleranz und zum offenen Umgang miteinander.

Da kannst du behaupten, was du willst: Ich bin überzeugt davon, dass es im Kontakt mit Menschen anderer kultureller Herkunft leichter zu Missverständnissen kommt als zwischen Menschen aus dem gleichen Land. Und das macht natürlich auch Freundschaften zu ihnen schwieriger, aber vielleicht auch spannender.

Für mich besteht kaum ein Unterschied zwischen Deutschen und Migranten oder Asylbewerbern. Einige sind mir eben sympathisch, andere nicht. Die Nationalität spielt da überhaupt keine Rolle.

© Cornelsen Verlag Scriptor, Berlin • Rademacher/Wilhelm, Interkulturelle Spiele

Wettkarten

E	Z	A
Enthaltungen überwiegen	Zustimmungen überwiegen	Ablehnungen überwiegen
Stimmkarten mit der 0	Stimmkarten mit der 1 oder 2	Stimmkarten mit der 3 oder 4

E	Z	A
Enthaltungen überwiegen	Zustimmungen überwiegen	Ablehnungen überwiegen
Stimmkarten mit der 0	Stimmkarten mit der 1 oder 2	Stimmkarten mit der 3 oder 4

Abstimmzettel

0	1	2	3	4
Enthaltung	volle Zustimmung	Zustimmung	Ablehnung	volle Ablehnung
Kann oder möchte nicht entscheiden	Die Meinung finde ich völlig richtig.	Ich stimme der Meinung größtenteils zu.	Die Meinung finde ich größtenteils falsch.	Dieser Meinung stimme ich überhaupt nicht zu.

0	1	2	3	4
Enthaltung	volle Zustimmung	Zustimmung	Ablehnung	volle Ablehnung
Kann oder möchte nicht entscheiden	Die Meinung finde ich völlig richtig.	Ich stimme der Meinung größtenteils zu.	Die Meinung finde ich größtenteils falsch.	Dieser Meinung stimme ich überhaupt nicht zu.

76. Fishbowl

Klassenstufe: 6–10; auch für eine Schülerbegegnung geeignet
Ziele: eigenständige Meinungsbildungsprozesse fördern; vorgefasste Bilder kritisch hinterfragen; Empathie entwickeln
Material/Vorbereitung: Innen- und Außenstuhlkreis
Arbeitsform: Innenkreisdiskussion, Klassengespräch
Zeit: 45–90 Minuten
Hinweis: Die Übung setzt ein Vertrauensverhältnis in der Klasse bzw. bei einer Schülerbegegnung voraus und sollte daher nicht zu Beginn eines Klassenbildungsprozesses bzw. einer Begegnung eingesetzt werden.

Beschreibung: Bei dieser Übung sitzen ausgewählte Schüler bzw. Freiwillige im Innenkreis (möglichst nicht mehr als zehn Personen, sonst wird das Diskutieren schwierig) und diskutieren stellvertretend für die anderen für eine begrenzte Zeit eine vorgegebene Fragestellung, während der Rest der Klasse im Außenkreis sitzt und nur zuhört. Die Innenkreisdiskussion darf nicht durch Zurufe oder Einmischungen aus dem Außenkreis gestört werden. Das Diskussionsthema steht für alle sichtbar an der Tafel. Die Diskussionsrunde beginnt mit einem kurzen Statement jedes Teilnehmers des Innenkreises.

Im Innenkreis gibt es einen freien Stuhl, auf den sich jeder aus der Zuschauergruppe setzen kann, der zusätzlich einen Diskussionsbeitrag einbringen möchte. Sobald er sein Argument artikuliert hat, verlässt er den Innenkreis wieder und macht den Stuhl frei für einen anderen Diskussionsteilnehmer aus dem Außenkreis.

Anmerkung: Diese Übung hilft, ein Thema, das zur Entscheidung steht, schneller und gezielter zu bearbeiten. Insbesondere dann, wenn es unterschiedliche Positionen in der Klasse zu einer Frage gibt, z. B. Ziel der Klassenfahrt. Hier könnten die verschiedenen Gruppen jeweils einen oder zwei Sprecher wählen, die in ihrem Auftrag diskutieren.

Denkbar ist aber auch, dass Vertreter von Kleingruppen mit unterschiedlichem Arbeitsauftrag ihre Erfahrungen im Innenkreis diskutieren.

Variante (auch geeignet für eine Schülerbegegnung): Hierbei geht es darum, unterschiedliche Meinungen von Deutschen und Migranten bzw. den Schülern aus einem anderen Land in Erfahrung zu bringen. Die Klasse wird geteilt, in Migranten und Deutsche oder in Schüler aus Deutschland und dem Begegnungsland. Zunächst sitzt die erste Gruppe im Innenkreis und diskutiert eine vorgegebene Fragestellung und notiert wichtige Ergebnisse auf einem Zettel. Nach einer vereinbarten Zeitspanne (z. B. 20 Minuten) wechseln die beiden Gruppen ihre Sitzpositionen, und die Gruppe aus dem Außenkreis diskutiert nun im Innenkreis die gleiche Frage, während die vormalige Innenkreis-Gruppe nun außen sitzt und ihrerseits nur zuhören darf. Nachdem beide Gruppen im Innenkreis diskutiert haben, werden die Erfahrungen in der Klasse ausgewertet.

Bei einer Schülerbegegnung wäre auch denkbar, die Übung so einzusetzen, dass die Schüler im Innenkreis nur in ihrer Sprache sprechen und am Schluss die Frage gestellt wird: Was wurde jeweils verstanden?

Diese Form setzt Offenheit und Bereitschaft zum Dialog voraus. In einer angespannten Situation könnte sich die Gruppe, die beginnt, im Nachteil fühlen, weil sie als erste „ins kalte Wasser springen" muss und die zuhörende Gruppe sich bereits auf die Argumente der anderen Gruppe beziehen kann. Um hier als Lehrer möglichst neutral zu sein, kann man die beginnende Gruppe durch das Los bestimmen. Manchmal ist es aber auch angebracht, die argumentationsstärkere oder die homogener auftretende Gruppe beginnen zu lassen. Denkbar ist auch ein Rotationssystem, bei dem darauf geachtet wird, dass die Gruppen bei jedem Einsatz dieser Methode immer abwechselnd beginnen.

In der Praxis hat sich gezeigt, dass dadurch, dass die innen sitzende Gruppe der anderen den Rücken zuwendet, in gewisser Weise eine intime und vertrauliche Atmosphäre entsteht. Gerade bei Gruppen, die eine scheinbar homogene Meinung vertreten, besteht die Chance, dass sich im Innenkreis differenziertere Positionen herauskristallisieren und dass sich das Bild der homogenen (kulturellen) Gruppe meist relativiert und auf jeden Fall ausdifferenziert.

Die Gruppe im Außenkreis muss zuhören lernen, kann nicht unmittelbar reagieren und muss sich ihre Argumente für einen späteren Zeitpunkt aufbewahren. So hat sie die Chance, sich besser in die andere Gruppe hineinzuversetzen und mit ihr mitzufühlen. Insofern bietet diese Übung die Chance der Entwicklung gegenseitiger Empathie.

Die Methode hat sich auch bei der Bearbeitung von (interkulturellen) Konflikten bewährt.[1]

---

1 Vgl. Philipp/Rademacher, S. 92, Haumersen u. a., S. 160 ff., sowie Steinweg 1990 und Rademacher 1991, S. 101 ff.

Mögliche Fragestellungen bzw. Diskussionsthemen für die Fishbowl:
Themen für die Klassen 6–8:
* Was sind die Ursachen für Missverständnisse und Konflikte in dieser Klasse?
* Was muss getan werden, um das Verhältnis von Deutschen und Migranten zu verbessern?
* Wenn man in ein anderes Land reist, muss man sich den dortigen Gepflogenheiten anpassen – oder wie denkt ihr darüber?

Mögliche Diskussionsthemen für die Klassen 9–10:
* Was ist eure Meinung zu Liebesbeziehungen vor der Eheschließung?
* Was haltet ihr von arrangierten Ehen im Gegensatz zur Liebesheirat?
* Denkt ihr, dass man alles Verhalten anderer Menschen akzeptieren oder zumindest tolerieren muss, um ein möglichst konfliktfreies Zusammenleben zu ermöglichen?
* „Junge Menschen sollten bis zur Heirat bei ihren Eltern leben" – Was ist euer Standpunkt dazu?
* Moscheen mit Minaretten in allen Städten Deutschlands – was haltet ihr davon?

Diskussionsthemen, die besonders auch für eine Schülerbegegnung geeignet sind:
* Wie sehen wir die Deutschen bzw. die Migranten? (Falls ein großes Vertrauensverhältnis besteht oder wenn es darum geht, verdeckte Positionen offen zu legen, kann die Frage auch lauten: Was ist unsere Meinung über die deutschen Mitschüler bzw. die Mitschüler aus anderen Ländern?)
* Wie beurteilt ihr den Umgang mit Minderheiten in eurem Land?
* Ist eine gemeinsame Zuwanderungspolitik für Europa sinnvoll und notwendig?

77. Meinungsbarometer

Klassenstufe: 5–10
Ziele: zu einer (zugespitzten) Frage unterschiedliche Standpunkte in einer Klasse visualisieren und begründen lassen; Meinungsvielfalt und unterschiedliche Standpunkte in einer Gruppe sichtbar machen.
Arbeitsform: Aufstellung im Klassenverband, Klassengespräch
Material/Vorbereitung: Eine größere Fläche im Raum wird an einem Ende mit einer Ja-Karte und am anderen Ende mit einer Nein-Karte versehen, zwischen den Karten wird mit Klebeband eine Linie angelegt.
Zeit: 15–30 Minuten (je nach Anzahl der Fragen)

Beschreibung: Die Schüler stehen im Raum verteilt. Der Lehrer liest oder nennt eine (zugespitzte) Aussage, der man unterschiedlich stark zustimmen oder die man ablehnen kann. Die Schülerinnen stellen sich auf der imaginären oder der Klebebandlinie je nach ihrer Meinung zu dieser Aussage auf (vollständige Zustimmung ganz dicht beim „Ja", unentschieden in der Mitte, völlige Ablehnung zum „Nein"). Der Lehrer fordert nun Schüler auf, ihren Standpunkt zu begründen. Die Antworten erfolgen freiwillig. Sie werden vom Lehrer gespiegelt, um die Position zu verdeutlichen, d. h., er fasst ganz knapp die Aussage zusammen, ohne dabei zu werten.

Mögliche Aussagen für die Klassen 5–7:

• Ich reise gerne in fremde Länder.
• Deutsches Essen schmeckt mir am besten.
• Für meine Zukunft ist es wichtig, dass ich mehrere Sprachen spreche.
• Ich spiele gerne mit Kindern oder Jugendlichen aus anderen Kulturen.
• Menschen aus anderen Ländern, die in Deutschland leben wollen, müssen auf jeden Fall die deutsche Sprache können.

Mögliche Aussagen für die Klassen 8–10:
- Je mehr wir von anderen Kulturen lernen, desto besser werden sich deutsche und Migrantenjugendliche verstehen.
- Konflikte zwischen deutschen und Migrantenjugendlichen basieren auf persönlichen Gegensätzen und nicht auf Grund der ethnischen Zugehörigkeit.
- Jeder sollte einmal in seinem Leben für begrenzte Zeit in fremden Ländern leben.
- Um mich mit Jugendlichen einer anderen Nationalität wirklich zu verstehen, ist es wichtig, dass wir eine gemeinsame Sprache sprechen.
- Man sollte einfach alle Grenzen abschaffen, dann wäre man nirgends „Ausländer".

Mögliche Fragen zur Migrationspolitik (Klassen 9 + 10):
- Das (neue) Zuwanderungsgesetz lehne ich ab.
- Deutschland sollte mehr Asylbewerber ins Land lassen.
- Ohne die Migranten wären wir wirtschaftlich nicht so erfolgreich.
- Die oft verzerrte Berichterstattung in Zeitungen und Fernsehen ist mit Schuld am zunehmenden Rassismus in Deutschland.
- Man sollte die Zuwanderung von Ausländern auf eine bestimmte Zahl beschränken, dann gäbe es weniger Konflikte.
- Alle Zuwanderer (Migranten, Flüchtlinge) sollten den Deutschen rechtlich gleichgestellt werden.

Auswertung:
- Was ist euch durch diese Übung deutlicher geworden? Was habt ihr besser voneinander verstanden?
- Klassen 8–10: Hat jemand das Gefühl, dass er immer wieder mit einer oder mehreren Mitschülern an der gleichen Stelle des Meinungsbarometers stand? Oder war die Zusammensetzung oft sehr unterschiedlich? Was kann man daraus schließen?

Variante: Es werden nur Fragen gestellt, die eindeutig mit „Ja" oder „Nein" beantwortet werden können. In diesem Fall wird es zu einem Kennenlernspiel, in dem man mehr von einander erfährt (z. B.: Wer hat schon dreimal seine Ferien außerhalb Deutschlands verbracht? Wer hat schon in einer fremden Sprache eingekauft?)

78. Kummerkasten

Klassenstufe: 5–10
Ziel: Empathie entwickeln; sensibel für die besonderen Probleme von Kindern aus Zuwandererfamilien werden; Problemlösungsstrategien entwickeln
Arbeitsform: Schreibspiel in Gruppenarbeit und Auswertung im Klassenverband
Material/Vorbereitung: Die Lehrerin konstruiert Kummerkastenbriefe (abgestimmt auf die Klassenstufe) oder verwendet die abgedruckten Beispiele (siehe Kopiervorlage). Ggf. können solche Briefe auch von den Schülerinnen in einer Vorphase selbst verfasst werden.
Zeit: 45 Minuten

Beschreibung: Jede Kleingruppe (je drei bis vier Personen) erhält einen anderen Kummerkastenbrief und spielt nun Kummerkastentante bzw. -onkel. Ihre Aufgabe ist es, dem Ratsuchenden Hilfestellungen zur Lösung des beschriebenen Problems anzubieten. Die Gruppe diskutiert den Fall und beantwortet ihn gemeinsam in Briefform. Im Anschluss werden die Antwortbriefe der Klasse vorgelesen und kommentiert.

Auswertung:

• Welche Briefe waren besonders schwierig zu beantworten?
• Konnten die Probleme befriedigend beantwortet werden? (Diese Frage beantworten am besten die anderen Gruppen.)
• Könntest du als Betroffene mit der erarbeiteten Lösung etwas anfangen?
• Wie oberflächlich oder intensiv wurde geantwortet?
• Haben die einzelnen Kleingruppen sehr unterschiedliche oder eher ähnliche Problemlösungsstrategien entwickelt?
• Sind die vorgeschlagenen Lösungen realistisch?

„Kummerkastenbriefe"

Lieber Kummerkasten,
ich heiße Amir, bin 13 Jahre alt und komme aus Palästina. Seit einem Monat spiele ich in einem Fußballverein in einer Nachbarstadt meines Wohnorts. Ich spiele sehr gut und der Verein will mich als Spieler haben.
Weil meine Familie noch nicht als Asylberechtigte anerkannt ist, darf ich das Stadtgebiet aber nur mit einer Genehmigung der Ausländerbehörde verlassen. Aber meine Eltern können nicht jede Woche für mich eine Genehmigung beantragen, damit ich doch zum Training kann. Können Sie mir da helfen?
Amir

Lieber Kummerkasten,
ich heiße Muktha, bin 14 Jahre alt und komme aus Bangladesh. Meine Klasse fährt in einem Monat ins Schullandheim, aber ich darf nicht mitfahren. Meine Eltern haben Angst, dass ich mich dort mit einem Jungen anfreunden könnte. Außerdem denken sie, dass ich dann vielleicht auch Schweinefleisch zu essen bekomme. Und bezahlen können meine Eltern die Reise auch nicht. Ich möchte aber so gerne mitfahren. Wie kann ich meine Eltern denn nur überzeugen?
Muktha

Lieber Kummerkasten,
ich bin jetzt 10 Jahre alt und hier in Deutschland geboren, aber meine Eltern kommen aus der Türkei. Meine Eltern wollen mich jetzt auf eine Schule in die Türkei schicken, weil ich hier so viele Dummheiten im Kopf habe, sagen sie. Aber was soll ich dort. Ich spreche doch besser Deutsch als Türkisch! Ich will auf keinen Fall in die Türkei. Dort habe ich überhaupt keine Freunde. Wenn sie mich wirklich dorthin schicken, reiße ich aus. Was soll ich denn sonst machen?
Mehmet

Lieber Kummerkasten,
ich bin vor zwei Jahren mit meinen Eltern aus dem Irak nach Deutschland gekommen. Jetzt kann ich endlich ein wenig Deutsch und ich habe auch schon Freundinnen gefunden, aber jetzt müssen meine Eltern wieder zurück in unsere Heimat gehen. Sie bekommen keine Aufenthaltserlaubnis mehr. Ich habe aber Angst wieder zurückzugehen. Kann man denn da gar nichts machen?
Tara

79. Problemlandkarte

Klassenstufe: 5–10
Ziele: (interkulturelle) Konflikte in der Klasse erfassen, um sie dann bearbeiten zu können
Arbeitsform: Einzelarbeit, Gruppenarbeit und Klassengespräch
Material/Vorbereitung: Karteikarten, Klebestifte, große Bögen Papier
Zeit: 60–90 Minuten, je nach Klassengröße
Hinweis: Das Spiel bietet sich an, wenn es in der Klasse Probleme bzw. Konflikte gibt, auch solche, die im Kontext der kulturellen Zusammensetzung der Klasse stehen. Es geht aber vorrangig um die Benennung von Problemen und noch nicht um Lösungsmöglichkeiten.

Beschreibung: Jede Schülerin und jeder Schüler überlegt sich, welche (interkulturellen) Konflikte es in der Klasse gibt bzw. von welchen Konflikten sie bzw. er betroffen ist, und notiert diese einzeln auf je einer Moderationskarte. Für die weitere Bearbeitung kann es sinnvoll sein, dass die Schüler ihre ausgefüllten Karten namentlich kennzeichnen. Je nach Situation, wenn man z. B. vermutet, dass die Anonymität zu mehr Offenheit bei der Benennung von Problemen führt, kann darauf verzichtet werden.

In Kleingruppen (6 bis 8 Schüler) werden die Karten besprochen. Jede Schülerin erklärt, warum sie diesen Punkt benannt hat. Gleiche oder ähnliche Problemkarten werden zusammengelegt oder übereinander geklebt. Im nächsten Schritt werden die Karten nach Themenfeldern sortiert und mit einem Oberbegriff versehen auf einen großen Papierbogen geklebt. Problemfelder, die miteinander in Beziehung stehen, werden mit dicken Linien miteinander verbunden. Während der Gruppenarbeit wandert die Lehrerin von Gruppe zu Gruppe, um bei Bedarf Hilfestellungen zu geben.

Die so entstandenen Problemlandkarten der verschiedenen Kleingruppen werden im Klassenverband vorgestellt und miteinander verglichen. Die einzelnen Gruppenvorlagen könnten jetzt zerschnitten werden, um daraus eine gemeinsame Klassen-Problemlandkarte zu erstellen. Daraus kristallisieren sich dann die wichtigsten Problemfelder heraus (die mit den meisten Nennungen oder mit der größten Brisanz). In der Klasse wird dann entschieden, in welcher Reihenfolge und auf welche Weise die Konflikte bearbeitet werden können.

Auswertung:

- War es schwierig, interkulturelle Konflikte offen zu benennen?
- Tauchten dabei auch bisher unbekannte Problemfelder auf?
- Gab es Themenfelder, bei deren Beurteilung in der Gruppe konträre Positionen sichtbar wurden? Wenn ja, welche?
- Ähneln sich die Problemlandkarten der einzelnen Gruppen?

80. ABC-Rollenspiel

Klassenstufe: 9 + 10
Ziele: Beziehungen zwischen Migranten und Deutschen thematisieren; sich in die Position
von verschiedenen Konfliktbeteiligten hineinversetzen und damit Empathie für andere
Standpunkte entwickeln
Arbeitsform: Gruppenarbeit, Rollenspiel und Klassengespräch
Material/Vorbereitung: Rollenspielvorgaben, verschiedenfarbige Zettel mit der Aufschrift A,
B, C (jeweils ein Satz A-, B-, C-Zettel hat die gleiche Farbe) für die Gruppenfindung
Zeit: 45–90 Minuten

Beschreibung: ABC-Rollenspiele werden in Kleingruppen mit je drei Teilnehmerinnen gespielt. Die Lehrerin verteilt verschiedenfarbige Zettel, die
jeweils die Aufschrift A, B oder C enthalten, und zwar gezielt an alle Schüler.
Die Schülerinnen, die Zettel in der gleichen Farbe erhalten, spielen zusammen. Die Lehrerin sollte die Rollen möglichst so verteilen, dass Jungen nur
männliche und Mädchen nur weibliche Rollen spielen. Bei den folgenden
Vorlagen spielt A fast nur weibliche und C nur männliche Rollen. Lediglich
B spielt sowohl weibliche als auch männliche Rollen. Es hat sich als schwierig herausgestellt, sowohl eine Person einer anderen Nationalität als auch
des anderen Geschlechts zu spielen.

Insgesamt werden drei Szenen gespielt, wobei pro Szene zwei Gruppenmitglieder spielen und einer beobachtet. Der Beobachter macht sich Notizen darüber, was und wie gespielt wird. Die Spielszenen werden vorgegeben. Entweder erhalten alle Kleingruppen die gleiche Spielvorlage, aber
auch unterschiedliche Szenen für die Spielgruppen sind denkbar. Die Lehrerin kann die Eingangsgeschichten noch kurz erläutern. Die einzelnen Rollen aber sollen von den Spielerinnen selbst ausgefüllt werden. Jede Szene
wird maximal 7 bis 10 Minuten gespielt. Die Beobachterin achtet auf die
Zeit. Nach jeder Szene werden die Rollen getauscht. Jede Teilnehmerin ist
also einmal Beobachterin.

Anmerkung: Bei Schülerbegegnungen besteht die Möglichkeit, sowohl rein
nationale als auch gemischtnationale Gruppen zu bilden. Bei Letzteren ist
darauf zu achten, dass sich alle in der Kleingruppe sprachlich verständigen
können.

Auswertung: Nach dem Spiel der drei Szenen tauscht sich zunächst die
Kleingruppe über ihre Beobachtungen beim Rollenspiel aus (jeder war ja
einmal in der Beobachterrolle). Anschließend finden sich drei Kleingrup-

pen zusammen und vergleichen ihre Beobachtungen beim Spiel. Kamen unterschiedliche Spielszenen zum Einsatz, so sollten sich hier die Kleingruppen zusammenfinden, die die gleiche Spielvorlage hatten.

Für die spätere Präsentation vor der Gesamtklasse beantwortet jede Auswertungsgruppe folgende Fragen und schreibt die Antworten auf Plakatwände:

- Ist es gelungen, in die jeweilige Rolle zu schlüpfen? Was war dabei besonders schwierig?
- Welche Stereotypen bzw. Klischees wurden deutlich?
- Was war der interkulturelle Konflikt?
- Welche Lösungsstrategien wurden im Spiel gefunden?
- Wurden von den verschiedenen Gruppen unterschiedliche Lösungsstrategien entwickelt? Welche?
- Hat sich die eigene Meinung verändert, nachdem man in die Rolle eines anderen Konfliktbeteiligten geschlüpft war?

Die Aussagen auf den Plakatwänden werden anschließend im Klassenplenum diskutiert. Falls alle Kleingruppen die gleiche Spielvorlage hatten, ist es interessant festzustellen, wie unterschiedlich sie das Problem gelöst haben und ob es in den unterschiedlichen nationalen Gruppen (falls kulturell homogene Kleingruppen gebildet wurden) große Unterschiede gab.

Die folgenden Beispiele dienen als Muster. Lehrer und Lehrerinnen können und sollen zu einem aktuellen Thema selbst ABC-Rollenspiel-Vorlagen entwerfen. Dabei ist aber darauf zu achten, dass die Vorlagen genügend Gestaltungsspielraum für die Spielerinnen bieten.

1. Szene: Die Klassenkameraden			
Karl und Oktay unterhalten sich in der Pause über die Mathe-Arbeit und beschließen, am Nachmittag gemeinsam zu lernen.	A Oktay	B Karl	C Beobachter/in
Beim Abendessen spricht der Vater Karl an und fragt, warum er eigentlich einen türkischen Freund habe und nicht einen deutschen.	A Beobachter/in	B Vater	C Karl
Die Schwester von Karl hilft ihrem Bruder und spricht mit dem Vater.	A Schwester	B Beobachter/in	C Vater

2. Szene: Mehmet und Karin sind verliebt			
Mehmet sagt seinem Vater, dass er heute Abend länger wegbleiben möchte. Es ergibt sich folgendes Gespräch: …	A Beobachter/in	B Herr Özer	C Mehmet
Karin fragt ihre Mutter, ob sie Mehmet am nächsten Sonntag mit zum Essen nach Hause bringen darf …	A Karin	B Frau Schulte	C Beobachter/in
Herr Özer und Frau Schulte treffen sich zufällig bei der Elternversammlung in der Schule …	A Frau Schulte	B Beobachter/in	C Herr Özer

3. Szene: Suleika fühlt sich isoliert			
Annette und Franz unterhalten sich über Suleika, die neu in ihre Klasse gekommen ist.	A Annette	B Beobachter/in	C Franz
Suleika fühlt sich isoliert und spricht darüber mit Kerstin.	A Suleika	B Kerstin	C Beobachter/in
Franz trifft Suleika in der Theater-AG.	A Beobachter/in	B Suleika	C Franz

81. Stummes Eisenbahnabteil

Klassenstufe: 9 + 10
Ziele: ohne Sprache kommunizieren; die eigene Rolle durchsetzen und die Rollen der anderen erkennen; sich in Minderheiten- bzw. Mehrheitenrollen hineinversetzen; Rollenklischees bewusst machen und bearbeiten
Arbeitsform: (nonverbales) Rollenspiel, Auswertung in der Kleingruppe und Klassengespräch
Material/Vorbereitung: 6 Stühle; kurze schriftliche Rollenspielvorgaben auf Zetteln (siehe Kopiervorlage mit Beispielen) für alle Spieler; ggf. Schminke, Verkleidungsutensilien
Zeit: 60–90 Minuten
Hinweis: Das Spiel kann nicht in Klassen, in denen es starke Konflikte gibt, eingesetzt werden. Für die Lehrerin sind Vertrautheit mit der Klasse und mit dem Thema Voraussetzung.

Beschreibung: Es gibt zwei Möglichkeiten: Entweder es finden sich vier bis sechs Schüler, die das Rollenspiel exemplarisch vor der Klasse vorspielen, oder die Schüler können schon so selbstständig spielen, dass die Klasse in Kleingruppen zu vier bis sechs Personen aufgeteilt wird und jede Gruppe für sich spielt. Wenn die Klasse gut miteinander vertraut ist, können bei der Kleingruppen-Variante später eine oder mehrere Gruppen ihr Spiel vor der ganzen Klasse zeigen.

Bei beiden Varianten wird mit Stühlen ein Eisenbahnabteil (oder mehrere bei der Kleingruppenvariante) aufgestellt, in dem das Rollenspiel stattfindet. Jede Person der Kleingruppe bekommt eine kurze schriftliche Rollenbeschreibung. Es gibt ggf. für jede Kleingruppe unterschiedliche Rollenspielvorgaben. Es wird *ohne Sprache* gespielt.

In den Szenen spielen zwei, drei oder fünf Personen eine gleiche oder ähnliche Rolle. Niemand kennt die Rollen der Mitspielerinnen, lediglich das Spielthema „Im Eisenbahnabteil" ist bekannt. In der Regel gibt es immer zwei verschiedene Grundrollen: die, die bereits im Eisenbahnabteil sitzen, und Reisende, die zusteigen. Bei der Spielerklärung muss darauf hingewiesen werden, dass das Spiel so lange pantomimisch (d. h. ohne Sprache) gespielt wird, bis jeder glaubt, seine Rolle und die der anderen entdeckt zu haben. Mit einem zuvor vereinbarten Zeichen signalisieren die Schüler dann, dass sie ihre Rolle erkannt haben.

Im Anschluss an das Rollenspiel werden in der Kleingruppe – oder im Klassenverband, falls nur ein exemplarisches Spiel vorgespielt wurde – die einzelnen Rollen und die Spielsituation aufgelöst.

Beim folgenden Klassengespräch ist es wichtig, auch auf die Gefühle einzugehen, die das Spielen der Minderheiten- oder Mehrheitenrolle ausgelöst hat, und darauf, wie die Einzelnen sich in ihrer Rolle durchgesetzt haben.

Auswertung:
- Gelang es den Einzelnen, ihre Rolle zu finden und gleichzeitig die Rollen der anderen zu verstehen?
- Wie lange dauerte es, bis die Rollen der Mitspielerinnen erkannt wurden?
- Wie haben sich die Spielerinnen in der Minderheiten- oder Mehrheitenrolle gefühlt?
- Wie haben sie sich in der Rolle einer anderen Nationalität gefühlt?

Auswertungsvariante: Falls alle Schülerinnen am Spiel beteiligt waren, kann in der Klasse der erste Auswertungsschritt mit Hilfe der unten stehenden Statements erfolgen. Diese werden einzeln auf große Plakate geschrieben und jeweils in eine Ecke des Raumes gehängt. Die Spielerinnen ordnen sich dem Statement zu, dessen Aussage sie besonders zutreffend finden. Die Gruppen, die sich vor den einzelnen Plakaten zusammenfinden, unterhalten sich darüber, warum sie dem jeweiligen Statement zustimmen. Im anschließenden Plenum tragen die Gruppen dann kurz ihre Ergebnisse vor.

Beispiele für vier Statements:
- Ich finde das Spiel gut, weil ich dadurch Minderheiten- oder Mehrheitenrollen am eigenen Leibe spüren konnte.
- Ich finde das Spiel bedenklich, weil dadurch negative Rollen und Rollenklischees verstärkt werden.
- Für mich selbst war das Spiel eine gute Erfahrung, ich bin mir aber nicht sicher, ob es meinen Mitspielern auch so ging.
- Auch wenn das Spiel durchaus Denkanstöße provozieren kann, stelle ich es mir schwierig vor, das dadurch hervorgerufene Unbehagen bei den Einzelnen wieder aufzufangen.

Spielvariante in verbaler Form: Nur eine Kleingruppe spielt, die restlichen Mitspielerinnen sind Zuschauer. Die Kleingruppe erhält eine Situationsvorgabe (wie bei der nonverbalen Form) und verständigt sich darüber, wer welche Rolle übernimmt. Nach einer gewissen Entwicklungsphase zeigt die Kleingruppe ihr Rollenspiel in versprachlichter Form (Spieldauer nicht mehr als zehn Minuten). Die Lehrerin fragt nun die Zuschauer, ob sie andere Vorschläge für einzelne gespielte Rollen haben, und wenn ja, welche. Wer eine andere Idee hat, übernimmt die Rolle desjenigen, dessen Verhalten man anders spielen möchte, und das Spiel wird neu begonnen. Es findet so lange ein Austausch der Rollen statt, bis es aus den Reihen der Zuschauer keine weiteren Änderungsvorschläge mehr gibt.

Weitere Spielsituationen:
(Für diese Spielsituationen müssten die einzelnen Rollenvorgaben noch ausformuliert werden!)

- Ein jugendlicher Migrant (oder Deutscher) sitzt im Abteil; eine Gruppe von Deutschen (oder Migranten) kommt ins Abteil und versucht den Fremden „hinauszuekeln". Wie reagieren die einzelnen Personen?

- Ein Migrant kommt in ein fast besetztes Abteil. Er versucht, mit der Gruppe ins Gespräch zu kommen. Die Gruppe lehnt ihn aber ab.

- Eine Gruppe Deutscher (oder Migranten) sitzt im Abteil und unterhält sich über ein Thema/ein Erlebnis, das sie betrifft und interessiert. Eine Gruppe Migranten (oder Deutscher) kommt herein und versucht zu stören.

- Gleiche Situation wie 4. Eine andere Gruppe kommt herein; die Migranten (die Deutschen) möchten aber unter sich sein.

- Alle (Deutsche und Migranten) im Abteil und die Zusteigenden sind einander fremd. Kommunizieren sie? Wie?

Spielidee nach: Eltzschig, Sonja/Kirsch, Sabine, „Ich hab' ja nichts gegen Ausländer, aber ..." Akademie „Haus am Pfefferberg" 1980

Rollenspielvorgaben

(Diese Seite wird kopiert, zerschnitten und die Personenzettel entsprechend der Spielsituation an die Mitspieler verteilt. Sie sollen als Muster für weitere Rollenspiele dienen.)

Deutsche und Migranten sitzen zusammen in einem Eisenbahnabteil. Plötzlich kommt ein Schwarzer ins Abteil und setzt sich zwischen sie. Was passiert?

Person 1: Du bist Deutsche(r) und kommst mit Migranten aus Südosteuropa in ein Eisenbahnabteil. Plötzlich kommt ein Schwarzer ins Abteil und setzt sich zwischen euch. Was passiert?

Person 2: Du bist Deutsche(r) und kommst mit Migranten aus Südosteuropa in ein Eisenbahnabteil. Plötzlich kommt ein Schwarzer ins Abteil und setzt sich zwischen euch. Was passiert?

Person 3: Du bist Deutsche(r) und kommst mit Migranten aus Südosteuropa in ein Eisenbahnabteil. Plötzlich kommt ein Schwarzer ins Abteil und setzt sich zwischen euch. Was passiert?

Person 4: Du bist Migrant aus Südosteuropa und kommst mit Deutschen in ein Eisenbahnabteil. Plötzlich kommt ein Schwarzer ins Abteil und setzt sich zwischen euch. Was passiert?

Person 5: Du bist Migrant aus Südosteuropa und kommst mit Deutschen in ein Eisenbahnabteil. Plötzlich kommt ein Schwarzer ins Abteil und setzt sich zwischen euch. Was passiert?

Person 6: Du bist ein Schwarzer und kommst nach einer Weile in ein Eisenbahnabteil, in dem Deutsche und Migranten aus Südosteuropa sitzen. Du setzt dich zwischen die Gruppe.

82. Kopftuchkonflikt

Klassenstufe: 8–10
Ziele: sich in ein muslimisches Mädchen einfühlen, Empathie entwickeln; den gesellschaftlichen Konflikt um das Kopftuch verstehen
Arbeitsform: Rollenspiel und Klassengespräch
Material/Vorbereitung: kurze schriftliche Rollenspielvorgaben (siehe Kopiervorlage), ggf. Schminke, Verkleidungsutensilien
Zeit: 75–90 Minuten

Beschreibung: Vor dem Rollenspiel sollte das Thema „Bedeutung des Kopftuchs in der islamischen Kultur" in der Klasse ausführlich behandelt werden. Zuerst liest der Lehrer die Vorgeschichte zum Rollenspiel vor. Dann sucht er Freiwillige in der Klasse, die bereit sind, die einzelnen Rollen zu spielen. Die spielenden Schülerinnen erhalten – nach entsprechender inhaltlicher Einstimmung – dazu Rollenkarten (siehe Kopiervorlage), auf denen Hinweise stehen, wie die Rolle ausgefüllt werden soll. In der Klasse wird eine „Bühne" eingerichtet, auf der das Rollenspiel stattfindet (es reicht eine größere freie Fläche).

Die übrigen Schüler sind die Zuschauer, die folgende Beobachtungsaufträge erhalten:

- Könnte sich eine Diskussion in dieser Form so abgespielt haben?
- Welche Argumente wurden von den einzelnen Spielern in ihren jeweiligen Rollen geäußert und wie beurteilt ihr diese Argumente?
- Welche Argumente haben euch am meisten überzeugt?
- Welche Schlussfolgerungen zieht ihr aus der Diskussion?
- Wie hättet ihr selbst in den einzelnen Rollen reagiert und argumentiert?
- Wen hätte Zeynep sonst noch um Hilfe bitten können?

Für das Rollenspiel wird ein zeitlicher Rahmen von 30 bis 45 Minuten festgesetzt. Eine Person (der Schulamtsdirektor) hat die Aufgabe, auf die Zeit zu achten; er muss das Gespräch entsprechend strukturieren und moderieren. Falls die Schüler mit dieser Aufgabe überfordert sind, kann auch der Lehrer selbst diese Rolle übernehmen und das Spiel entsprechend steuern.

Nach dem Rollenspiel haben zunächst die Spielerinnen die Möglichkeit, sich über das Spiel zu äußern. Sie erzählen, wie sie sich in ihren Rollen gefühlt haben, wie sie die Interaktion empfanden und wie sie das Ergebnis der Diskussion beurteilen. Danach kommen die Zuschauer zu Wort, die sich zu den oben genannten Fragen äußern.

Vorgeschichte zum Rollenspiel „Zeyneps Kopftuch": Zeynep ist ein türkisches Mädchen, das aus einer Familie stammt, in der alle Mädchen ab einem gewissen Alter ein Kopftuch tragen, so auch sie. Nach ihrer eigenen Aussage ist dies ihre persönliche Entscheidung.

Zeynep hat von Klasse 5–10 eine Gesamtschule besucht und wechselt nun zur Oberstufenschule in die Kreisstadt.

Eines Tages wendet sie sich an eine Lehrerin ihrer alten Schule und berichtet ihr, dass sie Probleme im Sportunterricht habe. Der neue Sportlehrer verlangt von ihr, das Kopftuch im Sportunterricht abzusetzen, und macht dafür Sicherheitsargumente geltend. Mit Kopftuch dürfe sie nicht am Sportunterricht teilnehmen und bekäme dann als Folge 0 Punkte.

Die Lehrerin telefoniert zunächst mit dem Sportlehrer und mit dem Schulleiter der neuen Schule von Zeynep. Ihre Vermittlungsversuche scheitern. Der Schulleiter der neuen Schule wendet sich an das Staatliche Schulamt. Zeynep hat inzwischen die Schülervertretung und die Verbindungslehrerin um Hilfe gebeten. Auch der Ausländerbeirat wird in die Diskussion einbezogen.

Schließlich kommt es unter Leitung des Staatlichen Schulamtes zu einer Konferenz, an der folgende Personen teilnehmen: die Sportlehrer der alten und der neuen Schule, der Schulleiter der neuen Schule, der Schulamtsdirektor, die Klassensprecherin, die Sprecherin der Schülervertretung, die Verbindungslehrerin, die Sprecherin des Elternbeirates und ein Vertreter des Ausländerbeirates.

Rollenkarten zum Rollenspiel „Zeyneps Kopftuch"

Du bist der **Schulleiter** der Schule, auf die Zeynep jetzt geht. Eigentlich möchtest du deinem Kollegen, dem Sportlehrer, Rückendeckung geben, aber du fürchtest auch, dass die Sache öffentlich wird und in die Zeitung kommt. Das möchtest du verhindern.

Du bist die **Klassensprecherin** von Zeynep und auch schon vorher mit ihr auf die Schule gegangen. Du bist der Meinung, dass der Sportlehrer ein sturer Bock ist, der etwas gegen Ausländer hat, und willst Zeynep helfen.

Du bist der **Schulamtsdirektor** und kannst dich in diesem Fall nicht auf Erlasse zurückziehen, da es keine diesbezüglichen eindeutigen Aussagen gibt. Es gibt allerdings einen Erlass, der ausländische Schülerinnen verpflichtet, am Sportunterricht teilzunehmen.

Du bist die **Sprecherin der Schülervertretung**, stehst auf der Seite von Zeynep und vertrittst deren Meinung. Außerdem bist du der Ansicht, dass die Vorschriften über die Sicherheitsbestimmungen im Sport (Tragen von Sportbrillen, Hochbinden von langen Haaren, richtige Sportkleidung) sowieso nicht eingehalten werden. Einige Schülerinnen tragen z. B. im Sport Kapuzenshirts, die nach deiner Meinung viel gefährlicher sind.

Du bist der **Vertreter des Ausländerbeirates** und Iraner. Du bist der Auffassung, dass Zeynep das Kopftuch ablegen sollte, wenn dies den Anforderungen des Sportunterrichts entspricht. Allerdings machst du auch darauf aufmerksam, dass bei einer Veröffentlichung des Falls die Schule in ein schlechtes Licht geraten könnte und vielleicht als ausländerfeindlich dargestellt werden könnte.

Du bist die **Verbindungslehrerin**. Du magst das Mädchen und findest es gut, dass sie sich so für ihre Überzeugung einsetzt. Du bist der Meinung, dass das Tragen des Kopftuchs eine religiöse Handlung bedeutet, und bewertest dies wichtiger als die Sicherheitsargumente des Sportlehrers.

Du bist der **Sportlehrer** und möchtest, dass die Konferenz ein klares Verbot für das Tragen eines Kopftuchs während des Sportunterrichts ausspricht. Du machst Sicherheitsargumente geltend, bist darüber hinaus aber auch der Meinung, dass ausländische Schülerinnen sich den Gepflogenheiten des Gastlandes anpassen sollen. Auch mit der Sportkleidung von Zeynep (langes und weites, langärmeliges T-Shirt und relativ weite Trainingshosen) bist du nicht einverstanden.

Du bist der **Sportlehrer der Gesamtschule**, von der Zeynep kommt. Du hast sie drei Jahre im Sportunterricht gehabt und bist der Meinung, dass es auch mit Kopftuch keine Probleme im Sportunterricht gibt.

Du bist die **Sprecherin des Elternbeirates** der Schule. Auch wenn du selbst durchaus nicht atheistisch eingestellt bist, findest du, dass religiöse Symbole – und dazu gehört das Kopftuchtragen nun mal – in einer nicht-konfessionsgebundenen Schule nichts zu suchen haben.

83. Skulpturen bilden (nach Augusto Boal)

Klassenstufe: 5–10, aber anspruchsvoll. Die Klasse sollte bereits miteinander vertraut sein und darf sich vor Körperkontakt nicht scheuen. Bei Klasse 5 und 6 müsste das Spiel allerdings vereinfacht werden (vgl. C. Kaletsch, Konstruktive Konfliktkultur S. 119).
Ziele: nonverbale und verbale Ausdrucksmöglichkeiten miteinander verbinden; Empathie entwickeln; Reflektieren schwieriger Situationen; andere Verhaltensmuster eintrainieren; Konfliktbewältigungsstrategien entwickeln
Arbeitsform: Einstimmung mit allen, Einzelarbeit, Skulpturen bilden im Klassenverband
Material/Vorbereitung: evtl. dezente Hintergrundmusik, Kassettenrekorder
Zeit: 45–90 Minuten (mit Einstimmungsübungen und mehreren zu modellierenden Skulpturen erfordert die Übung inklusive Auswertung zwei Unterrichtsstunden)

Beschreibung:

1. Spielschritt: Einstimmung (ca. 10–15 Minuten)

Als Vorübung gehen die Schülerinnen durch den Raum. Jede konzentriert sich auf ihren Atem und versucht, die eigenen Körperteile dabei intensiv zu spüren sowie Verspannungen wahrzunehmen und möglichst zu lösen. Dezente Hintergrundmusik kann dabei hilfreich sein. Ist die Klasse noch nicht an derartige Methoden gewöhnt, eignen sich diese Aufwärmübungen:

- Hand- und Fußbewegungen: Alle Schüler stehen im Kreis und versuchen mit der Hand pantomimisch einen Kreis vor dem Bauch zu zeichnen, danach ein Kreuz mit dem Fuß und in der dritten Runde beides gleichzeitig.

- Klatscher zuwerfen: Alle stehen im Kreis. Die Lehrerin klatscht in die Hände und schickt diesen „Klatscher" in die Runde, d. h., die links von ihr stehende Schülerin klatscht ebenfalls, sobald die Lehrerin geendet hat. Sie gibt den Klatscher weiter, bis dieser wieder bei der Lehrerin angekommen ist. Dann werden zwei Klatscher kurz hintereinander losgeschickt. Bei einem Doppelklatschen ändert sich die Richtung.

- Spiegelbild: Die Schüler stehen sich in zwei Reihen gegenüber, sodass jeder ein Gegenüber als „Spiegel" hat. Eine Reihe beginnt, beliebige Gesten und Pantomimen vorzuspielen, die der gegenüberstehende Partner nachahmt. Dann erfolgt ein Wechsel.

- Complete the image (Scharade): Zwei Schüler stehen sich im Kreis der Klasse gegenüber und geben sich die Hand. Eine der beiden Personen verlässt dann diese Haltung, während die andere ihre „einfriert" (bewegungslos in dieser Haltung verharrt), sodass es aussieht, als ob sie einer unsichtbaren Person die Hand gibt. Aus der Klasse ergänzt jetzt jemand diese eingefrorene Haltung mit einer neuen Geste, die dann ebenfalls eingefroren wird. Die zuerst „Eingefrorene" verlässt daraufhin das Standbild und eine neue Schülerin kommt hinzu usw. Auf diese Weise entfaltet sich ein gestischer Dialog, stets ist jemand dabei eingefroren. Die Schüler sollen sich bei der Übung vorstellen, sie seien Schauspieler, die in verschiedene Rollen schlüpfen. Die ganze Palette an Gefühlen kann dabei ausgedrückt werden.

2. Spielschritt: Themenfindung (Einzelarbeit, ca. 5–10 Minuten)
Jeder Schüler überlegt sich nun eine schwierige Situation aus dem Alltag, die modelliert werden soll. Dabei sollte er sich vor allem auf Situationen in der Begegnung mit Menschen anderer kultureller Herkunft konzentrieren. Die gewählte Situation soll sich dabei vor allem auf die eigenen Verhaltensschwierigkeiten beziehen, es geht nicht um Schuldzuweisungen. Die ausgewählten Situationen werden noch nicht verraten. Die Lehrerin kann geeignete Beispiele nennen, um die Auswahl zu erleichtern.

3. Spielschritt: Modellieren der schwierigen Alltagssituation (im Klassenverband, ca. 20–30 Minuten pro modellierter Situation)

Arbeitsschritte der Skulpturarbeit:
Ein Freiwilliger (!), der seine schwierige Alltagssituation bearbeiten möchte, wird jetzt zum „Bildhauer", der diese Situation mit den Körpern seiner Mitschülerinnen nachstellt. Er sucht zunächst wortlos eine Person als seinen Doppelgänger aus, der ihn in der Skulptur vertreten wird. Danach sucht er weitere Mitspielerinnen aus, die er zur Darstellung benötigt, und modelliert alle Beteiligten zu einem Standbild, das wie in einer Momentaufnahme die Situation verdeutlicht. Dabei sollen auch die Beziehung und die Gefühle der Beteiligten dieses Konflikts zum Ausdruck kommen.
    Die Mitschüler, die als „Modelliermasse" verwendet werden, dürfen selbst die Haltung oder das Standbild nicht verändern und in dieser Phase auch noch keine Ratschläge geben, wie die Situation realitätsnäher dargestellt werden könnte.
    Der „Bildhauer" nimmt jetzt zur Überprüfung für einen kurzen Moment die Position seines Doppelgängers ein und korrigiert gegebenenfalls das Standbild. Der Doppelgänger schlüpft dann erneut zurück in seine (ggf. korrigierte) Position.
    Erst jetzt dürfen die Zuschauer ihre Vermutungen und Fantasien darüber äußern, welchen Konflikt, welches Problem die Skulptur wohl widerspiegeln mag.

Der Bildhauer „doppelt" jetzt die einzelnen Figuren der Skulptur, indem er sich hinter jede stellt und ihr in der Ich-Form einige wenige knappe Sätze in den Mund legt, die ihre Funktion und die Beziehung zu den anderen Spielfiguren ausdrücken. Er beginnt mit dem Doppelgänger: „Ich bin ... Ich bin mit ... befreundet. Mein Problem ist ..." Dann sind reihum alle anderen Figuren dran.

Die Zuschauerinnen haben jetzt ebenfalls die Möglichkeit, einzelne Spielfiguren zu „doppeln" und ihnen Sätze – ebenfalls in der Ich-Form – in den Mund zu legen, und zwar solche, die ausdrücken, was diese Figur jetzt wohl denkt, empfindet oder am liebsten tun möchte.

Jetzt haben die modellierten Spieler selbst die Möglichkeit, sich dazu zu äußern, wie sie sich in dieser Konstellation fühlen, was sie wahrnehmen (sehen, hören, berühren) und wie sie die gesamte Situation und sich selbst darin bzw. den dargestellten Konflikt aus dieser Position wahrnehmen und empfinden. Am besten befragt die Lehrerin dazu nacheinander die einzelnen Spielfiguren. Abschließend sprechen auch sie je einen Satz in der Ich-Form, der ihre Situation und Empfindungen in diesem Moment treffend charakterisiert.

In einer letzten Runde werden die Zuschauer und die Spielfiguren selbst aufgefordert, mitzuhelfen, die Skulptur so zu verändern, dass sich alle darin beteiligten Spielerinnen wieder wohl fühlen. Dann wird die Szene wieder „aufgetaut" und die Spieler lösen sich von ihren Rollen.

4. Spielschritt: Feedback und Deutung der Szene
Die Beobachter versuchen nun den Werdegang des Konflikts zu interpretieren und Vermutungen anzustellen, worin die Schwierigkeit des Bildhauers in dieser Situation lag, welche Wünsche, Bedürfnisse und Missverständnisse dabei eine Rolle gespielt haben könnten.

Die von der Lehrerin gesteuerte Interpretation der Konfliktsituation wird unterbrochen, wenn deutlich geworden ist, welche psychischen Mechanismen in der Szene die Verhaltensschwierigkeiten des Bildhauers bewirkt haben (z. B. Konfliktmechanismen: Flucht, Gegenangriff, Mauern). Die Lehrerin muss bei den Äußerungen darauf achten, dass auf Kritik und gute Ratschläge verzichtet wird.

Die Schüler sollten ihre Beobachtungen und Gefühle nicht mit „man", sondern immer in der Ich-Form formulieren. Der Bildhauer selbst hört dabei nur zu und äußert sich erst zum Abschluss darüber, was er bei dieser Skulpturarbeit selbst über sich erfahren hat.

Auswertungsfragen:

• Warst du selbst schon einmal in einer ähnlichen Situation wie der hier dargestellten?

• Wie hast du dich dabei gefühlt und wie reagiert?

• Was haben die agierenden Spieler bzw. die Zuschauer bei der Übung über sich selbst erfahren?

Spielidee nach: Augusto Boal, „Theater der Unterdrückten"

VIII. Spiele zu Diskriminierung, Fremdenfeindlichkeit, Rassismus

84. Ampel

Klassenstufe: 6–10
Ziele: die eigenen Toleranzgrenzen erkennen und diese auch begründen
Arbeitsform: Zuordnungen im Klassenverband
Material/Vorbereitung: DIN-A4-Blätter (mindestens in Klassenstärke) einzeln mit Begriffen beschriften wie: Kopftuch, Springerstiefel, Hakenkreuz, Koranschule, Macho, rassistische Äußerungen, Homosexualität, Bisexualität, Nationalhymne, Gewalt, Vorurteile
Zeit: 30–45 Minuten

Beschreibung: Auf dem Fußboden werden drei große Felder abgeklebt und farblich markiert: grünes Feld = Zustimmung; gelbes Feld = tolerieren und rotes Feld = widersetzen. Rund um diese Felder werden die Begriffskarten auf dem Fußboden verteilt. Alle Schülerinnen nehmen sich nun eine Karte und ordnen sie gemäß ihrer Überzeugung den Farbfeldern zu. Mitschülerinnen dürfen Karten, die aus ihrer Sicht von anderen falsch platziert wurden, wieder herausnehmen und anders zuordnen: Das ist allerdings nur nach vorheriger Absprache und Begründung erlaubt. Manche Karten werden schnell ihr Feld finden, bei anderen wird es zu angeregten Diskussionen kommen und manche Begriffe können gar nicht zugeordnet werden.

Auswertung:

* Welche Begriffe wurden gar nicht zugeordnet? Warum?
* Gab es Karten, die mehrmals wieder aus einem Feld genommen und anders zugeordnet wurden? Welche und warum?
* Bei welchen Karten gab es sofort Übereinstimmung, bei welchen große Diskussionen?

Spielidee nach: Baustein zur nicht-rassistischen Bildungsarbeit, www.baustein.dgb-bwt.de

85. Versteckte Botschaften

Klassenstufe: 7–10
Ziele: Sprache analysieren; für die diskriminierende Bedeutung vieler Begriffe sensibilisieren; aufzeigen, dass Diskriminierungen durch Sprache ganz alltäglich geschehen; Alternativen für die eigene Wortwahl erarbeiten
Arbeitsform: Partnerarbeit und Klassengespräch
Material/Vorbereitung: Arbeitsblatt „Versteckte Botschaften" (siehe Kopiervorlage). Die Begriffe müssen gegebenenfalls der Klassenstufe angepasst werden und sollten deren Wortwahl berücksichtigen.
Zeit: ca. 30 Minuten

Beschreibung: Die Schüler werden beauftragt, in Paargruppen zu einer Liste von Begriffen (siehe Arbeitsblatt) zunächst die jeweils dahinter liegenden („versteckten") Botschaften zu finden und dann neutralere Ausdrücke dafür zu suchen. Dabei sollen die Spielpaare das Arbeitsblatt noch mit eigenen Begriffen mit „versteckten" Botschaften ergänzen.

Im Klassenverband werden anschließend die „versteckten" Botschaften und die gefundenen Umformulierungen im Hinblick auf ihre Bedeutung in der Gesellschaft diskutiert.

Auswertung:

- Finden die Schüler neutrale Umformulierungen, die den Begriff treffen?
- Sind die neutralen Umformulierungen tatsächlich „neutral"?
- Sind sich die Schüler der versteckten Botschaften bewusst, die viele Begriffe implizieren?
- Welche Begriffe mit versteckten Botschaften finden die Schülerinnen sonst noch?

Spielidee nach: Baustein zur nicht-rassistischen Bildungsarbeit, www.baustein.dgb-bwt.de

„Versteckte Botschaften"

Begriff	Versteckte Botschaft	Neutrale Umformulierung
Gastarbeiter	Er ist hier nur Gast und soll nach einer bestimmten Zeit auch wieder gehen.	
Migrant		
Softi		
Mischling		
Neger		
das ist „Frauenarbeit"		
Ich bin doch nicht dein Neger!		
Kanake		
Macho		
Asozialer		
Streber		
vom anderen Ufer sein		
Schwuler		

86. Der Neinsager

Klassenstufe: 7–10
Ziele: üben, nein zu sagen, auch wenn andere eine Zustimmung einfordern; sich über den Einfluss des „Mainstreams" auf die eigene Meinung bewusst werden; Zivilcourage thematisieren
Arbeitsform: Partnerarbeit und Klassengespräch, Rollenspiel
Zeit: 15–30 Minuten

Beschreibung: Die Klasse wird in Spielpaare eingeteilt. Einer der beiden überlegt sich eine Aussage, die zu einer Zustimmung herausfordert, wie: *„Du findest doch auch, dass wir am Montag schulfrei bekommen sollten!"* Oder: *„Bist du nicht auch der Meinung, dass Jugendliche unseres Alters im Monat mindestens 150 € Taschengeld bekommen sollten! Bestimmt findest du auch, dass es längst Zeit ist, das Jugendschutzgesetz zu ändern, und Disko-Besuche für uns die ganze Nacht erlaubt sein sollten!"* Es sollten Aussagen sein, die wahrscheinlich von einem Großteil der Klasse eher mit „Ja" beantwortet werden. Der Spielpartner soll auf diese Aussage immer mit „Nein" reagieren und Gegenargumente finden. Beide versuchen, sich im Dialog gegenseitig zu überzeugen.

Bei Klassen, die noch ungeübt in Stegreifspielen sind, ist es hilfreich, zunächst gemeinsam solche Aussagen zu formulieren. Anstatt dass alle Spielpaare gleichzeitig spielen, können auch ein oder mehrere Dialoge exemplarisch vor der Klasse gespielt werden.

Im anschließenden Unterrichtsgespräch wird über die Mechanismen der Meinungsbildung sowie den Zusammenhang zwischen „Nein-sagen-können" und Zivilcourage diskutiert.

Auswertung:
- Bei welchen Spielpaaren ist es gelungen, den Partner zu überzeugen? Wie und warum?
- Warum ist es manchmal so schwer, beim Nein zu bleiben?
- Was beeinflusst dabei den eigenen Meinungsumschwung?
- Was waren die überzeugendsten Argumente?
- Was hat Neinsagen mit Zivilcourage zu tun?
- Warum ist es so schwer, Zivilcourage zu zeigen?

87. Zeitungssprache

Klassenstufe: 8–10
Ziele: sensibel machen für die oft reißerische und diskriminierende Sprache der Medien; Manipulationen aufzeigen
Arbeitsform: Gruppenarbeit und Präsentation im Klassenverband
Material/Vorbereitung: Zeitungen und Zeitschriften, die auch von den Schülern selbst mitgebracht werden können; Scheren, Pinnwand
Zeit: mindestens 45 Minuten

Beschreibung: Die Klasse wird in Kleingruppen eingeteilt. Jede Gruppe erhält mehrere Zeitschriften und Zeitungen, die sie nach zuvor festgelegten Themen (Kriminalität, Zuwanderung, Asyl, Übergriffe usw.) durchsucht und aus denen sie die entsprechenden Artikel und Schlagzeilen ausschneidet.

Der Lehrer bereitet zwischenzeitlich eine Pinnwand mit den festgelegten Themen vor. Auf ihr sortieren die Gruppen dann ihre ausgeschnittenen Artikel den Themen zu und stellen sie der Klasse kurz vor.

In einem weiteren Arbeitsschritt werden einige Artikel aus zwei verschiedenen Themenbereichen (z. B. Kriminalität und Zuwanderung) genauer miteinander verglichen. Dabei wird überprüft, ob bei dem Thema Kriminalität auch von Zuwanderern die Rede ist und in welcher Form die beiden Themen dort in Beziehung stehen. Wird dort das Thema Kriminalität besonders hervorgehoben oder verzerrt dargestellt? Wird über Deutsche bzw. Einheimische anders berichtet als über Zuwanderer im Kontext von Kriminalität? Wird besonders betont, dass bei einem Delikt ein Zuwanderer der Täter war? Werden ausländische Tatverdächtige anders beschrieben als Deutsche? Welche Bilder entstehen in den Köpfen der Schüler?

Auswertung:

- Wie wird in den Medien berichtet?
- Berichten verschiedene Zeitungen unterschiedlich über das gleiche Thema? Falls ja, was sind die Unterschiede?
- Mit welchen Sätzen wird Stimmung gemacht? Was ist dabei diskriminierend? Was könnte auch anders ausgedrückt werden?
- Wo vermischen sich Nachricht und Kommentar?
- Verändert sich die Aussage eines Artikels dadurch, dass zwei Themen miteinander in Beziehung gesetzt werden?
- Wie beeinflusst die Art der Berichterstattung unsere Meinungsbildung?
- Kann Berichterstattung überhaupt objektiv sein?

Spielidee nach: Baustein zur nicht-rassistischen Bildungsarbeit, www.baustein.dgb-bwt.de

88. Weiße und schwarze Gesichter

Klassenstufe: 5–10
Ziele: sensibel machen dafür, dass die Hautfarbe oft zur Diskriminierung führt, dass aus dem Weiß- oder Schwarzsein oft Vorteile bzw. Nachteile folgen
Arbeitsform: Gruppenarbeit und Klassengespräch
Material/Vorbereitung: große Papierbögen, Stifte
Zeit: 30 – 45 Minuten
Hinweis: Bei Klassen mit Schülern dunkler Hautfarbe muss mit dieser Übung behutsam umgegangen werden.

Beschreibung: Es wird eine gerade Anzahl von Gruppen (je vier bis fünf Personen) gebildet. Die Hälfte der Gruppen bekommt den geheimen Auftrag, ein weißes Gesicht auf einen großen Papierbogen zu malen. Die anderen Gruppen sollen ein schwarzes malen. Der Malauftrag muss vor den andere Gruppen geheim gehalten werden!

Nach etwa 10 bis 15 Minuten werden die Bilder ausgetauscht. Jede Gruppe mit dem Auftrag, ein weißes Gesicht zu malen, bekommt ein schwarzes Gesicht und umgekehrt. Die Schüler sollen jetzt die Frage beantworten, was die andere Gruppe wohl gemalt hat? (Häufige Antwort beim weißen Gesicht: ein Kind, eine Frau usw., aber beim schwarzen Gesicht kommt in der Regel sofort: ein Schwarzer.)

Auswertung:
- Warum wird beim weißen Gesicht in der Regel nicht beschrieben, dass es weiß ist, sondern was sich dahinter verbirgt (Frau, Kind)? Warum ist das beim schwarzen Gesicht meistens nicht so?
- Wofür steht „schwarz" und „weiß" häufig?
- Warum nennen sich Weiße weiß, obwohl sie gar nicht weiß sind?
- Haben sich die Schüler selbst schon mal Gedanken über ihre Hautfarbe gemacht, wann ist sie ihnen zum ersten Mal bewusst geworden?
- Gibt es Schüler, die auch formulieren, dass sie aufgrund ihres Aussehens, auch der Hautfarbe, Nachteile oder auch Vorteile erleben?

Spielidee nach: Baustein zur nicht-rassistischen Bildungsarbeit, www.baustein.dgb-bwt.de

89. Die genetische Visitenkarte

Klassenstufe: 5–10
Ziele: sich mit dem Begriff „Rasse" auseinander setzen; erkennen, dass die Begriffe „Rasse"
und „Rassismus" eng miteinander verknüpft sind; bildlich erfahrbar machen, dass es keine
biologischen Merkmale gibt, die auf alle Mitglieder einer Personengruppe gleich zutreffen
Arbeitsform: Aufstellübung im Klassenverband, Klassengespräch
Material/Vorbereitung: Papierrolle (z. B. Tapete), Plakatstifte
Zeit: 30–45 Minuten

Beschreibung: An der Wand des Klassenzimmers wird in Kopfhöhe der
Schülerinnen eine lange Papierrolle ausgerollt befestigt.

Jetzt wird die Klasse aufgefordert, sich nach verschiedenen biologischen
Merkmalen in einer Reihe der Papierrolle entlang aufzustellen. Erstes Merk-
mal könnte z. B. die Körpergröße sein. Die Lehrerin schreibt an den Anfang
der Rolle zunächst das Kriterium der Aufstellung und dann stellen sich die
Schüler nach der Größe auf (der Größte beispielsweise ganz links, der Zweit-
größte daneben usw.). Über die Köpfe der Schüler werden jeweils deren Namen geschrieben. Das gleiche Verfahren wiederholt sich mehrmals mit anderen biologischen Merkmalen als Aufstellungskriterium, z. B. Haarfarbe

(von dunkel bis hell), Hautfarbe (von sehr hell bis sehr dunkel), Knochenbau (von kräftigen bis eher dünnen Handgelenken). Die Namensreihenfolge und das Kriterium werden bei jedem Durchgang auf der Papierrolle festgehalten.

Auswertung:
- Stehen die Namen immer an der gleichen Stelle?
- Gibt es demnach biologische Merkmale, die für eine bestimmte Personengruppe immer gleich sind?
- Was, wo und in welchem Zusammenhang habt ihr bisher von dem Begriff „Rasse" gehört?
- Was hat der Begriff „Rasse" mit „Rassismus" zu tun?
- Warum nennen sich Weiße weiß, obwohl ihre Hautfarbe gar nicht weiß ist?
- Haben sich die Schüler selbst schon mal Gedanken über ihre Hautfarbe gemacht, wann ist sie ihnen zum ersten Mal bewusst geworden?
- Gibt es Schüler, die auch formulieren, dass sie aufgrund ihres Aussehens, auch der Hautfarbe, Nachteile oder auch Vorteile erleben?

90. Definitionssalat

Klassenstufe: 7–10
Ziele: sich der unterschiedlichen Bedeutung von Begriffen wie „Vorurteile", „Fremdenfeind-lichkeit", „Rassismus" usw. bewusst werden; Einstieg ins Thema Fremdenfeindlichkeit und Rassismus
Arbeitsform: Gruppenarbeit und Klassengespräch
Material/Vorbereitung: Kopiervorlage „Definitionssalat"; für jede Gruppe wird jeder Begriff aus der Vorlage groß auf ein Blatt Papier (mindestens A5) geschrieben und kopiert; ebenfalls die vorformulierten Definitionen, sodass jede Gruppe zwei mal acht Blätter bekommt; Papier; Stifte; Pinnwand
Zeit: 30–45 Minuten
Hinweis: Die vorformulierten Definitionen müssen der Jahrgangsstufe angepasst werden.

Beschreibung: Zunächst werden Kleingruppen von vier bis sechs Schülern gebildet. Jede Gruppe erhält Blätter mit den Einzelbegriffen, zu denen später Definitionen gefunden werden sollen, und reichlich Papier desselben Formats.

Der erste Arbeitsauftrag besteht darin, sich in der Gruppe über die mögliche Bedeutung dieser Begriffe auszutauschen und diese dann in eine Rangreihenfolge zu bringen von „nicht mehr ganz harmlos" bis „gefährlich, kriminell". Zu jedem der Begriffe notieren sie dann auf je einem extra Blatt ihre eigene, vielleicht auch nur vermutete Definition dieses Begriffs und legen sie neben den entsprechenden Begriff. Während der Definitionsfindung kann sich die Rangreihenfolge durchaus wieder ändern. Ist diese Aufgabe beendet, erhalten die Gruppen die Blätter mit den vorformulierten Definitionen und ordnen diese wieder den entsprechenden Begriffen zu. Einzelne Begriffe werden den Schülern damit vertrauter sein, sodass daraufhin die Rangfolge noch einmal überprüft und auch verändert werden kann.

Ist die Gruppe damit fertig, hängt sie ihr Ergebnis an die Pinnwand.

Im Klassenverband werden dann die Gruppenergebnisse miteinander verglichen und durch weitere Diskussionen eine gemeinsame Klassenrangliste erstellt. Die Lehrerin stellt gegebenenfalls zuvor die Begriffs-Definitions-Kombination richtig.

Variante im Klassenverband mit Bewegung im Spiel: Statt einer realen Pinnwand werden die Schüler selbst als „Pinnwand" verwendet. Entsprechend der Anzahl der Begriffe erhalten acht Schülerinnen dazu je einen der Begriffe an die Brust geheftet. Sie versuchen nun, sich gemäß ihrer angehefteten Begriffe in eine Rangreihenfolge zu stellen. Die Mitschülerinnen dürfen Vorschläge machen und mitentscheiden. Ist die Klasse mit der Reihenfolge zufrieden, wird gemeinsam versucht, zu den einzelnen Begriffen eigene Definitionen zu finden. Diese werden kurz auf einzelne Blätter notiert und ebenfalls weiteren acht Schülern an die Brust geheftet. Die zusammenpassenden Begriffspaare (Begriff + eigene Definition) stellen sich jetzt zusammen.

Jetzt erst werden die vorgegebenen Kurzdefinitionen weiteren acht Schülern einzeln an die Brust geheftet. Auch sie stellen sich jetzt zu dem Begriff, dessen Definition sie tragen, sodass jetzt Dreiergruppen entstanden sind. Die Klasse kann auch hier wieder mitentscheiden und argumentieren. Der Lehrer stellt nun gegebenenfalls die Begriffs-Definitions-Kombination der Schüler richtig. Noch einmal sollen dann die Schüler überlegen, ob ihre vorherige Rangreihenfolge stimmig ist oder ob sie nach der richtigen Zuordnung der Definitionen doch noch einmal verändert werden sollte.

In den durch die Begriffs-Definitions-Kombination entstandenen Dreiergruppen wird abschließend noch einmal über ihren Begriff diskutiert. Die Schüler werden angeregt sich zu überlegen, ob sie selbst schon einmal so etwas (z. B. Rassismus) erlebt haben oder jemanden kennen, der in dieser Situation war. Wie fühlt man sich wohl in so einer Situation? Wie kann man sich und andere davor schützen? Die Ergebnisse der Diskussion werden kurz notiert und später der Klasse vorgetragen.

Auswertung:
- Haben alle Gruppen die Begriffe ungefähr in dieselbe Rangreihenfolge gebracht? Welche Begründungen wurden für die Unterschiede genannt?
- Bei welchen Begriffen gab es vor allem Uneinigkeit über deren Stellung in der Begriffshierarchie?
- Wurde die Rangfolge noch mal verändert nach dem Erhalt der Begriffsdefinitionen?
- Gibt es überhaupt eine „richtige" Rangfolge? Oder gibt es vielleicht auch Begriffe, die besser nebeneinander stehen sollten?
- Weichen die selbst gefundenen Definitionen sehr weit von den vorgegebenen ab?
- Wurden zu manchen Begriffen keine Definitionen gefunden? Wenn ja, zu welchen?
- Über welche Begriffe wurde am meisten diskutiert?
- Ist jede Ungleichbehandlung auch eine Diskriminierung?
- Gibt es auch „positive" Vorurteile?
- Was ist der Unterschied zwischen „Ausländerfeindlichkeit" und „Frem-

denfeindlichkeit" und warum beschreibt der Begriff „Ausländerfeindlichkeit" nicht wirklich, was damit im Allgemeinen gemeint ist? (Anmerkung dazu: Auch Menschen mit deutschem Pass und Lebensmittelpunkt
in Deutschland sind von Diskriminierung betroffen, z. B. schwarze Deutsche oder Spätaussiedler, weiße Franzosen hingegen in der Regel nicht.
Der Begriff „Ausländerfeindlichkeit" trifft also nicht wirklich das, was das
Wort ausdrückt und damit in der Regel gemeint ist.)

„Definitionssalat"

Begriff	vorformulierte Definition
Vorurteil	Oft, nicht immer, negative oder ablehnende Einstellungen einem Menschen, einer Menschengruppe oder einem Sachverhalt gegenüber. Verallgemeinerndes Urteil, das auf keinem realen Sachverhalt basiert, sondern lediglich eine Meinung wiedergibt.
Diskriminierung	Ungleichbehandlung und Herabsetzung eines Menschen wegen seiner Unterschiedlichkeit, sprich Herkunft, Geschlecht, Hautfarbe, Religion oder Behinderung oder aufgrund anderer wirklicher oder nur eingebildeter Merkmale, die Personen oder Gruppen zugeschrieben werden.
Ausländer-feindlichkeit	Ausgrenzung und Abwertung von nicht-deutschen Menschen bzw. solchen, die dafür gehalten werden. (Aber auch Menschen mit deutschem Pass sind von Diskriminierung betroffen, z. B. schwarze Deutsche oder Spätaussiedler, weiße Franzosen hingegen in der Regel nicht.)
Fremden-feindlichkeit	Missachtung und Geringschätzung von Menschen aus „fremden" Kulturen, mit nicht vertrautem Verhalten oder außergewöhnlichem Aussehen. Also auch Menschen mit deutschem Pass und hier befindlichem Lebensmittelpunkt können damit gemeint sein.
Antisemitismus	Hass auf Juden; Ablehnung alles Jüdischen; Verbreitung von Vorurteilen über Juden
Apartheid	Politik der strikten Rassentrennung, wie sie ehemals in Südafrika vorherrschte. Diese Politik teilt die Gesellschaft in Weiße mit privilegierten Rechten und in Nichtweiße ein, denen kaum Bürgerrechte zugestanden werden.
Rassismus	Zielt auf die Herabsetzung und Ausgrenzung von Menschen anderer Herkunft. Er beruft sich dabei auf tatsächliche oder fiktive biologische Unterschiede, neuerdings aber auch auf Herkunft und ethnische Zugehörigkeit und begründet damit die angebliche Überlegenheit der eigenen Gruppe. Kurzformel: Ethnisierte Gruppenbildung + Abwertung + Durchsetzungsmacht
Rechts-extremismus	Folgende Denkmuster und Einstellungen zeichnen das Denken aus (nach Wolfgang Benz): 1. Nationalismus in aggressiver Form, Feindschaft gegen Ausländer, Minderheiten 2. Antisemitismus und Rassismus, biologistische und sozialdarwinistische Theorien 3. Intoleranz, Glaube an Recht durch Stärke, Sendungsbewusstsein und Diffamierung Andersdenkender 4. Militarismus, „Führertum", Unterordnung 5. Verherrlichung des NS-Staats als Vorbild; Negierung/ Verharmlosung der NS-Verbrechen 6. Neigung zu Verschwörungstheorien 7. latente Bereitschaft zur gewaltsamen Propagierung und Durchsetzung der erstrebten Ziele

91. Parteien kleben

Klassenstufe: 8–10
Ziele: sich der Bedeutung von Fremdenfeindlichkeit und Antisemitismus bewusst werden;
Ziele extremistischer Parteien kennen lernen, Parteien auf ihre politische Haltung und ihre
fremdenfeindlichen und antisemitischen Programminhalte überprüfen;
Arbeitsform: Gruppenarbeit und Auswertung im Klassenverband
Material/Vorbereitung: Metaplankarten oder anderes Papier, Kreppklebeband, Plakatstifte,
braune und schwarze Klebepunkte
Zeit: 45 Minuten
Hinweis: Die Parteienlandschaft Deutschlands sollte den Schülern weitgehend bekannt sein.
Gut als Einstieg in die Vermittlung von Parteiprogrammen und deren Inhalte geeignet.

Beschreibung: Die Klasse wird in Gruppen zu fünf bis sechs Teilnehmerinnen aufgeteilt. Zunächst sammelt jede Gruppe so viele Parteiennamen, wie ihr einfällt, und schreibt diese einzeln auf Metaplankarten. In jeder Gruppe wird nun ein Freiwilliger mit diesen Parteienkarten beklebt oder jede Gruppe nutzt dafür eine Figur mit ausgebreiteten Armen, die auf Packpapier gemalt wurde.

Die Schüler diskutieren dabei darüber, ob sie die jeweilige Partei in ihrer politischen Haltung eher rechts, links oder als Partei der Mitte einschätzen würden. Rechte Parteien werden an den rechten, linke an den linken Arm, extreme Parteien an die Extremitäten, z. B. die Faust, geklebt. Durch die Platzierung weiter zum Brustkörper hin oder weg von ihm wird also eine Rangfolge deutlich gemacht.

Danach erhalten alle Parteien, die nach Meinung der Gruppe fremdenfeindliche Positionen vertreten, einen schwarzen Punkt, solche mit antisemitischen Positionen erhalten einen braunen Punkt. Dabei kann jeweils mit der Anzahl der Punkte, die auf das Parteienkärtchen geklebt werden, gewichtet werden.

Nach einem Auswertungsgespräch im Klassenverband sollte der Lehrer noch auf die politischen Ziele der wichtigsten Parteien eingehen.

Variante: Sind viele Schüler einer weiteren Nationalität in der Klasse vertreten, können auch die Parteien ihres Herkunftslandes mit in die Zuordnung aufgenommen werden.

Auswertung:
- Sind die Zuordnungen der Parteien in rechts und links in allen Gruppen weitgehend identisch? War sich die Gruppe bei den Zuordnungen jeweils einig?

- Haben alle Parteien schwarze und/oder braune Punkte abbekommen? Wo gab es größere Gewichtungen? Warum? Und was sind die Schlussfolgerungen daraus?
- Gibt es überhaupt eine Partei, die gar keinen schwarzen Punkt bekommen hat? Was ist die Begründung dafür?
- Wie sieht es mit der Verteilung der braunen Punkte aus? Haben alle Parteienkärtchen mit braunem Punkt automatisch auch einen schwarzen abbekommen?
- Kam es zu unterschiedlichen Gewichtungen von braunen und schwarzen Punkten?
- Was bedeutet Fremdenfeindlichkeit, was Antisemitismus in diesem Kontext?
- Wie definiert man Extremismus?
- Welche politischen Ziele verfolgen die einzelnen Parteien?

Spielidee nach: www.xenos-nurnberg.de

92. Rechtsextreme Bilder

Klassenstufe: 7–10
Ziele: sensibilisieren und einstimmen auf das Thema Rechtsradikalismus und Fremdenhass
Arbeitsform: Stuhlkreis im Klassenverband, Assoziationsübung
Material/Vorbereitung: Bildmaterial, Karikaturen, Fotos usw. zum Thema heraussuchen, z. B. aus Zeitschriften oder der Fotobox „Toleranzbilder" (Toleranzbilder – Fotobox für die politische Bildung, von Andreas Schröer und Kirsten Nazarkiewicz, Verlag Bertelsmann-Stiftung, Gütersloh 1998)
Zeit: 30–45 Minuten

Beschreibung: Die Schülerinnen werden beauftragt, aus Zeitschriften oder dem Internet Bilder zum Thema Fremdenhass und Rechtsextremismus zu sammeln. Das können Situationsbilder oder Wandschmierereien genauso sein wie Symbole oder abstrakte Bilder. Alternativ können auch die Bilder aus der Fotobox „Toleranzbilder" verwendet werden. Das gesammelte Bildmaterial wird auf dem Fußboden ausgebreitet, sodass es sich jeder eingehend betrachten kann. Anschließend wählt jeder Schüler ein Foto oder Bild aus, das für ihn am ehesten das Thema ausdrückt. Die Auswahl wird dann im Plenum kommentiert und begründet. Die Mitschüler äußern anschließend ihre eigene Wahrnehmung zu den Bildern ihrer Mitschüler.

Anmerkung: Solche Bildassoziationen eignen sich zum Einstieg in viele unterschiedliche Themen. Denkbar wäre auch, auf den Themenkomplex Antisemitismus mit Hilfe geeigneter Bildvorlagen oder Karikaturen einzustimmen.

Auswertung:
• Welche Bilder wurden ausgewählt?
• Wie wurde die Auswahl begründet?
• Gab es bei bestimmten Bildern große Differenzen in der Einschätzung der Schülerinnen?

93. Provokative Thesen

Klassenstufe: 8–10
Ziele: Umgang mit rechtsextremen Parolen; sich über mögliche Reaktionen auf Rechtsextremismus austauschen
Arbeitsform: Einzelarbeit und Klassendiskussion
Material/Vorbereitung: provokative Thesen; Metaplankarten in zwei verschiedenen Farben, Pinnwand, Pinnnadeln, Plakatstift
Zeit: ca. 30 Minuten
Hinweis: Die provokativen Thesen müssen der Klassenstufe angepasst werden. Die Thesen möglichst eingrenzen, damit die Schüler sich leichter auf das Thema einlassen können.

Beschreibung: Eine provokative These, z. B. „Rechte Parolen in der U-Bahn (oder: von Mitschülern usw.) muss man einfach ignorieren", wird an eine Pinnwand gehängt.

Die Schülerinnen werden nun aufgefordert, kurze Antworten zu der These zu finden. Jeder schreibt alle seine Pro-Antworten einzeln auf gelbe Karten, alle Contra-Antworten auf die roten. Schließlich werden alle Karten nach Pro und Contra sortiert an die Pinnwand geheftet.

Die Lehrerin liest nun die einzelnen Antworten vor. Falls Klärungsbedarf besteht, darf sofort nachgefragt werden. Karten, die auf Widerspruch bei anderen Schülerinnen stoßen, werden „geblitzt", d. h. mit einem Blitz versehen. Sie werden im Anschluss gebündelt und im Klassenverband diskutiert.

Auswertung:

- Welche Thesen stoßen auf besonders großen Widerspruch? Bei welchen Argumenten ist sich die Klasse sofort einig?
- Gibt es eine einheitliche Tendenz in der Klasse, wie man auf rechtsextreme Parolen reagieren sollte?
- Wird die Art der Reaktion von der Situation (in der U-Bahn, ein Mitschüler, eine bekannte Person, ein Fremder) abhängig gemacht?

94. Werbespots gegen rechts

Klassenstufe: 8–10
Ziele: rechtsextreme Äußerungen aus einem anderen Blickwinkel sehen
Arbeitsform: Gruppenarbeit und Präsentation im Klassenverband, Theater bzw. Medienarbeit
Material/Vorbereitung: evtl. Verkleidungsmaterial; Zeitschriften; falls vorhanden, auch eine Kamera, um die Spots aufzunehmen
Zeit: 60–90 Minuten, mit Recherche mehr
Hinweis: Das Spiel ist nicht als Einstieg ins Thema geeignet, denn es erfordert bereits Hintergrundwissen zum Problem Rechtsradikalismus.
Falls sich in der Klasse Schüler mit rechtsextremem Gedankengut befinden, ist diese Übung nur mit Vorsicht einzusetzen. Es ist dann genau zu überlegen, wie zu reagieren ist, wenn diese rechtsextrem eingestellten Schüler versuchen, Einfluss in ihrem Sinne auszuüben.

Beschreibung: Zu Beginn sammelt die Klasse alles, was ihr zum Stichwort „Rechtsradikalismus" einfällt. Das können Parolen sein, der Kleider-Code und seine Bedeutung, Symbole, aber auch bereits bekannte Spots gegen rechts usw. Die Klasse kann schon im Vorfeld als Hausaufgabe zum Thema recherchieren.

Falls die Schüler das Medium Spot noch nicht kennen, wird an dieser Stelle erklärt, mit welchen Mitteln Spots arbeiten, um werbewirksam zu sein. Entscheidende Elemente werden im Klassenverband gemeinsam gesammelt (z. B. Gefühle ansprechen; mit Bildern arbeiten; auf den Punkt gebracht).

Dann werden Kleingruppen zu 5 bis 6 Personen gebildet, die den Auftrag haben, als „Reporterteams" Spots gegen Rechts zu entwickeln. Das kann in schriftlicher Form als Zeitungswerbung, aber auch gespielt als Fernsehspot geschehen. Für die Phase der Entwicklung der Spots sollten mindestens 30 – 45 Minuten zur Verfügung stehen. Die Schüler benötigen Zeit, sich Botschaften zu überlegen, die sie mit ihrem Spot transportieren wollen. Sind die Spots „druckreif" bzw. aufführungsreif, werden sie in der Klasse als Zeitungswerbung „veröffentlicht" bzw. der Klasse vorgespielt. Falls eine Videokamera zur Verfügung steht, wäre es schön, die gespielten Spots aufzunehmen und sie dann zusammenhängend der Klasse zu präsentieren. Der beste Werbespot wird von der Klasse prämiert.

Auswertung:

- Welche Botschaften werden in den entstandenen Spots transportiert?
- Wie schätzen die Schüler die Werbewirksamkeit solcher Spots ein? Kommen sie zu einer realistischen Einschätzung?

95. Chronik rechtsextremer Gewalt

Klassenstufe: 9-10
Ziele: für das Ausmaß rassistischer Gewalt in Deutschland sensibilisieren; Rechtsextremismus thematisieren und Reaktionsmöglichkeiten darauf erarbeiten; sich einfühlen in die Opferrolle; Zivilcourage thematisieren
Arbeitsform: Gruppenarbeit und Rollenspiel im Klassenverband
Material/Vorbereitung: Vorlage „Chronik rechtsextremer Gewalt", abzurufen z.B. unter: http://www.linkeseite.de/nazigewalt.htm oder www.hyperlinks-gegen-rechts.de. Diese Chroniken beinhalten eine (unvollständige) Auflistung von rechtsextremen Gewaltübergriffen der letzten Monate bzw. Jahre.
Zeit: 90 Minuten und mehr (je nach Anzahl der entwickelten Rollenspiele)
Hinweis: Die Übung kann nicht in einer Anfangssituation eingesetzt werden. In der Klasse muss bereits Rechtsextremismus thematisiert worden sein und die Klasse sollte mit der Methode „Statuenbild" (siehe Kapitel VII) vertraut sein. Falls Betroffene in der Klasse sind, die selbst schon einmal rechtsextremer Gewalt ausgesetzt waren, muss die Lehrerin entsprechend behutsam vorgehen.

Beschreibung:

1. Zunächst werden Kleingruppen gebildet, an die die Chroniken verteilt werden. Die Gruppe sucht nun ein Ereignis aus der Liste aus. Das ausgewählte Ereignis soll später entweder als Rollenspiel oder als Statuenbild nachgestellt werden.

2. In der nächsten Phase versuchen die Schüler, sich abwechselnd in die Täter- und in die Opferrolle zu begeben. Sie überlegen, wie das Ereignis szenisch umgesetzt werden könnte. Was denken die beteiligten Personen, was fühlen sie in dieser Situation, was sprechen sie wohl aus? Wie bewegen oder verhalten sie sich?

3. Das Rollenspiel bzw. Statuenbild selbst wird anschließend mit der gesamten Klasse entwickelt, damit die Lehrerin Einfluss auf seine Entwicklung nehmen und die dargestellten Versionen immer wieder spiegeln und reflektieren kann. Zunächst wird das ausgewählte Ereignis von *einer* Gruppe genommen. Freiwilligkeit ist dabei oberstes Prinzip! Die Lehrerin muss dabei auch immer wieder ganz klar darauf hinweisen, dass die Schüler hier lediglich eine Rolle spielen. Zunächst bezogen auf das Spiel erarbeiten die Schüler Strategien, wie sie in der Opferrolle reagieren könnten (siehe dazu auch „Skulpturarbeit nach Augusto Boal", Kapitel VII).

4. In der letzten Spielphase werden die Schülerinnen zu Passanten, die die Szene beobachten. Sie werden jetzt aufgefordert, sich Reaktionsmöglichkeiten zu überlegen und diese auch im Spiel auszuprobieren.

5. Nach der Auswertung kann ein weiteres Ereignis bearbeitet werden.

Variante: Bei spielunerfahrenen Klassen kann das Ereignis auch zeichnerisch festgehalten werden. Auch hier sollte aber ein Gruppenbild entstehen, an dem alle Mitglieder beteiligt sind. In Form von Sprechblasen werden den Akteuren des Geschehens Aussagen, Gedanken und Gefühle in den Mund gelegt.

Diese Variante ist vor allem bei jüngeren Schülern vorzuziehen oder wenn die Klasse das Thema Rassismus bisher noch nicht vertieft hat, denn sie fordert die emotionale Seite der Schüler nicht in dem Maße heraus wie ein Rollenspiel, bei dem man sich selbst mit dem ganzen Körper in die Situation begibt. Bei einer Zeichnung entsteht mehr Distanz, denn der Figur werden nur Worte in den Mund gelegt.

Auswertung:

- Wie fühlt es sich an, bedroht zu werden?
- Wie haben sich die Spieler in der Täterrolle gefühlt?
- Versetzten sich die Schüler beim Bild eher in die Opferrolle?
- Wie hätten die Schüler selbst als Betroffene in dieser Situation reagiert?
- Welche Reaktionsmöglichkeiten und Strategien (Zivilcourage) entwickelten die Schüler?

Spielidee nach: www.xenos-nuernberg.de

Literatur

- Baer, Ulrich, Remscheider Diskussionsspiele, Remscheid 1979
- Bausteine zur nichtrassistischen Bildungsarbeit, DGB, 2004
- Beauftragte der Bundesregierung für Ausländerfragen (Hrsg.), Integration in Städten und Gemeinden; Berlin, Bonn 2000
- Brass, Ewald, Von der „Ausbildung" zum „aufmerksamen Umgang mit Nicht-Wissen", in: Arbeitstexte – Sonderheft des DFJW, Oktober 1984, S. 277ff.
- Brown, Adrian/Copley, Terence, Weltreligionen erkunden, Mühlheim/Ruhr 1995
- Bundesamt für Migration und Flüchtlinge; www.bamf.de/
- Eltzschig, Sonja/Kirsch, Sabine, „Ich hab nichts gegen Ausländer, aber …", in: Akademie für gesellschaftspolitische Bildung, „Haus am Pfefferberg" (bei Hamburg), 1985
- Faller, Kurt/Kerntke, Wilfried/Wackmann, Maria, Konflikte selber lösen, Mühlheim/Ruhr 1996
- gruppe & spiel, Heft 3/1997, Seelze
- Haumersen, Petra/Liebe, Frank, Multikulti, Konflikte konstruktiv, Mühlheim. Trainingshandbuch. Mediation in der interkulturellen Arbeit, Mühlheim 1999
- Haumersen, Petra/Rademacher, Helmolt/Ropers, Norbert, Konfliktbearbeitung in der Zivilgesellschaft, Hamburg/Münster, 2002
- Jehle, Bernhard/Kammerer, Bernd/Unbehaun, Horst, Migration – Integration – Interkulturelle Arbeit, Nürnberg 2004
- Kaletsch, Christa, Konstruktive Konfliktkultur in Klasse 5 und 6, Weinheim 2003
- Khanide, Marina/Giebeler, Karl: Ohne Angst verschieden sein, Gütersloh 2003
- Lionni, Leo, Fisch ist Fisch, Weinheim 2004
- Memmi, Albert, Rassismus, Hamburg 1992
- Philipp, Elmar/Rademacher, Helmolt, Konfliktmanagement im Kollegium, Weinheim, 2002
- Rademacher, Helmolt, Spielend interkulturell lernen? Wirkungsanalyse von Spielen zum interkulturellen Lernen bei internationalen Jugendbegegnungen, Berlin 1991
- Rademacher, Helmolt/Wilhelm, Maria: Spiele und Übungen zum interkulturellen Lernen, Berlin 1991
- Rademacher, Helmolt: Rettungsanker Methoden, in: Dokumentation der Modellseminare „Internationale Begegnungen", Starnberg 1994
- Rommelsbacher, Birgit: Anerkennung und Ausgrenzung. Deutschland als multikulturelle Gesellschaft. Frankfurt/M. 2002
- Scholz, Lothar, Spielerisch Politik lernen, Methoden des Kompetenzerwerbs im Politik- und Sozialkundeunterricht, Schwalbach 2004
- Schroll-Machl, Sylvia/Novy, Ivan: „Perfekt geplant oder genial improvisiert?", Kulturunterschiede in der deutsch-tschechischen Zusammenarbeit 2003, HAMPP, MERING
- Sympathie Magazine des Studienkreis für Tourismus und Entwicklung e.V., Ammerland/Starnberger See, www.studienkreis.de
- Xenos Nürnberg, Netzwerk für interkulturelle Kommunikation und berufliche Integration; www.xenos-nuernberg.de

- http://www.erdkunde-online.de/
- http://de.encarta.msn.com/
- Wikipedia, die freie Enzyklopädie im Internet: http://de.wikipedia.org/wiki/Religion

Alphabetisches Register aller Spiele

Eine seit vielen Jahren bewährte Sammlung
von Spielen und Übungen zum
interkulturellen Lernen
von Helmolt Rademacher und Maria Wilhelm

neue Auflage 2005: neu überarbeitet und ergänzt
ISBN 3-86135-225-7

weitere Infos finden Sie unter
www.vwb-verlag.com

VWB – Verlag für Wissenschaft und Bildung
Postfach 11 03 68 · 10833 Berlin